U0015902

必須讀《四書》？

編輯委員會

總編輯：錢永祥

編輯委員：王超華、王智明、沈松僑、汪宏倫
　　　　　林載爵、周保松、陳宜中、陳冠中

聯絡信箱：reflexion.linking@gmail.com

網址：www.linkingbooks.com.tw/reflexion/

新浪微博帳號：http://www.weibo.com/u/2795790414

目　次

思想對話

思想評論

東亞人權的探索

徐　勝
曾健民譯

譯者按：本文是日本立命館大學法學院教授徐勝先生的退休紀念演講稿，原以日文發表於2011年1月19日。徐勝先生為生長於日本的韓僑，大學畢業後回韓國讀研究所時，遭韓國政府以違反國家保安法為由逮捕並入獄19年。遭刑訊時，引火自焚而顏面嚴重燒傷。出獄後一心投身東亞人權運動，以無比的精力和獻身的精神奔走於韓、日、台、琉之間，聯繫各地政治受難人和市民、社會運動團體，結合東亞地區共同的歷史和現實，站在民眾立場，推動東亞特殊又有普遍意義的人權運動。

演講文結合了他的人生和運動實踐經驗，闡述了他從事東亞人權運動的經過和思考。文中提出唯有超克西方普世人權和日本亞洲主義的虛偽意識，徹底清理日本對東亞民眾侵略和殖民的歷史並追究其責任，才能完成東亞民眾去殖民的課題，實現東亞民眾共同的和平未來，實現有普遍意義的東亞人權。

本演講的目的，主要在把「人權的普遍性」這一論題，參照歷史與社會的脈絡，考察它在東亞的意義。也就是，思考人權的概念在東亞是如何被接受發展出來的，理解人權在東亞的特別涵義。

今天的講義算是這學期講義的總括。首先，要簡單講述我的人生如何與人權發生關係，並產生自覺。其次，要講東亞的人權到底是什麼？東亞人權的重要課題何在？人權的普遍性和特殊性，文明和野蠻之辯，在東亞又有何意涵？我主要以殖民地支配的歷史責任問題和「達邦宣言」為主軸進行討論。

一、我的人生和人權

(一)戰爭和殖民地支配

我的祖父母在1928年從朝鮮半島中部移住到日本京都。自1910年朝鮮被併吞後，日本在朝鮮進行了各種資源掠奪。朝鮮總督府和日本大地主以農村地區的土地調查事業為名，對朝鮮進行土地掠奪；朝鮮人失去了土地，被迫流離到北方的滿州或南方的日本。

我在1945年4月3日誕生於當時叫周山的京北町，恰好是二戰美軍登陸琉球不久的時候。周山是一個偏僻的山村（雖然現在從京都市內搭車到周山只要一小時），當時沒有柏油路，山路險峻，時常發生車子墜崖的事故。

我祖父母先是住在京都市的常盤，父母結婚後不久戰爭就開始了，朝鮮人也徵召入伍。當時，我父親是五個兄弟的長男，加上祖父母、我哥哥，全家共有九個人，都靠我父親一人的工作收入維生。如果父親被徵召，家族將瀕臨餓死。因此，母親向大秦區長拜託，讓父親留在周山耕種，以繳納「供出米」代替徵召。

當時我父親耕種的「一町步」相當於現在三千坪土地，大約普

通農家土地的兩三倍大。收穫的米全部繳納給國家,間作的小麥則全部作為地租被地主奪走,只剩下碾米落下的米糠、粟米加上田埂種的大豆算是我家的收成。九人家族就以此加些草根樹皮,忍耐撐了過來。

隨著戰爭進一步擴大,我父親的緩召被取消,只能過著逃亡的生活。我剛出生時,母親由於飢餓,乳水完全出不來,只有讓我吃些小米熬湯和炒大豆粉。但是嬰兒不可能吸收這樣的東西,因此我罹患下痢,瘦得跟樹枝一樣,處於不知道什麼時候會餓死的狀態。1945年8月15日,當父親悄悄地跑回到田裡除草時,聽到了日本戰敗的消息;據說父親和母親兩人坐在田泥上痛哭了一場,因為家族的生命危機總算過去了。就像眼前巨大的絕壁突然崩落了一樣,如果戰爭再繼續一個月,說不定我就已經餓死了。

在戰爭結束的兩年前,祖母懷了孕,深夜中腹痛,鄉下的產婆說:「倒生(譯按:胎位不正),趕快到京都大學醫院動手術。」因此就用周山僅有的一台燒木炭的卡車,載著祖母出發;當車走到周山不遠的山頂時,突然引擎熄火,進退不得,祖母就在黎明前死在車上。母親婚前住在丹後山田村時,她十六歲的堂兄弟也被戰爭徵用,在丹後山田車站擔任轉轍手,腳被鐵軌夾到而被火車輾死。當時,許多朝鮮人死在戰場上、礦山或工廠中,殖民地支配太過於殘酷了。

(二)作為「在日朝鮮人」

1945年日本戰敗時,大約有240萬朝鮮人在日本。按官方說法,其中約有80萬人是在大戰中遭強擄來日本的。但實際上,約有60%的人,大約140萬到160萬人是強擄來的。戰爭結束後,大多數人都回到了朝鮮,我祖父與叔父母也都回去了。

　　我家從周山搬到了京都妙心寺旁的花園垠北町，我上了御室小學。隨後轉學中京，一直從小學讀到高中。大約從幼稚園起，我就已經意識到自己是朝鮮人，這是一種自己與近鄰的人不相同的意識感覺。父親的朋友來我家時，或父母親之間，講的都是朝鮮話。與鄰居孩子打架時，常被罵「朝鮮人！」於是，我從日本人身上學到了自己是朝鮮人。

　　上了小學，每班大約有四、五位朝鮮人小孩。幾乎都是貧窮到繳不出學費和餐費而被老師點名叫出來，或者不做作業而遭老師責罵的小孩。當時我想：這就是朝鮮人？怎麼會這麼可恥？

　　上了中學後，我開始為自己是什麼人而煩惱。來自於語言、食物等日常生活文化上的不同所引起的自覺雖然也有，但自己不是日本人的直覺，主要是周遭日本人所給予的。當時的日本人，仍然拖著殖民地支配歷史的尾巴，帶有強烈的優越感和差別意識。

　　在我中學三年級那年，1960年4月，韓國爆發了反抗李承晚總統獨裁的「四月學生革命」。在漢城（首爾）的示威中，包括中小學生在內，有兩百多位學生與青年被殺害。無畏於軍隊警察槍口的反政府運動不斷擴大，迫使李承晚總統下台流亡。那時，中學三年級的我，從電視看到這場面，心想為什麼韓國中學生在槍口下也毫不退縮地示威？

　　剛好，那時候日本也圍繞著日美安保條約進行著歷史上最大規模的抗爭示威運動。1960年代，亞洲非洲各殖民地國家紛紛獨立，被稱為「黃金的60年代」。反越戰運動也風起雲湧，發展成國際和平運動。就在這學生運動和殖民地獨立運動風靡世界的年代，我經歷了從初中、高中到大學的青春歲月（請參照《什麼人都有故鄉：在日朝鮮人與我》，社會評論社，2008年11月）。

(三)學生運動

　　1964年，我第一次到韓國時，日韓會談正在舉行。雙方翌年締結了「日韓基本條約」。日本在戰敗時，雖然放棄了對朝鮮的殖民地支配，但並未正式的承認，而且與韓國也一直沒有簽訂正式的外交關係。因此，在條約上正式終結殖民地支配，並簽訂正常的外交關係，正是「日韓基本條約」的基本性格。除此之外，條約也觸及漁業權，以及留日韓國人的法律地位問題。

　　但更重要的是，該條約開啓了日本和韓國之間的經濟和軍事合作關係。之前，即便有日美安保條約，也有了韓美相互軍事協定，但是日韓間一直沒有軍事聯繫。而且，日本有憲法第九條(譯按：非戰憲法)，自衛隊並非軍隊，這讓日本與韓國締結直接的軍事條約有實際上的困難，對美國來說特別不方便。當時，越戰已正式開打。韓國在美國的邀請下，派遣了青龍、猛虎兩師團約五萬六千人參戰。同時，別說美國軍政管理下的琉球，就連日本本土也成了越戰美軍的後勤基地。B52轟炸機從琉球直接起飛轟炸越南，美國軍艦在日本補給水和食物，還有美國大兵到日本休假。在那樣的越戰局勢中，美國急迫地要把日韓兩國在軍事上聯結起來。因此，在美國強烈的要求下，雙方簽訂了日韓條約。

　　日韓條約對日本來說，在法律層面終結了殖民地支配，同時獲得再度在韓國經濟進出的機會。對韓國而言，從日本取得金援，既能充當軍事政權的政治資金，也能夠做爲經濟發展的運用。針對日韓條約，當時日本出現了反對運動，而韓國發生了更大規模的反對運動。韓國方面的反對理由是：日韓基本條約的第二條僅以「1910年的日韓併合條約現在已無效」的字面，企圖以曖昧的方式解決歷史殖民問題，而沒有取得日本對殖民地支配歷史的謝罪。圍繞著條

約的這些字句，日方可以任意宣稱「朝鮮併合」在過去是合法的，一直到韓國被承認爲獨立國的1965年方才無效；相反地，韓方也可以主張「朝鮮併合」是武力脅迫造成的，從一開始便是無效。條約中雙方作了可任意解釋的妥協，不顧雙方在這方面的不同見解，而用矇騙的手法達成了無償三億有償兩億總共五億美金的援助；而且不用請求權的名義，而用國交恢復祝賀金、經濟援助的名義交給了韓國政府。這種曖昧的妥協，在歷史問題上留下了禍根，其惡果延續至今。

日本當時也有反對日韓條約的運動。一是針對美國的新東北亞軍事同盟的批判；另一方面是來自日本勞工團體的反對，其反對理由在於：國交正常化會使韓國的便宜勞動力流入日本，使日本勞動者的薪資下跌。第三個反對的理由則是：條約將使南北朝鮮的分斷永久固定化。當時，主張清算殖民地支配歷史的觀點，幾乎不存在。

我第一次到韓國是在1964年3月，新學期一開始，馬上就發生了學生示威活動。6月3日，政府布告了衛戍令進行軍事鎮壓。所謂衛戍令就是限定地區的戒嚴令，該地區停止憲法、進入軍方掌握行政與治安權力的狀態，違反命令者將送交軍法，並在市內重點配置了戰車部隊進駐。

當我抵達漢城大學前面時，正是學生向警方投擲石頭，而警方發射催淚彈的時候。我也受到催淚彈的罩頂，嚐到了痛苦的滋味。然後我再去高麗大學，當時有近3000名學生正肩並肩地從校門衝向市中心，與機動隊對峙中。正好有被催淚彈擊中、臉部滿身是血的學生被學友抬進校門，在示威隊伍的最前頭被高高抬起，學生再次試圖衝出校門而與警察爆發了衝突。幾天後，戰車在前頭的軍隊衝破高麗大學校門，進入學校逮捕學生，也就是所謂的「829學園亂入事件」。

　　在警察或軍隊占領學校的狀態中，背負著沉重歷史包袱的韓國學生們都露出十分沉鬱的表情。韓國當時是個十分貧窮的國家，我發覺到自己卻在日本過著安逸的生活，因此想到自己應該爭取在韓國學習，以分擔韓國學生們的一部分痛苦或工作。

　　我從高中開始，就組織了在日朝鮮人的「高中生之會」，從事確立民族認同的運動。一進大學，便投入韓國學生同盟的日韓會談反對運動，第一次參加了正式的學生運動。大一的夏天，參加了當時反對韓國外交部長李東元「屈辱外交」的示威活動，卻以沒帶「外國人登錄證」的理由被日本警察帶走。在月之輪警署的刑事室裡，一位曾經在殖民地時代的平壤擔任過刑警的外事課刑事輕蔑地對我說：「『蠢貨』（朝鮮話）的意思你知道嗎？哼！連朝鮮話都不知道啊！」，我受到了極大的侮辱。曾擔任日帝爪牙的刑警，戰後還是繼續坐在日本公安或外事警察的位置上，從事壓迫在日朝鮮人或韓國難民的工作。由此，可以清楚看見抹著血淚的殖民歷史的一個斷面。

（四）到韓國留學

　　1968年我到了漢城大學留學，最主要的目的是想學習朝鮮語。我的朝鮮人意識是由周圍的日本人所激起的。雖然我每天吃朝鮮泡菜、朝鮮烤肉，但對朝鮮話、朝鮮歷史和文化什麼也不知道。雖然自己積極主張要追求「自己是什麼」，卻發覺到要充實那主張的東西什麼也沒有。再加上我一直懷抱著這樣的感情：到韓國去，如果可能，要幫助韓國學生們扛起重負，分擔他們深深的苦惱和苦痛。

　　朝鮮戰爭中，共死了200-300萬人，造成了1000萬人以上的家族離散。在朝鮮戰爭爆發的前後，民族分斷已深入，南北敵對局面逐漸形成，在這過程中南韓誕生了極端反共獨裁的政權。在不經法律

程序的國家暴力中，許多異議者遭到虐殺，或因冤罪而被投入牢獄。據說，在朝鮮戰爭前後，單單遭虐殺的民間人士就高達一百萬人之多。其後，獨裁政權以駭人聽聞的軍事預算、軍備與軍事主義支配全社會。對於被冷戰所撕裂的民族的巨大苦痛，我一直熱烈地懷著要投身做點什麼事的想法。然而，我只是一個大學剛畢業，對人世間全然無知的年輕人；即便有各種煩惱、希望和願望，卻不知道該如何付諸實現。

正當我從漢城大學社會學研究所碩士修畢，準備擔任學校講師的時候，在1971年4月18日，我突然被韓國陸軍保安司部以涉嫌違反國家保安法逮捕。半年後的10月22日，遭一審判決死刑；1972年12月7日，二審判決無期徒刑，上訴遭駁回而確定。之後，1988年由無期徒刑減刑為20年。1990年2月18日，經過19年的牢獄生活後被釋放。

（五）投獄和釋放後

關於我被韓國陸軍保安司令部逮捕的經過和獄中的體驗，請參閱我的著作《獄中十九年》（岩波新書，1994）。在那段歷程中，我親身體驗了恐怖的拷問和強迫思想轉向的煎熬，目擊了執行死刑的恐怖現場，在長時間惡劣的獨居牢房生活中深知國家暴力的恐怖。另一方面，由於受到世界要求釋放政治犯運動的支持，我也親身體會了反抗國家暴力的「人權」的重要性。

出獄不久後我回到了日本，那是因為我的出獄受到全世界的注目，給韓國政府帶來不少麻煩，因此韓國政府要我盡快離開韓國。回到日本後，因為曾遭長期牢獄之災，我受到許多邀請到處去演講。要求釋放我的運動，主要是以日本為中心進行的；但許多世界人權團體也加入了支援活動。因此，我也應美國曾參與釋放運動的團體之邀，到美國訪問。1990年秋天，在被釋放後的大約一個月期間，

我遍訪了洛杉磯、舊金山、芝加哥、波士頓、紐約與華府等地。這期間，也接受了柏克萊的聘請，在1991年作為客座研究員到了舊金山，體驗了大規模的反波斯灣戰爭的示威活動。雖然住在舊金山，但經常有來自美國或歐洲各地的邀請。我以一個半月的時間到歐洲旅行，也曾應邀到中南美洲與加拿大訪問，實際接觸了國際人權運動。在柏克萊期間，我也曾參加名為Stop Torture in Korea的運動。

（六）「東亞冷戰與國家恐怖主義」國際研討會

1994年回到日本後，我訪問了台灣。在台北的演講結束後，走訪了原政治犯監獄、政治犯收容所，還到了馬場町與六張犁公墓等政治犯受難的歷史現場，親眼目睹了赤裸裸的東亞國家暴力爪痕的實體。從台灣開始，又到了琉球，到了濟州，到了延邊，我繼續走訪東亞國家暴力的歷史現場。在這歷程中，我理清並聯繫了台灣與韓國政治受難者之間有其共時性和同歷史性；因此，揭露其壓迫的真相、打開這些歷史，成了我此後的課題。也就是，要探究「東亞」到底是什麼？探求共同受殖民地、冷戰、分斷體制所支配的東亞民眾到底是誰？我日夜摸索著要如何把貫穿那個時代戰爭、侵略與國家恐怖主義的「日美為中心的地域支配秩序」轉換成「民眾為中心的地域秩序」，給東亞地區帶來永久和平的道路（參照《徐勝的東亞紀行：圍繞著韓國、台灣和沖繩》，鴨川出版社，2011年2月）。

我出獄以來開始對東亞的和平、人權和國家暴力問題產生高度的關心，是由於決定我個人命運的朝鮮半島分斷，與日本的侵略、殖民地支配、敗戰的方式接著冷戰時代的歷史有很深刻的關聯性。對朝鮮人來說，殖民地支配和國家分斷的命運，是從19世紀後半迄今的歷史中以東亞為舞台發生的事。朝鮮民族的現當代史正是東亞現當代史的一部分，朝鮮的統一與東亞歷史的轉變是不可分的。

　　日本戰敗後，東亞地區的民族解放被冷戰的登場所壓迫肅清，造成了從台灣1950年代白色恐怖，濟州島4‧3事件到麗水順天虐殺事件等無數的國家恐怖主義暴行。因此，爲了揭露東亞冷戰的構造以及對過去歷史的清理，面向東亞民眾的真正解放，我們結合了日本、韓國、台灣與琉球四地的受難者、研究者和社會活動家，共同舉辦了由歷史證言、現場體驗活動以及研究分析三部分構成，純粹民間立場的「東亞冷戰與國家恐怖主義」國際研討會。從1997年「228事件」50週年在台北召開開始，1998年以濟州4‧3事件50週年爲契機在韓國濟州島第二次召開，1999年在沖繩，接著2000年「光州事件」20週年在光州，2002年在京都，最後2002年10月在韓國麗水舉辦；前後共召開了六次的國際研討會。作爲運動成果的一部分，在韓國和台灣促成了國家暴力事件的真相究明、平反並且通過了補償條例。這個運動的最初議案由我提出的，並進行了四地的聯絡組織，付諸實際行動(參照《東亞冷戰與國家恐怖主義：朝向廢絕日美爲中心的地區秩序》，御茶の水書房，2004)。

　　其後，我體認到唯有推翻亞洲主義、大東亞共榮圈以及以「亞洲」爲名的明治以降日本中心的地域霸權，才是東亞各民族彼此合作與和平共存的道路，也才能促使東亞民族解放運動(去殖民)的真正完成。從2005年開始，我們推動了東亞共同反靖國鬥爭。我們認識到：靖國神社一向讚美天皇制日本軍國主義，還把被動員而戰死的韓國人台灣人原日本兵留祀；反對它的鬥爭，並不只是一場要求政教分離的訴訟，而是作爲一個歷史的認識和清算運動而進行的鬥爭，這才是最重要的課題。於是，我們強烈要求靖國神社廢除台灣人和朝鮮人之強制合祀。從2006年開始，我們繼續採取了「反靖國行動」，使其成爲一個爲和平的生存權、人格權和思想信仰自由問題的鬥爭。

（七）「朝鮮併合」一百週年和「東亞歷史、人權、和平宣言」

　　去年是「朝鮮併合」一百週年，報紙、雜誌與電視等媒體進行
了大幅度的報導，有各種團體發表了聲明或宣言。這些聲明或運動
彼此間或有一些差異，但綜合其基本態度包括有：(1)近代以來，日
本侵略了朝鮮；(2)「朝鮮併合」是不正義、不正當的行為，併合條
約是無效的；(3)1965年的日韓基本條約把併合條約以及對殖民地支
配歷史的評價曖昧化了；(4)應盡快實現與北朝鮮簽定為了清算殖民
地支配歷史的日朝平壤宣言；(5)在朝鮮併合一百週年的時機，日本
首相應該宣示併合條約的非法和無效，一併解決過去歷史清算的問
題。

　　關於朝鮮併合的議論，主要都圍繞著日韓併合以及併合條約的
合法或非法性問題上。日本政府的立場是從先前的合法論向「不正
當但合法論」轉移，而韓國這邊是主張「不正當且非法論」。總之，
韓方主張「朝鮮併合」是由於脅迫和強制因而是不正當的，再加上
帝國主義時代的國際法本來就是「狼的法」而應該予以否定；即使
從原條約文書內容的瑕疵或當時皇帝押印批准手續的不完備等缺陷
來看，把條約比照當時的國際法規範也是不合法的。

　　然而，這種「併合」一百週年的議論，如果不小心，恐怕會被
併合條約的合法或非法爭論矮小化，而認為帝國主義時代的法只要
在手續上有合法性就可以。這種邏輯其實是一種陷阱。我們應該去
追問把民眾奴隸化並進行歧視性支配的帝國主義的法本身的根本性
問題才對。譬如，台灣由下關條約「合法」地成為日本領土，但這
是封建支配者間的交易，民眾只是被賣掉了，根本不知其所從屬。
在國民主權還不存在的狀況下由支配者恣意締結的條約，其有效性
應該嚴重質疑。

　　其次，一百週年的議論並沒有把日本對朝鮮支配的歷史定位搞清楚。日本的侵略從1875年的江華島事件開始，而對朝鮮的殖民地支配實際上從1905年的日俄戰爭就已開始。因而，併合100年應該從否定殖民地支配這一歷史普遍性的問題上來看。從日本的角度，不要把「朝鮮併合」矮小化成民族對立問題，而應該把它視爲日本明治以來對北海道、沖繩以及台灣的侵略和支配的連續歷史，因此有必要把「朝鮮併合」放在更大的世界史脈絡去理解。

　　2001年，在南非的達邦舉行了「反種族主義‧廢除歧視」的國際會議，共同發表了「達邦宣言和行動計畫」（以下簡稱「達邦宣言」）；該會把西歐各國的奴隸制以及殖民地支配歷史視爲反人道的犯罪。這是把西歐帝國主義四五百年來的世界史從根本上重新審視的劃時代活動。在達邦，把近代視爲西歐用「文明」對「野蠻」支配的歷史，並指出其支配產生了歧視和偏見，結果造成了奴隸制和殖民地支配的野蠻行爲。達邦宣言告發了現代世界支配和歧視的根源，這作爲國際人權問題，應該可以說是21世紀最重要的活動。只不過，由於它在非洲舉行，奴隸制問題是議論的中心主題，至於殖民地支配問題在數百項議題中只占有兩項。

　　受到達邦宣言的啓示，且以朝鮮併合一百週年爲契機，我深刻認識到西歐的侵略、戰爭和殖民地支配在這一個半世紀中給東亞帶來了巨大的災難；並體認到只有誠實的謝罪與賠償、防止其再發生的「歷史清算」，才是朝向締造未來和平的東亞不可或缺的前提。因而，結合了市民共同起草了「達邦宣言」的東亞版，對日本殖民地支配的歷史責任進行更具有普遍意義、更具長期性的追究。我們把「東亞歷史、人權、和平宣言」放在世界史和東亞近現代史的位置上，視其爲普遍人權的問題；並把「宣言」當作準聯合國文件，使其成爲有關東亞共同體議論所必要參考的文件。現在，正整合各

領域的現況和課題並完成行動計畫，預計在2011年9月的達邦宣言十週年會議中發表「東亞宣言」的報告。

二、東亞人權的探索

（一）人權是普世的嗎？

　　所謂的「人權」是指握有推翻專制支配權力的人民，通過社會契約的想像，作為近代國民國家主權的「個體」為了防止公權力的暴力侵犯，作為制御公權力的保證機制創思出來的東西。長期以來，它被視為國家主權下國民(市民)受保護的權利。然而，它也曾一直是歐美男性有產者的特別權利；無產者、女性和殖民地人民，都曾長期被排除在享受「作為人的普遍權利」之外。

　　然而，就像法國人權宣言中的「人生而自由且權利平等」那樣，人權基於超越一切的自然法思想，是「人」生來普遍具有的權利。因此，人權具有不斷挑戰特殊性的解放性格。亦即，人權先從克服國民國家內部的歧視，乃至克服國家與集團間的歧視，進一步超越國界。它從不間斷地實現這種權利，帶著不斷擴大權利的地平線而誕生。

　　從鴉片戰爭以來，在東亞登場的西歐帝國列強高舉著「文明」的大旗肆無忌憚地對所謂的「野蠻」進行了侵略與支配，對東亞各國強加不平等條約。經過長期的侵略和殖民支配時代，二戰後，大多數東亞各民族雖然在形式上取得獨立，但是在民主主義或人權制度上則未能完全確立。再加上，東亞被冷戰的高牆所分斷，東西兩陣營都以本陣營的世界戰略為最優先，民主主義或人權只不過是為了政治宣傳的意識形態或主張。美國不斷批判社會主義國家或非同盟國家沒有自由、人權和民主主義，甚至直接插手別國的「體制轉

換」；然而對於自己陣營內有些國家的獨裁、人權壓迫和大量屠殺
不但視而不見，甚至還助長它。

中國等社會主義國家的人權論，主張通過階級革命完成人類最
終的解放，但由於基於階級獨裁論，本來就不是以普遍性所構成。
在韓國與台灣等東亞地區，長期間以反共大業為口號，美國與這些
國家的獨裁政權對民眾的虐殺或人權侵犯已經常態化。東亞的人權
問題，在社會上開始被意識到並普遍覺醒，要等到民主化胎動的1970
年以後。

在東亞，日本被認為是體現了民主主義和人權的模範國。戰後，
日本憲法中明記了國民主權，從「臣民」轉換為「國民」，開始有
了「人權」意識。然而，其概念往往只停留在表面的水準，可以說
還沒有達到對公權力暴力進行熾烈對抗的人權本質性格的深度。日
本人曾經隸屬於明治憲法的「臣民」；戰後雖然日本國憲法第一條
規定了國民是主權者，第三章「國民的權利和義務」也被視為憲法
的最本質部分，但是另一方面，卻把「天皇」的規定擺在憲法第一
章。由此就可以知道，日本戰前和戰後的斷絕並不徹底。日本國民
無法成為現代性的「個體」由自己主體地確立，可以說很大部分起
因於這種不徹底性。戰後，占領日本的美國，拆解了日本軍國主義；
為了不使日本再度威脅美國的安全，促成了以「和平與民主主義」
為基本性格的日本國憲法。但是由於日本憲法並非由日本人自己作
為主權者，以血去贖罪取得的，日本並沒有形成一個接近人權的本
質理解的共識。

雖然說人權這一具有普遍性解放性格的概念，不間斷地擴充擴
大其概念內容；但「人權的普遍性」也曾經是以「文明」之名的西
歐世界支配結構，所建構出的非普遍性概念。特別在東亞的近代史
脈絡中，在戰爭、侵略、殖民地支配與大量虐殺等赤裸裸的國家暴

力下，連生命權、(和平的)生存權與身體安全等基本權利都成爲最珍貴的價值；甚至如日常生活中對朝鮮人的歧視，其原因都出自於以「文明」和「野蠻」的二元世界觀爲前提、並自認爲正當的侵略和殖民地支配。如果不正視這個事實，一般人民要從支配者、壓迫者手中奪取普遍性人權是不可能的。

(二)文明與野蠻

從西伐利亞條約(1648年)主權國家體制成立以來，國家的獨立、平等以及不干涉內政的原則使中世紀的位階秩序崩潰，成立了「國際關係」，開啓了以獨立平等的主權者國民爲主體的近代市民社會的道路。然而，所謂獨立主權，是被認爲合乎西歐「文明」標準的國家才享有的特殊權利，「野蠻」或者「未開化」者是無法享有的。因而，在這裡，普遍性人權當然是不存在的；「野蠻」者是不被承認有其主權的。

與其說「文明」負有把「野蠻」「文明化」的使命，倒不如說西歐對「野蠻」世界的侵略、支配與教化被視爲一種義務。「文明」是什麼？它原本是一個時代最先進的科學、技術、人文的精華綜合，但如果文明是以對「野蠻」的侵略、支配與搾取作爲踏板的繁榮，那麼這樣的文明在本質上是「野蠻」。

1989年在法國人權宣言200週年的紀念會上，據說有一位非洲代表尖銳地指出：「兩百年來，法國人權宣言並沒有跨越過地中海」。西歐社會通過市民革命得到了人權的概念後，普遍性人權並沒有超越過「文明」的高牆。即便傳播了文明，進行了教化，但其人權也無法得到普遍化。

即便文明論批判了西歐文明的絕對優越性，並站在承認多文明的文化相對主義的立場，但是像在杭亭頓的「文明衝突」論中所表

現的，仍然論述著西歐文明的優越性。今天，「文明論」就是「帝國主義支配論」已是大家共識。但關達那摩的虜囚，仍然在「自由」、「民主主義」、「市場經濟」的價值下恣意而行；以「自由」、「民主主義」、「市場經濟」的價值指責別國是「恐怖分子」或「失敗國家」，仍然十分常見。在這裡，不承認普遍人權的「文明與野蠻」二元式世界觀，仍然發揮著旺盛的生命力。今天，以文明之名的侵略、支配與人權侵害，仍然被正當化(參照阿部浩己的《超越作為暴力的國際法》，2010)。

西歐作為世界的支配者享受著相當特殊的地位，且經常批判非西歐世界沒有達到西歐中心的普世人權標準，並以此作為支配他人的手段；而非西歐世界則對這種「普世人權論」提出了反駁。

1994年，在維也納舉行的世界人權會議上，有人提出了「亞洲式的人權論」。在會上，主張人權的歷史階段論或文化論的「東亞式人權論」受到了主張人權普世論的西歐國家猛烈的批評。的確，社會主義、儒教文化主義或集體主義包含有對個人自由限制的全體主義性格；訴諸被殖民受侵略歷史的民族主權論，也比本質上普世的人權論，具有更強烈的擁護政權的宣傳性格，這是不爭的事實。然而，歐美各國對東亞人權的批判，並非純粹為了普世人權的實現，而是有著為了「政權和平演變」而宣傳的濃厚色彩。

(三)「東亞」是什麼？

「東亞」並非單指地圖上劃分的地理區位。魯迅曾說過「地上本沒有路，走的人多了也便成了路」。近代以來500年間，順著歐美列強侵略與支配的足跡，從拉丁美洲、非洲到亞洲。原本「亞細亞」這個字是單指希臘西岸到地中海東岸這一帶的地方，但隨著西歐世界的膨脹，其概念就從近東、中東到極東不斷地擴展；一直達到了

朝鮮和日本，西歐支配的「亞細亞」的版圖終於完成。「亞細亞」
是近代以降，占據世界秩序中心的西歐所建構出來的歷史與政治的
地區秩序概念。

　明治以來，日本在對抗壓倒一切的西歐風時，所摸索的自主獨
立道路有兩條。兩者與其說是對立的概念，倒不如說是相互滲透互
補的概念。其一是，聯合東亞各民族對抗西歐白人帝國的「亞細亞
主義」的道路；另一條是，模仿西歐帝國主義，壓迫東亞各民族的
「歐化主義」。因此，日本告別了「亞洲的惡友」，進行著對亞洲
各國的侵略與支配而與西歐紳士諸君肩並著肩，選擇了滑向「文明」
社會行列的道路。亦即，高舉著「文明開化」的大旗，徹底模仿西
歐，以其暴力行為，拼命地向西歐爭取野蠻的「文明國」的資格。
在明治時期為了完成其最大的外交悲願「條約改正」，是以與俄羅
斯對抗當作世界戰略最重要的課題而迎合英國；圍繞著朝鮮半島支
配權的爭奪，則是通過中日戰爭和日俄戰爭的勝利展示了其實力，
才開始有可能被承認為「文明國」。日本作為東亞的小帝國順利地
站了起來。

　諷刺地，通過對亞洲的侵略與支配，日本把誕生於歐洲的「亞
洲」概念偷胎換骨地轉換成日本中心的地域概念。在西歐視線的「亞
洲」上裝上了日本的折射鏡片，就像精於模仿舶來品的日本製品一
樣，製造了日本視野的亞洲。國分良成氏曾說「亞洲就是日本」。
日本為了把前現代的中國中心的華夷秩序，塗改為日本中心的亞洲
地域秩序，變造了「亞洲」。可以說，日本用「亞洲主義」代替了
露骨的「日本主義」。自此以來，日本作為亞洲的小帝國，隱晦地
在「亞洲」、「東亞」、「大東亞」的名義下推進其地域支配與帝
國建設的野心。「大東亞共榮圈」或「大東亞聖戰」可以說是日本
亞洲主義的本質在不意間暴露出來的東西。

（四）冷戰與國家恐怖主義

　　1945年，接著日本戰敗，日本軍國主義解體後，殖民地支配體制的清算運動（東亞的去殖民運動）卻隨著冷戰的登場而中途斷絕，東亞各地的舊支配秩序和階層在美國的支配下重新再編構。日本成為美國在東亞戰略的中心基地，與原殖民地支配協力者（親日者）的關係重新聯結；它作為美國巨大暴力的後盾，保持了大部分原大東亞共榮圈的影響力，結果，東亞民眾並沒有迎來真正的解放。

　　一般而言，所謂冷戰，是美蘇兩體制在全球構成了兩大敵對陣營，不只在政治軍事上，從經濟、社會、文化甚至在意識型態上組成了全面對立的體制；而在東亞的冷戰，還凍結了東亞民眾的去殖民化的歷史進程。換句話說，鴉片戰爭以來東亞民眾最大悲願的民族解放，受到了極大的挫折。出於美國的軍事戰略利益，其戰後對日本軍國主義的拆解並不徹底，實際上半途而廢；它把主要的原軍國勢力收攏為輔助者，與它溫存並使其復活，運用它鎮壓了猛烈的東亞民族解放的動力。其結果，造成了韓國、台灣、東南亞各地激烈的對抗，發生了大量的虐殺事件。

　　成為冷戰最前線的東亞，分斷的高牆切斷了朝鮮半島、台灣海峽以及越南，在軍事獨裁下實施戒嚴令統治，極端的國家暴力恣意橫行。在朝鮮半島，經歷了朝鮮戰爭後持續了近半世紀的威權主義統治；中國經歷了內戰，蔣介石政權在台灣進行了長達37年的戒嚴統治；越南經歷了40年的南北對抗。

　　在這歷史中，韓國在美軍支配以及分斷‧國家保安法體制下，從濟州4‧3事件到光州虐殺，由國家暴力之手虐殺了無數民眾，據說犧牲者高達百萬人之多。在台灣，從1947年的二二八事件到1950年代白色恐怖，有上萬的民眾遭到殺害，更有無數的人遭到迫害。

這些犧牲者被貼上「暴徒」、「叛亂分子」、「通匪分子」、「赤匪」的罪名，因為叛亂者與犯罪者的身分而長期被社會所拋棄。

1980年前後，在台灣與韓國的「民主化」過程中，國家暴力的重大人權侵害問題終於成了反獨裁鬥爭的中心議題而登上了社會舞台。1989年的冷戰崩解促使鬥爭加大了推進的力量，把因國家暴力造成的大量虐殺事件的名譽恢復和賠償運動推上了政治議題的檯面。在韓國，1996年成立了「居昌民眾虐殺事件賠償法」，這給光州虐殺事件的名譽恢復和賠償運動在冷戰／分斷體制中打開了一個大突破口。現在，雖然對於「朝鮮戰爭前後發生的民眾虐殺」事件的名譽恢復和賠償法案的制定還未得到解決，但是以濟州4‧3事件的真相解明和名譽恢復為目的的「濟州4‧3特別法」，已於1999年12月通過了立法。同時，也通過了「民主化運動關連者名譽回復補償法」與「疑問死真相究明特別法」。在台灣，也於1995年成立通過了二二八事件賠償法，1998年立法院又通過了「戒嚴時期叛亂匪諜不當審判案件補償條例」。

這些都是東亞各國各地區對戰後過去的清算，亦即遲來的正義的實現；然而，最重要的問題還在於：對過去日本歷史的清算到現在卻仍未有進展。現在，所有有關歷史認識、教科書問題、日本軍慰安婦、靖國強制合祀、強擄勞工與關東大地震時對朝鮮人虐殺等等問題的爭議，全都起因於此。

（五）東亞殖民地支配的責任問題，是21世紀最大的人權課題

2001年的達邦宣言，把近代視為西歐「文明」對「野蠻」支配的歷史；指出了這種支配誕生了歧視和偏見，造成了奴隸制和殖民地支配的野蠻行為。西歐「文明」社會的所謂「平等」，其實在外部正當化了對「野蠻」的亞洲、非洲、拉丁美洲的支配。在這意義

上，這種「文明」本來本質上就是野蠻的，因此，高舉著「文明的開化」大旗追隨西歐的日本除了是「野蠻」之外別無其他。

2009年秋天，我與前田朗先生等數百人共同起草了「東亞歷史、人權、和平宣言」。認為不能把朝鮮併合百年當作「謝罪與原諒」的慶典或一次性的儀式就完結，而是應該把它放在世界史和東亞近現代史的脈絡中，把它視為普遍的歷史問題，並使宣言有準聯合國文件的位階。

從上述人權論的認識及其歷史進程來看，顯然東亞的人權和所謂西歐的普世人權有所不同。因此，為了剝去所謂普世人權虛偽意識的外套，實現真正的普遍性人權，有必要改變對西歐（霸權中心）「普世人權」的理解；在東亞，有必要把日本中心的「亞洲」虛偽意識予以揭露去除，以變革地域秩序。最為重要的課題，還在對於西歐・日本帝國主義的殖民地支配歷史責任進行追究，只有通過完成去殖民化的課題，使近代以來五百年的支配秩序解體，才能實現真正的普遍性人權。

而當前最重要的課題，是促使朝鮮戰爭以來持續半世紀以上的朝鮮半島戰爭狀態終結，實現朝鮮半島的和平體制；並究明日本過去在內外由國家公權力侵犯人權的真相，進而恢復權利。為了達成這目的，有必要促成「殖民地支配就是反人道罪」這一明確的國際共識。

徐勝，日本立命館大學法學院教授。

曾健民，開業牙醫，台灣社會科學研究會會長，著有《1945・破曉時刻的台灣》（2005）、《台灣一九四六・動盪的曙光》（2007）、《1949・國共內戰與台灣》（2009）等書。

論中國自由主義的政治成熟
——在中國人民大學國際關係學院的講演

高全喜

一、思想情勢與問題緣起

自1990年代初期以還，以汪暉雄文和事件爲標誌，中國思想領域的自由派與新左派之爭愈演愈烈，分化與對壘日漸明顯。此後民族主義、政治儒學以及民粹主義和毛左派以及保守主義也紛紛亮相。時至今日，中國思想界的圖譜亂七八糟，弔詭頻頻，左中右各呈其是，共識難求。近年來，自由派內部亦不斷出現分化。前不久，秋風先生在一篇文章中指出中國的自由主義近二十年來日益表現出頹勢，這種觀察無疑值得重視，而且確實在一定程度上道出了當今中國自由主義理論的現狀。

應該指出，自由派的思想理論在晚近十年，尤其是在學院派內部，基本上沒有什麼進步，甚至可以說是日趨僵化。不過，我們同時也要看到，自由主義的那套基本常識和基本理論，不是作爲強勁的學術思想，而是作爲一種社會意識，作爲與每個人生活相關的生活方式，已經在相當程度上融入到中國社會之中。也就是說，當代中國的自由主義表現爲某種程度的斷裂，即自由主義在學說理論與學術研究方面的日趨教條化，缺乏對時代問題的敏感與宏大的回

應，但現實社會行為中的自由主義，諸如維權抗爭，社會批判，以及新的啓蒙等等，卻蔚為壯觀，頗有發展。我認為後一種自由主義意義重大，但它們已經不是一個理論問題，尤其不是一個學術問題，而是屬於生活方式、社會改造與社會批判問題了。

　　所以，我們在此就看到了一個非常有意思的弔詭現象：當今的自由派按一般學術譜系來分析的話，在某種意義上可以說恰恰是真誠的左派，而現在中國的所謂新左派反而與國黨體制合流，成為歌德派。本來，對現政權、現政府及其統治給予一種強有力的批判性質疑，是左派的特徵。但當前中國的新左派，除了批判以美國為代表的西方勢力之外，同時還強烈擁護現行政權的統治，成為地地道道的體制派。抽象地學理分析，這種現象無疑是一種弔詭，但就中國語境來看，倒是恰如其分，因為中國社會本身就是一個異常弔詭的社會。在此情勢下，我認為中國的自由主義在最近十年來的社會行動、社會批判中發揮著重要的積極作用，這一點毋庸置疑。但是，我今天討論的則是另外一個問題，即中國自由主義的思想理論、觀念體系，除了作為一種社會的批判意識，尤其是近年來借助於網路所進行的社會批判之外，還應該有何作為。我認為自由主義者不僅要堅守其社會批判的立場，同時也要在理論上、思想上回到中國問題，並作出積極、有效的回應。這就需要自由主義走向政治成熟。

　　我認為中國自由主義的成熟是基於自由的政治成熟，而非基於利益、權力或統治的政治成熟。我在此所說的自由，並不是單指思想觀念上的或個人意義上的自由，而是指一種政體的自由憲制，一種社會秩序的自由架構，著眼點在其政治合法性上。我們看到，甘陽若干年前也談政治成熟，強世功、甚至劉小楓也都談政治成熟，但他們的政治成熟基本上是基於統治權力的政治成熟。執政黨目前也正在尋求和落實這種政治成熟，而且很多文人理論家們也在營造

一套套話語，使之轉化爲一種執政的意識形態。這些與我談的基於政體自由的政治成熟有很大區別。

　　那麼基於政治自由的政治成熟到底是什麼？當今的自由派對此缺乏深入的理論思考。他們可能認爲，真正的自由的政治成熟現在還沒到時候，或者說他們認爲只有批判、否定，甚至推翻現行體制，表現爲維權也罷、憲章也罷，付諸各種各樣的社會宣傳也罷，那才是最重要的，因爲其目標最終是限制政府的權力，捍衛個人權利，維護個人的自由。他們將批判性視爲衡量成熟與否的主要標準。這其中的問題在於，如果自由主義日益趨向激進，這又與那些真誠的左派有什麼區別呢？真誠的左派在西方是有的，甚至港台也是有的。一般都認爲，他們之前和新左派曾在同一陣營，也共用很多的話題，但現在他們要和新左派劃清界線了，因爲新左派支持既得利益集團的統治，維護現行體制，轉變爲體制派或國黨派，已經不屬於真正的左派了。不過我們要看到中國新左派的高明之處，它們把西方左派的那套理論資源與中國共產黨的、毛主義的、階級專政的那一套統治理論巧妙地結合在一起，這也算是它們的政治成熟。

　　在我看來，自由主義的政治成熟絕對不能僅僅基於批判。事實上，中國自由主義理論的批判力，包括對統治者的反抗，在理論上是十分有限的。如果單從批判性來看，最有力的批判無疑是左翼激進主義的批判。現在的自由主義當然可以進行批判，但假如以批判性作爲自己的方法論或者價值基準的話，自由主義的本色和核心價值實際上就被顛覆了。所以，現在中國的維權派人士、公共知識分子及其代表人物，主流當然是實踐的自由主義，但他們都缺乏大尺度的理論深度和思想體系。比如說，張博樹用西馬的東西來批判中國的專制主義，又調用了許多西方的憲政民主理論、法治理論，而這些與西馬並不相容。目前中國的實踐的自由主義，針對當前社會

轉型時期的問題，用包括法治理論、民主理論、憲政理論、人權理論和新聞自由、政黨制度等在內的一般理論予以武裝，當然無可非議，但如果向縱深的方面探索，我感覺還是遠遠不夠的。

自由主義內部的分化是個好事情，表明一種理論的多樣性與豐富性的發展，不過自由主義學術思想在晚近十多年來的停滯以及頹勢，則是一種重大的失誤，某種意義上，這種持續的停滯實際上就是把自己本該佔有的理論空間、勢力範圍拱手讓與他人。我認為，討論自由主義政治成熟問題，必須首先注意到這一基本背景。

從政治思想史的角度來看，自由主義無論在西方或在中國，實際上都有一個激進的時期與一個保守的時期，兩者起伏跌宕，互為表裡。我們一般認為英美自由主義是保守的，但實際上在保守之前，比如克倫威爾時期，甚至洛克、潘恩的自由主義都是非常激進的，只是到了蘇格蘭啟蒙思想之後，它才逐漸保守化。自由主義在它的思想脈絡中有非常激進的部分，這種激進的自由主義具有兩面性，是好是壞不能抽象評判，要針對不同國度、不同時期，面對不同的問題，自由主義表現出不同的風格。比如潘恩、洛克的自由主義就很激進，而哈耶克則把保守主義與自由主義闡釋得一清二楚，並抬出了保守的自由主義之大旗，以應對他那個時代的歐美問題。自由主義在其激進的過程中與非自由主義，如社會主義、共產主義及其他思想共用一些革命的思想淵源。當我們談論自由主義時，不能簡單地拿出20世紀以後沉澱出來的一些基本結論，而是應該追溯這些結論之所以產生的社會現實環境。所以自由主義是有不同的形態的。

回到中國來說，自由主義從產生到現在，我們對自由主義的理解實際上是相當膚淺的，廣為宣傳的主要是其現代的價值與制度內涵。中國的啟蒙運動時期，尤其是五四時期的自由主義，實際上就是美國的實用主義和羅斯福新政，很多自由主義分子都受到了拉斯

基的影響。再往後一點，晚近二十年來，自由主義似乎已成爲一種
標籤，不僅自由主義，甚至連很多社會主義、社群主義、民族主義，
也都不反對諸如有限政府、市場經濟、法治憲政等自由主義的基本
主張。但我們如果從更深的角度看，真正屬於自由主義的是什麼，
自由主義的這些理論主張是怎麼產生、如何演變、以及自由主義是
如何能夠在理論和制度上顯示長處的？這是中國的自由主義者不得
不思考的問題。中國自由主義的問題在於，他們把自由主義大樹中
的果實直接拿來，卻不去研究大樹是如何成長、進而如何結出果實？
不去研究這個過程，而是將果實拿到中國直接運用。中國是沒有自
由主義的大樹的，這正是中國自由主義思想的一個短板。

　　當然拿來主義有其作用，我也從未否定普世價值。但是我認爲
自由主義需要升級版。因爲中國社會時至今日，在狹義的思想意識
領域已經發生了很大變化，已經不是啓蒙時代的觀念共用的情況
了。自由主義、社會主義、民族主義、保守主義、民粹主義、甚至
法西斯主義，混沌與錯亂、厚顏與無恥，已經逐漸變成了我們賴以
寄生的語境。共產黨執政改革的三十年，更是加重了語境的迷亂。
經濟上似乎很強大，政治上沒有積極的作爲，但一個無能的政治怎
麼又搞出了一個強大的經濟呢？上述種種都迫使第一波的自由主義
者要轉換思考方式，直面自由主義的政治成熟問題。當然關於普世
價值之爭依然有其價值與意義，但是它們已經不屬於思想理論問
題，而是變成了中國社會的公民教育問題。

　　關於自由主義的政治成熟，我覺得單單調用西方當今的理論資
源是遠不夠的，它們或許能夠解決中國社會的一些新問題，如貧富
問題、環境問題、倫理問題、性別問題、同性戀問題、複製人問題
等，但這些與自由主義的政治成熟是兩回事。我認爲，自由主義的
政治成熟問題，在20世紀自由主義的經典著作中是找不到的，它們

實際上是在分享著自由主義政治成熟的制度成果。關於政治成熟的
核心思考，需要回到自由主義之前有關自由的理論探討，也就是早
期現代那個時代。那是決定自由主義政治成熟的重大時期，當時的
社會政治變革以及與之相關的經典著作才是打造自由主義政治成熟
的關鍵點。或者用我的話來說，自由主義作為一套思想理論學說的
興起，本身就是有關自由的政治、憲法、人的生活方式的政治成熟
的表現；自由主義的政治成熟不在自由主義理論本身，而在關於自
由的政治、憲法、人的生活方式的理解之中；這個方面的思想理論
塑造，恰恰是在自由主義作為一套理論產生之前。所以我一直強調，
16-19世紀才是關於自由的一套理論與實踐的政治成熟最重要時期。

二、自由主義的建國創制

　　以上是討論自由主義之政治成熟的大致背景，接下來我要探討
的是當今中國自由主義的政治成熟問題，主要包括三個方面，或者
說三個維度。這三個維度恰恰是前一波中國自由主義的思想、理論
與觀念所沒有認真思考的，也是使他們的學理路徑越走越窄的一個
根本原因。當然，這個「窄」並不是完全貶義的，因為伴隨著維穩
勢力的不斷打壓，相關方面的思想研討也受到限制。但我看來主要
的還是方法論問題，拿著當今西方流行的價值觀念作為標準，試圖
在中國畫地形圖式地尋找解答。我認為這並沒錯，但是遠遠不夠。
我們看到現在很多自由主義者只有這條道路，隨著權力統治的越來
越「嫺熟」，自由的政治空間越來越艱難，這無疑是一個嚴峻的事
實。關於「擔當」問題，固然選擇維權是一種勇氣，但理論思考本
身也需要一種勇氣，這種勇氣倒說不上什麼流血犧牲，或者失去人
身自由；而是說你所堅持的這個理論能不能開闢出一條正確的道

路。在我看來，很多自由主義者顯然忽視了這個問題。作為思想上
的思考，或者作為學院式的理論研究，自由主義的政治成熟有賴於
如下三個基本維度的思考。

第一個問題是自由主義的建國創制。我們現在所共用的自由主
義的一些基本觀念很少涉及建國創制，即自由的政治本身是如何建
立起來的問題。

前不久，我閱讀唐德剛的《胡適自述》，頗有一些感慨。胡適
是中國自由主義的早期代表人物，當然很重要，大家現在也是把他
作為旗幟，因為中國歷史上沒有更偉大的自由主義者了。但胡適除
了提出一些自由觀念，整理國故，從事文化研究之外，他對自由政
治的思考以及實踐是付之闕如的。他沒有整體性的關於政治國家構
建、古今之變、現代國家、現代政治以及現代國家政體的正當性的
思考，他也沒有這方面的相關的知識性訓練。這一點唐德剛說得很
清楚，說他們那一代人不懂社會科學，就是政治學、經濟學、法學、
社會學這一類社會科學，他們還是文史哲，那個時代屬於玄學向社
會科學的轉變時期。當然，胡適在那個時代登高一呼，提倡新文化，
主張白話文，聲名顯赫。然而他自己對現代國家、現代政治以及自
由主義的制度構建，正當性、合法性的義理等等，顯然並沒有多少
思考，也不具備相應的學科背景。西方早期現代的那些思想家們卻
不是如此，諸如洛克、盧梭、亞當‧斯密那些人，都寫過政治學的
書，經濟學的書，也寫過道德學的書，法理學的書，還寫過歷史學
的書，你說他們是什麼學家？他們圍繞著的理論中心，就是一個文
明體從古代演變到現代，它的歷史形成過程，它的產生的正當性，
以及相關的構造機制與原理，內在邏輯指向的終極的人義論、神義
論或者虛無主義，革命的機緣與歷史的終結等等問題。對此，胡適
先生這一代人是沒有意識的。他一輩子所做的，也就是《紅樓夢》、

《水經注》，還有禪宗神秀和尚的考證。胡適的這些學術與自由主義有什麼相關呢？他一輩子主要的思想事業、學術事業並不在此，而他又被視爲自由主義的大師，這不很弔詭嗎？所以，胡適以降，包括後來的一代人，進入國民政府的高官，如王世杰、錢端升等人，他們思考的都只是些現代政治的庸常問題，他們認真思考過現代國家的構建、中華民國的黨制國家，以及其政治性、憲法性、國家認同與國際公法等相關問題嗎？他們不過是些具有一定的西方政法知識的現代官僚。

民國時期的這一批具有自由主義色彩的政治家兼學者，並沒有給我們提供多少關於建國創制的理論思考。這裡的建國涉及到現代中國與古典中國是什麼關係，而在古典中國中那個三代之治與秦漢制度又有所不同。從秦漢之後的皇權專制的王朝帝國到中華民國、中華人民共和國，這其中的政治變革，到底是什麼關係？它的政統、法統與學統是什麼關係？它所管轄的地域與人民，從臣民到公民的轉變，統治權合法性的革命、創制與繼受，是奉天承運還是人民做主？除了上述內政問題，還有與外部世界秩序的關係，國際法與現代世界政治之於我何？在這些關涉建國創制的政治與憲法問題上，我們看到這一批人還不如康梁那個時代。康梁他們的氣象、見識，以及思考問題的深度，要比我們標明爲自由主義的這一波深刻得多，宏大得多。這是1949年之前的自由主義。

而在1949年之後，雖然被打成右派的那批知識分子也被稱作自由主義，但要是按照譜系來說，他們實際上是民主社會主義，其中很少有幾個是真正的自由主義者。這是幾年前劉軍寧在一次哈耶克學會的年會上提出的，當時恰好是右派平反多少週年紀念，雖然在情感上難以接受，但我認爲是正確的。劉軍寧說中國的右派根本不是右派，其實都是左派。因爲在當時他們基本上崇尚的都是民主社

會主義。我們現在把他們當作自由主義的代表人物,如儲安平,還有章詒和的父親章伯鈞,以及民盟諸君,但某種意義上說他們和共產黨是同路人。中國的自由主義究竟在哪裡?秋風最近梳理出來一個張君勱爲中心的自由主義,在《現代中國的立國之道》這本書中,他極力鼓吹張君勱的儒家自由主義。作爲研究當然沒有問題,但此人是否如此偉大,依然存有疑問。張君勱這個譜系與胡適的確不同。因爲胡適這個譜系從自由主義的思想理論來說實在不是深淺的問題,而是在很多問題上與自由主義不搭界。

當然對胡適我是非常的尊敬,認爲他是個非常偉大的人物。從人品或者性格上說,我喜歡胡適不喜歡魯迅。關於魯迅的陰暗心理,我認爲胡適倒是沒看錯,但他不是從自由主義這個角度來說的,以後到台灣的雷震以及有名的殷海光,他們對於自由建國問題也缺乏深入的思考。自由主義最核心的內容涉及政治自由主義、法律自由主義、經濟自由主義,此外還有文化的與道德的關切。自由主義如果不去思考一個現代的政治共同體到底是如何產生、演變的,其內部是什麼結構,正當性、合法性何在,中央與地方關係,個人公民與國家的主權問題,選舉制、代表制,以及和其他國家的法權關係,那麼這個自由主義就只是一般意義上的批判理論。台灣的情形也差不多。以殷海光爲例,他主要還是一種批判情結,這倒跟我們現在的自由主義有些類似。他批判的是國民黨的專制統治,大陸這裡現在是批判現行體制模式。但他們所共用的理論,還是當今西方的自由主義的基本價值觀。當然也有較爲深刻的,如周德偉,但他一直是在做官爲仕,在世時對政治也沒有多少發言,在台灣不是主流。事實上,正是因爲殷海光他們這些自由主義的政治不成熟,才有了自由主義在李敖那裡的變異。

所以,自由主義在中國的百年思想傳統中,一直沒有認真對待

關於一個現代政治共同體的構建與創制問題，我簡稱之爲建國問題，對此缺乏認眞而體系性的思考與研究，沒有形成自己的一套國家學說。自由主義關於自由的政治學說，當然也可以叫國家學說，因爲現代政治的主要表現形式就是國家。但是，何爲國家？早期自由主義有一套自己的理論，其他理論就更多了，在此我不準備多談。關於中國，就我的理解，有三個半的現代中國。至於有幾個古典中國，這裡我還說不準。三代之治是一種，秦漢是一種，唐宋是一種，明清又是一種，情況各不相同，滿清的古典中國，從類型上是一個多民族共治的帝國。

爲什麼我說現代中國是三個半？我是這樣理解的：第一個就是中華民國，這個中華民國，從革命黨南京政權發起，完整的法權版本則是袁世凱主導的北洋政府及其後續繼任者。清帝禪讓的對象是未來的立憲共和國體，這個國體形式上是袁世凱在北京當了大總統後才形成的。這是第一個中國。到了1924-1927年孫中山改組的國民黨，經過北伐戰爭所建立起來的那個中華民國，實際上已經不是中華民國的眞身了，它是一個黨國，國民黨蔣介石的國民政府是第二個中國。第三個中國，是從1946年開始，經過國共和談、破裂以及殘酷的內戰，直到中國共產黨在大陸於1949年創建中華人民共和國，並制定通過1954年的憲法，才構建完成。這是第三個中國。但這個中國並不是一個完整的法權版，因爲一直還有一個國民黨的中華民國在台灣。

我說的這「半個」則是一個進行式，指的是，中華人民共和國在共產黨領導下，1980年代開始改革開放，並於1982年制定了新的憲法，此後歷經四次修改，目前正在開始面臨眞正的政治體制的改革時代。據此可以說是與原先的政治體制已經有了很大的變化，但目前這種變革還在途中，並且處於危機時刻。所以，我說是半個，

是進行式還不是完成式。實際上第三個中國並沒有真正形成一個統一的政治共同體，它分出兩支來，「一中各表」了。這兩個現代中國形態從邏輯上說又都經歷了各自的變化。到了小蔣時代，中華民國在台灣進行了一次和平演變，這當然是非常值得我們學習的一種和平演變。那麼大陸中國呢，可以說鄧時代的改革開放直到今天，只能說是半和平的和平演變。我們現在呼籲的是和平式的，但是這個故事還沒有說完。未來的事情是：中華人民共和國或者說中國，就兩岸四地（大陸、港、澳、台）以及西藏、新疆、蒙古和各民族自治區，如何達成一個真正富有生命力的政治共同體，真正創制一個現代的中國。這個問題在今天並沒有解決，從憲法上沒有解決，從政治認同上也沒有解決，從文化上也沒有解決。在政治認同上，我們能說台灣、香港與大陸，甚至是大陸的蒙古、內蒙、新疆，有一種真正的、自覺的政治認同與憲法共識嗎？這些都是建國問題。對這些問題不關注，只著眼於維權、上訪問題（這些當然也很重要）是不夠的。現代國家到底是怎麼回事，中國的自由主義還沒有說清楚。

　　關於現代中國的建國問題，我認為其中涉及的是制憲權問題，是「非常政治」到「日常政治」的轉變問題。非常政治歷經危機之後，能不能尋找或構建一種機制有效地度過危機，從而恢復到正常狀態，這一套機制是什麼？這實際上跟我們當下的情境有關。沒有危機，社會不可能變，但是有了危機之後如何改變，涉及的問題很多。這是政治學與憲法學研究的基本問題。我認為自由主義要說政治成熟，就是能對這些問題作出實質性思考。自由主義不是抽象的，自由主義是某個國家，某個地域，某個時期，某些人主張的自由主義，不是天上的自由主義，天上的自由主義哪裡有呢？我們看自由主義幾乎所有的著作，都是某某人寫的，它肯定是他那個時代的，反映他那個時代的問題的。哪有完全抽象的自由主義？自由主義的

普世性是空洞的，就理想來說，像康德所說的，自由主義是永久和平下的世界政府與世界公民。但是，你不能把自由主義的理想共識拿過來，簡單地處理我們所面對的問題，尤其是中國所面臨的是一個現代的憲制國家和自由的政治共同體如何構建的問題。

我們實際上是生活在一定的國家裡的，聯合國都承認了，我們也有所謂的憲法，但依然不是一個自由的政治共同體，這就涉及到建國問題。我們要認真思考何為自由的國家，一個自由政體如何從現有體制中破土而出。

三、自由主義的歷史敘事

第二個問題，就是我們要有歷史感、歷史傳統，或自由主義的歷史敘事。自由主義一般來說是沒有神學敘事的，它不是一個完全神義論的學說，但它也不是徹底反神學的，但自由主義有一套堅硬的思想理論和制度架構。我們看到，凡是深刻的自由主義者，都有一套歷史敘事，都有一種歷史感，因為自由主義處理的不是純粹的概念，不是哲學、神學，而是關於人的政治、人的群體生活，人如何結為共同體的問題。人所結成的共同體，不是從無到有，大家原本就在一起，我們就形成一個共同體了。我們面對的是一個你、我必須進去的，已經創造出來的源遠流長的共同體，尤其是政治共同體。自由主義首先是一套人如何經營群體生活的制度設置，關係到制度設置的基本理念、正當性和基本的價值取向及制度本身的結構。

一群人如何一起從事社會生活是一個歷史過程，這是一個民族性的問題。如果說，自由主義理論只是從天上開始，就是人權、理性等等，當然可以這樣說，但這樣說是無力的。自由主義要變得有力，就在於要有自己的歷史敘事。自由主義這個歷史敘事不是歷史

學；歷史學要考慮真與假，事件如何發生，前因後果等等，這些東西都是歷史學的考察。但是第一，歷史的真相誰也說不清楚，第二，說清楚了又怎麼樣？所謂歷史敘事，總要說出一套故事，叫編造也罷。輝格黨人的歷史敘事，把古代英國的政治傳統如王制法治說得非常美好，它們果真如此嗎？信不信是另一碼事，但至少這是一套歷史敘事。

所以我要說，中國的自由主義至少要有一套歷史敘事。我們看到，凡是勝出的有力量的自由主義都有這種敘事。美國的自由主義從來都是與美國的建國史、南北戰爭史聯繫在一起的，特殊的天賦使命感以及未來世界領導者的終極目標構成了它們的歷史敘事。英國、法國、德國、俄國，都有。非自由主義關於政治的那一套東西，也有歷史敘事。神義論的敘事也是一種歷史神學，共產黨也有一套自己的新神學。這種歷史說得很好，所以有力量。但中國的自由主義從來沒有一套歷史敘事。新文化運動中胡適開山就批判歷史，把過去的扔進垃圾堆。後來中國自由主義的代表人物，有自己的一套歷史敘事、歷史觀念和歷史理論嗎？沒有。這樣未免就有些單薄了。比如說人權是人的基本權利，政府不能欺壓我，不錯，但是轉念一想，我父輩也是這樣過來的，以前也是這樣的，現在我靠這樣一個觀念就能夠成功嗎？這裡就涉及到歷史敘事和相關的歷史理論，如何對待政治傳統的問題。我本人是認同「保守的自由主義」的，保守的自由主義在於對待傳統不是一概打倒。如果一概打倒，就不是自由主義。抽象地說，自由主義應該對傳統有雅量包涵，還應該有能力駕馭傳統，甚至「重構」傳統。

這裡涉及什麼是歷史的問題，對此我們不能機械地理解。一切歷史都是當代史，所謂的視域融合是也，一切歷史都是圍繞著歷史的主體展開。但是歷史的主體未必就是創作者本身，因為作者只是

讓這個作品產生了，之後就不屬於作者了。自由主義要有一套歷史
敘事，這個歷史敘事從某種意義上來說就是重述歷史，編織故事，
就是按照自由主義的價值觀念和理論譜系等那一套普遍化的東西來
重新打造歷史。這一點我們沒必要諱言，說這個東西不對，客觀真
實的歷史誰也沒有。美國的歷史家說的美利堅歷史肯定真實的嗎？
他們對黑奴問題，對種族歧視問題，對獨立建國問題，對南北戰爭
問題，想必看法各不相同。那什麼才叫歷史呢？所以，我覺得輝格
黨人的英國史觀是非常高明的，至少它產生了一套敘事，形成了作
為英國自由主義強有力的歷史觀。關於自由主義，不單純只是洛克
的政治哲學。洛克是天賦人權，這一點上反而是不講歷史的，但是
英國的自由主義是巧妙地把洛克的天賦人權那一套政治哲學與輝格
黨人的歷史觀結合起來，這才構成了作為「英帝國」的自由主義，
由此就把英國的全部歷史貫通了。從最初的威廉征服英國，然後是
大憲章，到維多利亞最輝煌的時期，然後一路下來成就英帝國的光
榮與夢想，自由主義能把一個帝國的殖民史說得這麼漂亮，變為自
由主義的敘事，這難道不是政治成熟嗎？

　　最近我主持編輯《大觀》叢刊(以前叫《大國》)，一直在關注
這個政治成熟問題。當然，關於帝國問題是有爭論的，左派也談帝
國問題，右派也談，自由派卻漠視。對待這個問題，不能簡單用殖
民主義、帝國主義侵略壓迫第三世界此類的說辭。以亞當‧斯密的
自由貿易來說，英國頒布了禁海法，他對此是贊同的。因為要與荷
蘭和其他國家爭奪海上的霸權，按照斯密提倡的自由貿易學說他應
該反對，他怎麼會贊同17、18世紀英國的一系列非自由貿易立法呢？
但他實際上是贊同的，這就是他的政治成熟。

　　就中國來說，我認為至少有三個歷史傳統。第一個就是三代之
治。夏商周三代之治這個問題不能說是已經幾千年過去了，與我們

無關。我們看到，晚清時候郭嵩燾他們就說三代之治在英美。甚至可以說，中國現在哪裡是華夏，當今的中國就是夷狄。因為沒有人道了，沒有文明了，哪裡還能算是華夏呢？如果按照這個標準立國的話，今日的體制毋寧是有史以來最壞的夷狄，哪裡還有什麼權利來主張國家與民族的復興呢？這是很可笑的。所以，三代之治是一種古典的封建制的舊傳統，不能說它跟我們毫不相關，它不像古希臘、羅馬政制，古希臘、羅馬已經消逝於歷史之中，但我們的舊傳統卻是生命尚未斷緒，而且還有待重興。

　　第二個歷史傳統實際上就是秦漢以來的皇權專制主義傳統。在西方有從古典政治到封建主義的轉變，但西方的封建包含了很多非常好的內容。它的古典專制也是一種王治。封建制在西方有封建法，那是一種自由的法律，封建法最大的問題是自由而不平等。中國的三代之治就是一個封建制，那種封建制裡的很多東西都有待挖掘。中國的皇權專制的確有很多的問題，皇權專制主義荼毒中國不淺，遺留下諸多禍害，但我們還應該看到，滿清的專制王朝卻構建出一個大帝國，這個帝國最後和平轉讓給中華民國，我們也不能說它一無是處。例如，帝國的文治武功，禮儀制度，邊疆治理，這些東西也應該認真對待。所以，我認為，古典傳統至少有兩個：封建制（三代之制）與君主制（皇權專制）。

　　第三個傳統就是現代的政治新傳統，就是兩個黨制國家遺留給我們的東西。雖然改革開放三十年做出了一些成就，但是還構不成一種新傳統，至多是我前邊所說的三個半中國的這個「半」傳統。鄧開創的改革只是一個轉折階段，從大的歷史視野看，還是三個至上的黨與國統一的傳統。現在歷史還沒走完，今後怎樣演進還不好說，但就如何對待傳統這個問題，此前的自由主義基本上都是批判性的。在他們眼裡傳統一無是處。對此，我認為：一、不符合歷史

真實;二、大部分中國人很難接受。中國存在了5000年,中國現代
歷史從鴉片戰爭以來也有170多年了。這世世代代的中國人難道都一
無是處嗎?這些人難道就沒有一點有價值的東西嗎?當然不是。我
們生活在其中,休戚與共,這裡面並不都是非常醜惡的東西。也就
是說,自由主義如果對於無論是舊傳統還是新傳統都一概打倒,未
免就太激進了,不符合自由主義的中正、寬和、從容與保守的原則。
這個激進還不如左派呢!相比之下,左派對傳統的否定就極端徹
底。這個自由主義和左派的否定有共用的東西。所以我覺得自由主
義缺乏歷史感,缺乏一種歷史敘事,對歷史採取虛無主義。這種做
法使這個理論本身也成為一種虛無主義,因為它本身不是神學。如
果它是神學倒還可以理解,但它不是,而是一門人學。作為人學,
對歷史採取虛無主義,意味著自己也是虛無,除非它是一種新神學,
只有神學才有這樣的否定歷史的力量。

　　但是我們的自由主義不講究歷史,對神學也進行了否定。我們
不時看到有些自由主義者轉向基督教,這有它內在的邏輯合理性,
要不是這樣的話,它理論上就走不通了。自由主義把歷史否定掉了,
它又不能成為一個神學,還是一套有關人的理論,那它自己憑什麼
就比傳統的理論高明呢?所謂的人權、民主、自由就比所謂的仁義
禮智信更高明嗎?我看未必。我們看到的這個自由主義不能認真對
待中國傳統文明,從胡適以降,一直到前幾天袁偉時先生在北大的
講座,對傳統都是採取這麼一個決絕的態度,這使人困惑。胡適先
生是說一套做一套,所以老蔣給他的評價是非常地道的:「新文化
運動中舊道德的楷模,舊倫理中新思想的師表」,這個悼詞非常到
位。胡適的主張是比較激進的,但遠沒有左派激進,像陳獨秀、李
大釗、毛澤東他們更激進。在如何對待傳統的問題上,自由主義與
左派沒有實質性的差別,我認為這是他們在政治上的不成熟。自由

主義對待歷史傳統,至少應該是同情的理解,當然同情還是外在的,我們還要積極地尋找自由主義這一套制度和觀念在歷史中的生成。這是一種政治技藝,英國人稱之爲「政治擬制」,英國與美國的法政人均是擅長此道的老手,我們的政治理論家、思想家也得具備這種能力,否則就是不稱職的。

四、自由主義的公民主體性及其政治領導權

　　第三個問題,就是自由主義的主體性建設,或者說自由政治的公民主體議題。中國的自由主義既缺乏對歷史傳統的正面認識,對現代政治最核心的伴隨著工業化進程而催生的國家創制問題,也缺乏深刻的認識,致使它對如何真正地改造社會,建立一個自由社會的政治主體性、以及道德主體性和文化主體性,也缺乏歷史性的廣闊視野。

　　經濟自由主義談經濟和道德兩個事情,在狹小的商業領域是對的,就市場經濟來說,經濟與道德無涉,經濟學可以不講道德。但是,經濟問題要是上升到一個大的政體與國家層面,作爲自由主義的經濟學,肯定是和道德相關聯的,這樣就涉及到公共利益問題。人們在一起進行商品交換和財富創造,到底是爲什麼?這其中要是沒有制約,那欲望的資本主義,絕對自私自利的個人的絕對主體性,個人的無節制的自我膨脹,無疑是災難性的,它會摧毀社會,摧毀政治。

　　自由主義把個人主義作爲方法論,但個人主義並不是不講道德。我在這裡所說的個人主義是法律上、政治上的個人主義。在法治下不講道德,不講公共利益,那不是個人主義的真正含義。個人主義的真正含義是在法律與政治上構建一個法權的主體,是一個自

主的權利主體，而這個權利主體是具有同情心的，是應該有公民責任的，應該有美德的。這是人性，你秉有權利，但你更有美德和公民責任，我認為這才是個人主義的核心。

　　然而，我們時下所宣導的個人主義，只是把它建立在一個低層次上，表現出來就是經濟與道德無關，與公益無關，只與經濟社會的經濟利益有關，法律上也與道德無關。關於什麼是一個可欲的現代社會，什麼是一個美好社會，過去的自由主義思考膚淺，經濟學的、法學的自由主義雖然成主流了，但他們對真正的公民主體是什麼，並沒有做出應有的回應。這種純粹的經濟人的主體，或者說只是免於恐懼的自由，是不可能解決建國創制問題和重敘歷史問題的。時下伯林所謂的消極自由主義很是風行，對此，伯林在西方社會有他高明的理由，但在中國恐怕未必就完全恰切。消極自由針對那些以國家主義、社會主義、集體主義之名來侵害個人權利的專制行徑，固然具有一定的警醒作用，但是我們也應該認識到，只是依靠消極自由是不可能建立起一個自由的現代政治的。

　　伯林是自由主義的經典思想家，但他未必是一個致力於構建自由制度的思想家，因為自由制度的思想家大多強調的是一種公民主體的積極自由。我們看早期現代的自由主義，都是非常──用中國話來說──經世致用的，不僅強調公民美德，而且強調自由實踐，甚至公民革命。無論是英國式的革命，還是法國式的革命，或者美國聯邦黨人式的革命，公民訴求的都是要創制一種憲政體制，要塑造一個自由政治。像蘇格蘭啟蒙運動中的思想家，他們講究美德，講究同情心，就是說自由的法律、自由的經濟、自由的政治是應該有公共利益、同情心這樣的一種社會責任，這些東西都是息息相關的。中國的自由主義，這些年來顯然是過於強調消極自由了。積極自由未必就導致極權主義，極權主義已經不是積極自由了，相反，

它們完全是非自由、反自由，就是專制極權了。這就是說要賦予積極自由一個正當性的正名，積極自由與極權專制，與以國家名義去剝奪個人權利或者史達林的政治清洗那一套是大相徑庭的，同時與伯林的消極自由觀也是不一樣的。積極自由是什麼，就是我曾經說過的人民起來，參與制憲建國，踐履公民美德，擔當公民責任，為權利而鬥爭等等內容，還有道德、文化等功能。我認為在這一點上，美國建國與內戰時期發揚的非常政治或立憲政治，就克服了消極自由的弊端，破除了韋伯所謂的「鐵籠」。在此，中國的自由主義不但要喚醒人民的公民覺悟，還要呼喚與培育真正的政治家，由他們來行使構建自由政體的政治領導權。

　　此外，還有一個文化政治的問題。文化的政治性現在談的人很多，他們強調文化主體性。比如張旭東，還有韓毓海寫的《五百年來誰著史》，也談到了文化主體問題。但他們的文化主體是反政治、反法治、反自由的文化主體。我認為，這種主體性實際上是一個虛幻的主體性，沒有自由的人格怎麼可能有主體性呢？這個主體性就是人文嗎？那只是他們所想像的主體性。現在新左派好談主體性，也談政治成熟，但他們從來不談公民，不關注公民主體，還是階級鬥爭那一套。說到底他們旨在維護執政黨的統治，那不是自由，而是權力統治的政治成熟。他們為什麼不願意討論政治與法律的政治成熟呢？因為一談這些問題就必然擴展到公民自由問題上來了。他們不談自由，只談道德，這是唱高調；但是道德是和自由相關聯的，沒有自由的道德是很可怕的。我認為現代政治的自由主義首先就要強調自由的道德。假如不談自由這個問題——從大的方面來說就是要有一個自由的政體、一個共和國的構建，再有就是一個民族追求自由的歷史演進——也就不會有所謂的公民主體性。

　　在這個演進的歷史中，自由的主體又是誰？可以說，關於自由

的主體，歐美社會並不是只還原到每個個人，它們還有鄉鎮自治，然後通過自由憲章。他們的憲章更主要的是一個關於政治共同體，一個城市，一個州的憲章，然後在此之上才建立了所謂的聯邦國家，如此多元的公民主體就這樣被逐漸培育出來。但是，前蘇聯卻沿襲歐陸社會，搞出了一套新的現代國家的主體，那就是黨、先鋒隊、領袖，他們發動群眾運動，大搞階級鬥爭、無產階級專政。這也是一種現代政治的主體機制。這個主體機制導致的結果就是全體人民都「被代表」了。

中國的自由主義，從百年歷史來看，所面臨的並且一直沒有完成的，無外乎兩個相輔相成的問題，那就是「建國」與「新民」。新民，說到底就是建設一個公民社會，一個現代自由而平等的政治共同體。這個現代公民社會發端於公民個體，並且相互塑造於小的村鎮與社區，從公民自治，到社區自治，到地方自治，創制憲章，構建更大的公民社會，直至自由建國。但自由的政治不是小政府，而是一個有邊界的有限而又強有力的政府。就是說政府是有邊界的，但在其界之內則是強有力的，既不是小政府也不是壟斷性的大政府。現代中國的問題是沒有社會了，政治國家把社會全給摧毀了。比如說像重慶，在重慶哪有社會？政治給政府包辦了，連民生也都給政府包辦了，替人民當家做主，替人民均貧富、搞民生，替人民分配公共資源。關鍵在於你有什麼資格壟斷權力？誰能保證你今天高興了就給大家財富平均分配一下，明天不高興了就來掠奪？

所以，作為一個公民既要講權利，更要講責任，大家如果都在合法地謀私，都是在吃喝玩樂，人民也會腐化墮落的，這個社會也要崩潰。我們看羅馬帝國的解體，這跟羅馬人民的腐敗有關。因此我們既不能容忍一個強權的政府把社會消滅掉，同時也不能放任社會把政治抽空，用官僚政治吸納或化約立憲政治。當今西方社會的

問題就是後者導致的，從某種意義上來說就是社會捆綁政府，但又沒有一群真正的政治家致力於政治變革。當然，中國更沒有政治家，而是權力官僚制與權力資本化。我認為自由主義雖然應該強調個人的自由生活，但與此同時還要呼喚公民美德，並訴求立憲政治。在當前中國社會的大轉型中，政治成熟本該就是催生、呼籲甚至造就一批有政治擔當的人。只有有政治擔當的人才能把握政府與社會的平衡。所謂平衡在於把握時機，把握好了就是偉大的政治家，要不就只是政客。這不是理論做出來的，也許就是天命。或者突然這個時代在某個時期就「砰」的一下冒出一個林肯式的人物，但是自由主義應該給這樣的一些人物提供深刻的自由主義理論證成。

總之，我認為自由主義的政治成熟主要表現在上述三個大問題上面。一是建國創制或政治共同體的構建問題，二是歷史敘事問題，三是公民主體性以及政治領導權問題。二十年來，中國的自由主義雖然議題繁多，但在這三大問題上確實是乏善可陳，思想理論上沒有什麼推進，也少有人認真思考。我認為如果要想擺脫自由主義的「頹勢」，變得真正富有力量，大可沿著這個思路去深入思考這些問題。當然這些問題實際上也可以延伸出內政、外交等一系列問題，其中存在張力，問題的確是很多的。關鍵是其中的政治成熟的邏輯。西方早期現代的自由主義大師們處理的都是我說的這些問題，他們那個時代也有貧富不均、階級對壘、種族差別、男女平等等一系列問題，但這類問題的「問題化」處理卻是19世紀之後才逐漸解決的。為什麼早期思想家們對這些問題能夠堅定地視而不見呢？因為他們政治成熟，一個社會所面臨的問題無疑是很多的，甚至是無窮盡的，但他們在理論上所處理的都是重大問題、關鍵問題、核心問題，這正是自由主義的政治成熟所必須面對的。

　　中國的自由主義如果要走向政治成熟，同樣要有分辨問題等級的能力，但中國的自由主義，至少目前我所看到的那些自由主義者，似乎並沒有多少政治性的自覺。所以我一直呼籲，而且自己這些年所做的也主要是這方面的一些工作。我一直認為，當今的中國問題，從某種意義上來說是和西方早期現代300年左右的那一批大思想家們思考的問題具有同構性。如果中國的自由主義者不能在建國創制、歷史敘事、公民主體性以及政治領導權三個維度上作出成熟的政治思考，也就難以走向其政治的成熟，也就必然要繼續表現出頹勢，甚至成為中國政治發展過程中某種不相干的東西。

　　當下有所謂資本的政治成熟，或者說財富的政治成熟，還有執政黨的政治成熟。關於財富的政治成熟實際上很簡單，就是資本家如何勾兌權力，獲得金錢後想辦法移民海外，在當今情勢下這是他們天然的選擇，這是他們最大的政治成熟，並不用教。執政黨的政治成熟就是編制一套套大國崛起、民族復興、科技發展、和諧社會的祥和盛世圖景，延續其赤裸裸的官僚制權力統治。自由主義的政治成熟呢？我認為關鍵就是如何能夠催生一個自由的政治共同體，領導人民進行和平的改良主義的立憲建國，這才是中國自由主義最重要的使命和志業。

　　高全喜，北京航空航太大學法學院教授，研究法哲學、政治哲學與憲政理論，專著有《理心之間：朱熹和陸九淵的理學》、《法律秩序與自由正義：哈耶克的法律與憲政思想》、《休謨的政治哲學》、《論相互承認的法權：精神現象學研究兩篇》、《現代政制五論》；並主編《大國》及「政治與法律思想論叢」。

戰爭‧愛情‧生存策略：
馬共女戰士的革命動機

潘婉明

一、前言：女人爲何「做馬共」[1]

關於馬來亞共產黨(簡稱馬共)的研究，「誰做馬共」、「爲何做馬共」這一基本而核心的問題一直缺少更細緻的討論[2]，特別是「女人爲何做馬共」的探討，至今付之闕如。雖然邱依虹在2004年出版的《生命如河流：新、馬、泰十六位女性的生命故事》[3]首先打開一

---

1 在新馬的方言及本土脈絡下，「做馬共」意即參與馬共活動、成為共產黨員，或參加游擊戰鬥。
2 這個忽略可能出於Lucian Pye在1956的研究所致。當時他針對60名「投降敵人」(Surrendered Enemy Personnel, SEP)進行類口供式的訪談，最後歸納出人民參加馬共的政治因素和非政治因素，試圖透過認識馬共來理解中共。見：Pye, Lucian, *Guerrilla Communism in Malaya: Its Social and Political Meaning*(Princeton: Princeton University Press, 1956).
3 《生命如河流》記錄了16位女戰士的生命故事。該書的編寫及成書在方法上或有可議，但它作為女性馬共生命史的分析工具卻很具啟發作用，也為女戰士的革命動機提供了諸多線索。見：邱依虹，《生命如河流──新、馬、泰十六位女性的生命故事》(吉隆坡：策略資訊研究中心，2004)。

個缺口，此後女性馬共領導層也接連出版回憶錄／口述歷史，大量
出現在書肆的各類左派出版品都進一步填充了這片空白，但相關篇
章尚停留在敘而未論的階段。

本文將分析相關文本和口述歷史，指出馬共的革命動機（起碼）
在敘事（narrative）層次上表現的性別差異，以及女性參與革命的行
動和考慮，如何在結構與主體之間靈活運作，又有何限制。這篇文
章將指出，中國抗戰以來的思想灌輸和救亡實踐，以及抗日期間的
經驗與仇恨，在很大程度上對婦女的政治覺醒和公共參與產生啓蒙
的作用。但另一方面，女性投身革命也可能出於企圖解除生活困頓、
外在威脅和家庭暴力的一種生存策略，而愛情更是其中最不可說破
的革命動機之一。

二、男女有別：馬共的革命動機

嚴格來說，馬共革命動機的「男女有別」僅指兩性的敘事方式
和內容上的差異，而不是把男女對立起來。因此下文的討論將以論
述分析爲基礎，考察兩性「聲稱」的革命敘事，而其中說詞，或與
具體實踐有很大的差距。換言之，本文關心的不是男女性馬共各別
的革命動機究竟爲何、有何不同、或爲何不同的問題，而是他／她
們所採取的敘事策略，以及這些「聲稱」的背後又傳達了甚麼性別
意義。

意識型態的指引是最常被宣稱的革命動機，但就馬共而言，其
意識型態的色彩，摻合了各種民族、國家、文化等成分的複雜情感，
反使主義本身的特色不顯著。早期的馬共成員都經歷過抗日戰爭，
包括發生在「國內」的八年抗戰及在馬來亞三年八個月的太平洋戰
爭。中國抗戰以來，馬來亞華人也被捲入其中，他們的生活脈動和

情緒，無不受「國內」抗戰的發展所牽動，除了有僑領號召籌賑捐輸祖國，馬共也發起後援會支持中國抗戰。1941年12月8日，日本取道泰南入侵馬來亞，以馬共爲核心的抗日軍立即成軍，並在日據時期迅速壯大。因此可以說，馬共對日本侵略的集體情緒，似乎比意識型態更能召喚人們轉化仇恨爲實際行動。

　　戰後，抗日軍復員，馬共則就地合法。但經此一役，馬共已打開局面，聲勢日隆。二戰的衝擊爲世人開啓了新的視野，全球掀起一股反帝、反殖、要求獨立的浪潮，馬共在抗日的集體仇恨解除後，亦以此爲其新的鬥爭目標。日據時期的慘痛記憶、殺戮和冤獄的劫後餘生、百廢待興的市面、國家認同意識的萌發、參與建國的新議程、中國的政治情勢、左翼思潮的勃興，在那樣一個牽動全世界紛雜失序的大時代，身處在殖民地的新興政治力量，馬共一邊仰望著中國／中共的步伐，一邊擬訂自己的路線，漸進行事。

　　文獻發現，許多男性馬共宣稱的革命動機正是配合著這樣的歷史局勢和時代背景展開的。他們的文字或口述回憶，可歸納出一種言說抗日、反殖大義的敘事模式，試圖表述「公共」利害以取得更大的合法性和正當性，對「個人」考慮和利益卻少有表示。這是男性敘事的「公」傾向，凡事皆可聯結到國家、族群或社會等大的框架，迴避了個人的局限。然而，避諱、修飾不等於不存在，女性的口述歷史在一定程度上填充了這種空白。這也說明敘事的「公」傾向並非歷史的全貌，只是某些爲「公共」所不容的「私」領域被排擠掉了。

　　人類學者的田野發現男性表述與女性敘事明顯不同。女性的敘事常以一種較坦誠、率真、簡單、缺乏組織、沒有／不按時序或斷裂、非直線式、與正統歷史無關、充滿缺口、默言（reticence）、失

語與失憶的方式呈現[4]。女性敘事中那些不能言說的或說不出口的缺口，常常也會在另一個話題中透露玄機。而那些有意識的絕口不提或拒不作答，本身就是一個答覆，供我們從不言說或不能說處著手。

　　當然，女性敘事也有像男性一樣以大歷史框架開頭。這並非質疑大敘事的真實性，因為指認出敘事上的性別差異，並不是為了追求「真相」，而是指出記憶經過反覆敘說，往往亦可演練為連本人也深信不疑的認知。因此，本文希望透過有脈絡的生命敘事，透視可能被遺漏的歷史角度。驅使女性走向革命的原因可能很簡單，是一種用單純的心眼判斷善惡的結果，但也可能很複雜，是她們在多重結構中受困以及思索如何脫困的行動策略。

三、女人「做馬共」──戰爭、愛情、生存策略

　　早期馬共歷史的研究主要在人物背景和事跡方面的探掘[5]，但鮮有關於女性的描述，因此我們不知道誰是馬共第一位女性黨員，也不知道女人何時開始參加馬共、為何加入馬共。馬共雖然有很籠統的女性議程，但號召不足，直到中國抗戰爆發，我們才在各界響應救亡的呼聲中看見婦女的身影。在傳統的社會結構中，婦女的日常生活的規範嚴明，一般不容易無故逾越，即使是在強調勞動生產力的殖民地社會也不例外。然而，戰爭以及戰爭所帶來的各種廢弛，結合其他未可知或不可阻遏的元素，如愛國、仇恨，婦女於是有了

4　趙彥寧，〈戴著草帽到處旅行──論述中國流亡、女性主體、與記憶間的建構關係〉，《戴著草帽到處旅行──性／別 權力 國家》（台北：巨流，2001），頁209-210。

5　相關研究見楊進發(C. F. Yong)、原不二夫(Hara Fujio)、明石陽至(Akashi Yoji)幾位學者的著作。

比一般情況多一點的可能性。

（一）戰爭：抗敵救援的愛國婦女

　　馬來亞女性參與「公共事務」的開端，大致可以追溯到南洋地區響應中國抗戰的1937年。在戰爭的狀態中，社會原有的秩序和規範很容易被打亂或出現鬆動。中國抗戰初期，馬來亞華人社會也發生類似的情形，雖然它本身還不是一個戰場。當時，南洋各地華人社會均受「國內」抗戰的情勢所牽動，新馬華人熱烈支援祖國抗戰，投入金錢、物資與人力無數，響應僑領陳嘉庚所組織的「華僑籌賑祖國傷兵難民委員會」（簡稱「籌賑會」）和「南洋華僑籌賑祖國難民總會」（簡稱「南僑總會」）的號召，向「國內」捐輸。馬共也在同一時間作出反應，成立「馬來亞華僑各界抗敵後援會」（簡稱「抗敵後援會」或「抗援」），以依附的形式支援抗戰，籌募所得則通過管道輸送到香港轉交中共。

　　「抗援」是一個半公開的組織，在各州設有分會，如雪蘭莪州有「雪抗」、霹靂州有「霹抗」、新加坡有「星抗」。各州「抗援」之下又設「工抗」（各業華工）、「學抗」（華僑學生界）、「青抗」（華僑青年）、「店抗」（各業店員）、「婦抗」（華僑婦女界）、「文抗」（華僑文化界）、「農抗」（農民）等等[6]。「抗援」為馬共培養了眾多年輕的學生幹部，女同學的表現也極為出色。這些女孩在戰事還遠隔重洋之際，就已經被組織起來，而當戰事逼進南洋轉眼來到門前，她們更進一步被危機感和仇恨全面動員起來。

　　1939年，年僅14歲的謝瑞生參加了馬來亞共產黨。她在就讀檳

6　馬林，〈「抗敵後援會」在馬華抗日救國運動中的歷史作用〉，《馬來亞人民抗日鬥爭史料選輯》（香港：見證，1992），頁326-329。

城福建女校時已是「學抗」的成員。太平洋戰爭爆發時，她在吉隆坡讀高中，就地參與雪蘭莪州人民抗日軍第一獨立隊的成立工作[7]。當時不少中學生像謝瑞生一樣，很早就有政治覺悟，並直接參與抗敵救援的活動。不過，另一些同學則因參與救亡而被發展爲共產黨員，如曾雪虹就「因愛國也對演戲有興趣」而積極參加「學抗」活動，引來同學發展她加入共產黨：「她拿了一本書《西行漫記》給我讀，我很佩服那些書中的人，開始對共產黨有好感，但不清楚共產黨到底幹甚麼的，目的是甚麼？」後來她聽說有很多人參加就不再猶豫了：「這麼多人參加，我還怕甚麼，就參加了。」[8]

　　事實上，馬共在檳城的「抗援」組織非常活躍，對女學生的影響也很大，還出了「革命十八姐妹」，其中多數是福建女校的學生[9]。這一點足以說明當時校園動員力強大，女生的表現也很優異。同樣的情形也發生在馬來亞最南端的新加坡。福建出生的李真在蘆溝橋事變後來到新加坡，入讀南洋女中高中部後，馬上加入「學抗」。雖然初來乍到，但李真非常積極投入新加坡的救亡運動。她和葉立天等文藝青年組成「銅鑼合唱團」，在全馬各地巡迴演出，還在音樂家任光的指導下演唱《松花江上》、《鐵蹄下的歌女》等十幾首名曲，由百代唱片灌製成唱片。李真的弟弟李明星和戀人彭光涵都是「抗援」的領導，兩人在1940年被殖民政府驅逐出境[10]，但李真

7　吳蓮枝，〈我所知道的謝瑞生〉，見證叢書編委會編，《古城硝煙》（香港：足印，2008），頁91-92。

8　曾雪虹，〈雪虹自傳〉，21世紀出版社編，《馬泰邊區風雲錄（第四集）》（吉隆坡：21世紀，2007），頁230-241。

9　李球，〈永遠活在人民心中的李真同志〉，見證叢書編委會編，《漫漫林海路》（香港：見證，2003），頁206。

10　林雁等編，《陳田紀念文集》（吉隆坡：策略資訊研究中心，2008），頁23。

並沒有就此退縮，反而擴大聯絡群眾、發展同學加入組織，頗受敬愛。她的學妹李球因父親的關係從小關心國事。1931年「九一八事變」後，父親在她的手臂上纏上寫著「國恥」二字的黑紗，以示國哀，此舉讓8歲的小女孩感到「很高興，知道我是中國人，要愛祖國。」抗戰時期，李球在老師的領導下響應「籌賑會」的義賣活動，到新加坡各大遊藝場所賣花，還參加話劇《雷雨》的排演，幫老師們提台詞：「當時自認為是愛國活動中的一員小將，頗為自豪。」她還擔任「銅鑼合唱團」的團長，同時也加入馬共組織的「學生讀書會」，開始接觸粗淺的革命道理。李真對她的影響很大，指引她入黨[11]。

　　從中國南來或本土成長的女孩，都紛紛投入南洋支援祖國抗戰的活動，另一些女孩則採取回國參戰的具體行動。1938年6月，小學教師廖冰因參加馬共的外圍組織「馬來亞文化協會」，閱讀《西行漫記》、《二萬五千里長征記》等書後深受其中革命激情的感召決定投奔延安而去[12]。1939年5月，福建女校教員陳僑珍、協和女校教員白雪嬌參加「南僑機工隊」回國支援抗戰，獲得廣泛的報導；同樣來自檳城的李月眉也參加「機工隊」在貴州充當司機，意外翻車送醫搶救時才發現是男扮女裝[13]。同時期，由官文森資助的女子救護隊「文森隊」也準備出發回國，加入「東江華僑回國服務團」的行列[14]。

11　李球，〈一個馬共黨員的回憶錄〉，《南洋學報》第55期（2000.12），頁83-89。

12　廖冰，〈奔向延安，奔向革命〉，《中華文史資料文庫：第十九卷華僑華人篇》（北京：中國文史出版社，1996），頁227-238。

13　黎亞久主編，《新馬歸僑抗日抗英人名錄》（香港：足印，2009），頁111。

14　〈吉隆坡文森隊七位巾幗英雄為爭取祖國自由回國服務〉，《南洋商報》，1939年4月26日，第13版。

　　大部分參加過抗日戰爭，或至少經歷過日據時期的人都指出，
仇恨是愛國、抗戰衍生出來的另一層革命動力。馬來亞抗日時期，
許多人因家破人亡而毅然參加革命，跟著部隊移動。黃月英的父親
是中共在梅縣的地委，1920年代被派到馬來亞，在新路（Air Kuning）
一帶從事地下活動。抗日初期，她給父親做「小鬼」，幫忙把風、
送信。1943年，其父被捕後遭處決，10歲的弟弟也在包圍事件中當
場被打死了。父親的義弟聞訊從山上趕來接她到部隊安置，12歲的
黃月英從此跟著部隊生活[15]。黃小華也有類似的經歷。她的父親在
南海島參加共產黨，不能足立而遠走馬來亞加入馬共。日據時期，
父親帶著她和弟弟參加部隊，1943年因遭叛徒出賣被捕，在監獄受
刑不過撞牆自殺，遺下姐弟倆隨部隊移動[16]。抗日軍第五獨立隊救
護隊小隊長張流斌的父兄也先後遭日本人逮捕，受盡折磨，戰後出
獄時，父親殘廢不能行走，哥哥被灌辣椒水傷及肺部，久治不癒，
復又在緊急狀態時期被捕，判處驅逐出境，未幾病發身亡[17]。陳秀
乖的家人也支持抗日，家裡是組織的交通站，她從小幫送信、買東
西，是一名小交通員。她的大哥因參加抗日慘遭砍頭，全家都陷入
悲痛[18]。

　　張秋思的父親、兄、姐都是馬共黨員，她也在雙溪籠（Sungai
Long）參加抗日兒童團，帶領同村的孩子在村口放哨，年幼的她心
裡頭「恨日本仔真系恨到入骨！」[19]而家住直涼（Triang）的鄭婉玲

15　潘婉明訪問，黃月英口述，2010年3月11日，中國廣東省深圳。

16　潘婉明訪問，黃小華口述，2010年3月10日，香港沙田。

17　潘婉明訪問，張流斌口述，2010年3月10日，香港沙田。

18　彭廷周，〈林海路上七戰士〉，見證叢書編委會編，《激情歲月》
　　（香港：見證，2005），頁180-182。

19　潘婉明訪問，張秋思口述，2010年3月12日，中國廣東省廣州市。

也是幫忙放哨的小尖兵。她的哥哥在當地負責民運，組織以她家爲
交通站。每當教官來進行軍訓，便派她和弟弟到路口「玩泥沙」：
「要玩到中午11點多才回家吃飯，有時下午還要繼續『玩』。」她
愛聽教官講抗日故事，學唱《紅旗歌》、《紅軍歌》、《抗日軍歌》，
對他們的爲人很敬佩，心想：「等我長大以後，也要像他們一樣做
個革命戰士。」[20]

　　這些女孩在成爲女戰士之前，首先是一個女兒、一個姐姐／妹
妹，甚至是一個身負了血債和仇恨的孤兒。戰後出生的羅蘭正是革
命家庭的遺孤。羅蘭一家爲革命效力：祖父、母親先後被捕、驅逐
出境；父親和叔叔在游擊戰役中喪命，嬸嬸則在割膠時被英軍打死。
羅蘭說：「我們可算是家破人亡。」她後來在北京成長、求學，到
越南學醫，然後到泰馬邊區加入部隊。羅蘭概括她參加革命的動機：
「有很多人問我：爲甚麼參加馬共的武裝鬥爭？我覺得除了自己在
中國受到的教育影響之外，就是因爲我的家庭背景。我全家人都支
持革命……。」[21]林東跟羅蘭有相似的背景，兩人都來自革命家庭，
在北京長大，到越南學醫，然後到邊區服務。林東參加馬來亞革命
的動機很簡單：「因爲我雙親都參加了。」她說：「既然黨栽培了
我們，訓練了我們，我們就必須遵從黨的指示，去它要我們去的地
方。」[22]

20　潘婉明訪問，鄭婉玲口述，2011年1月11日，新加坡；鄭婉玲，〈青
　　春合奏曲——一個平凡反帝女戰士的經歷〉，《抗英戰士和獨立》
　　（香港：足印，2009），頁145-147。

21　邱依虹，《生命如河流——新、馬、泰十六位女性的生命故事》，
　　頁139-147。

22　邱依虹，《生命如河流——新、馬、泰十六位女性的生命故事》，
　　頁148-167。

　　從抗戰、抗日到勝利這8年期間,整個馬來亞華人社會包括其女
性成員在內,經歷了一波全面性的動員。前一個階段僅限於救援,
婦女積極參與籌賑從而獲得走出閨閣、拋頭露面的正當理由。這時
期所奠定的基礎,容許她們在下一個階段走入戰場,無論是政治覺
悟高的知識青年抑或身負血海深仇的孤女。早期馬共的女性幹部,
幾乎都循這個模式開始。戰後,她們在各地成立婦女聯合會,展開
婦女識字、婚姻解放、爭取就業福利等工作,相當活躍。緊急狀態
時期,這些婦女聯合會的核心多轉戰游擊或轉入地下,投身另一場
反殖建國的運動。當然,也有人就此退出或動向不明,選擇其他的
人生道路。

　　嚴格來說,大部分人在認識共產主義之前,首先知道愛國。這
些女孩的政治意識還很模糊之際,就捲入帶有濃厚民族主義色彩的
左派鬥爭的歷史洪流裡,因為比起由資本家推動的「籌賑會」,她
們更容易接觸到由馬共動員的「抗援」組織。也就是說,這些後來
持續投身抗英反殖運動的女性,最初乃從抗日救亡出發,是愛國意
識和對日仇恨的延伸,而不一定有很清楚的左派政治認識。更值得
注意的是,她們從不說明愛國的具體內涵,彷彿它是無需解釋、人
人共享的一種先驗情感。

(二)愛情:「革命加戀愛」的文學與實踐

　　「革命加戀愛」是1920、30年代中國左派小說家創作的重要素
材,也是他們的個人實踐[23]。「革命加戀愛」雖是特定政治時空脈
絡下產生的文學書寫公式,但它同時也提供了一個前提:革命與戀

23　王德威,《歷史與怪獸——歷史,暴力,敘事》(台北:麥田,2004),
　　頁26。

愛之相容，不僅限於文學創作而可以具體落實。馬共版的「革命加
戀愛」雖多隱晦，但仍能從文本與實作中見出馬共的性別實踐，而
愛情作為馬共鬥爭的柔性革命動機，有鮮明的性別差異。

　　女性馬共領導的傳記一般會簡短交待婚姻但不提愛情。抗戰時
期，馬共中委應敏欽（Suriani Abdullah）在家鄉實兆遠（Sitiawan）參
與「抗援」的活動，後出走到怡保參加黨的工作，與著名抗日烈士
賴來福（原名杜龍山）結婚。1943年賴來福落入敵手後遭斬首處決，
時年僅21歲。這個噩耗令19歲的應敏欽悲痛欲絕，但她選擇化悲憤
為力量：「我的戰友和愛人賴來福永遠離開了。我當時的悲痛和仇
恨是無法表述的。他在獄中寫給我的最後一封信，給予我一股特殊
的力量。悲痛中，我下定決心，要為粉碎日本法西斯、解放人民更
頑強地戰鬥。正因為這一點，我不顧一切地工作，甚至願意為鬥爭
和報仇而犧牲自己。」[24]這是應敏欽在回憶錄裡對她與賴來福的愛
情和婚姻的全部交待。文中沒有任何戀愛情節，只有喪夫的傷痛和
怨恨，以及標準的政治辭令，讓我們難以臆測，驅策少女奮勇戰鬥
的動力，混合了多少愛情的力量。

　　馬共不談兒女情長，卻不乏割捨愛情的故事。1974年上隊的趙
雅銀是馬共吸收的最後一批新兵。上隊前她很掙扎，既怕連累家人，
又心繫情人：「十八、九歲的時候，我幾乎認真地愛上了一個男孩
子。那時候我還是地下成員……，他不知道我的真正身分。我們互
相喜歡對方，當時我好為難，因為我要在他和黨兩者之間，選擇其
一。我又不能對黨提起他。於是，我們偷偷的約會。」她憧憬過平
凡人的生活：「以前，我也想過戀愛、結婚、生孩子、有自己的家

24　應敏欽，《馬共傳奇女戰士應敏欽回憶錄——戰鬥的半個世紀》（吉
　　隆坡：策略資訊研究中心，2007），頁4-8、27、33-35。

庭，過普通女人的生活」，但最後還是選擇了革命：「黨叫我參加
部隊的時候，我便一聲不響地離開了他，走時連個便條都沒有留給
他。」趙雅銀寧可拋棄愛情，堅定相信共產黨人的美好：「我知道
共產黨人是好人，他們已經解放中國。」而她對自我也有更高的期
許：「我的理想是要做個好人，做個有用的人，過有意義的一生。
那時候，加入共產黨似乎是唯一的路。」[25]

在馬共的語境中，為革命拋棄愛情非常符合正統敘事，因為它
具有更大的發言正當性。但若在革命與愛情得以兼顧的情況下，敘
述者便可表現得稍為大方一些。林梅是新加坡學運出身的共產黨
員，因參加學生運動而捲入1950年代以來新加坡爭取自治、建國的
政治洪流裡。1954年正在就讀初中三的她還是懵懂的學生：「當時，
我參加新加坡的學生運動，並不是因為我已經知道、也明白那是怎
麼一回事。其實我根本就甚麼都不懂。」後來經歷了「反黃運動」[26]
及「反對國民服役」[27]等一連串事件，林梅成為學生運動的中堅分

---

25 邱依虹編，《生命如河流——新、馬、泰十六位女性的生命故事》，
頁168-186。

26 1953年10月12日，女學生莊玉珍在珍珠山（Pearl Hill）遇害的消息震
驚了新加坡社會，促使華校生組織起來將既有的「反黃運動」推向
高潮。「反黃運動」旨在打擊「黃色文化」，反對美日電影、色情
書報、歌台表演、脫衣舞團等輸送毒素的產物。據稱，該運動乃由
馬共地下組織所推動。

27 1954年初，殖民政府頒布「國民服務法令」（National Service Acts）
規定馬來亞及新加坡出生的18-20歲的男性必須登記入伍。此舉引
起華社反對彈，學生以求學為由要求免役（因為不少學生乃在戰後
復學為超齡生），於5月13日前往總督府請願，結果與警察暴發衝
突，造成48名學生被捕，多人受傷，是為「五一三事件」。見：陳
仁貴等編，《情系五一三：一九五〇年代新加坡華文中學學生運動
與政治變革》（吉隆坡：策略資訊研究中心，2011）。

子,並代表南僑女中參加「全國華校中學生聯合會」(簡稱「中學聯」)[28]。在這個過程中,她受左翼思潮的影響,「不知不覺地被吸收為一個叫『抗英同盟會』的地下成員」。林梅認為驅策她的動機是「反對殖民主義的壓迫和剝削」,但其中不無愛情力量,支持她一路行來,貫徹始終:「仍是『地下』的時候,我認識了我現在的丈夫。他和我一樣,也是『中學聯』的負責人之一。」林梅對他的評價很高:「他為群眾付出自己的所有,對人又非常誠懇。他也不會趨炎附勢,跟每個人都合得來。」1960年代,兩人共同流亡印尼,但女兒不到周歲時,丈夫奉命潛回新加坡,1976年轉移到馬來西亞時不幸被捕,直到1989年才獲釋。林梅沒預料到事情發展成這樣,但她靠著信心和信念渡過20多年音訊杳然的等待:「我們的婚姻能夠經得起那麼長的分離的考驗,靠的只是我們對對方的信心和共同事業的信念。我要堅持自己,而且相信他也一樣。」林梅對丈夫的愛情,是在最薄弱的基礎上展現了最堅貞的信義:「我從沒想過要離婚。只是很關心他的行蹤和安危。常掛念到底他是生是死?」[29]

馬共男女的戀愛實踐中,有一道蘊藏性別差異的敘事軌跡:男性為革命捨棄私情,女性則為愛情追隨革命。這條線索在小說《山高太陽紅》裡有很鮮明的舖陳。作者阿和是馬共中央委員兼司令,因此他的創作很大程度地反映了馬共的基本認同和思想。整體而言,小說的結構鬆散、手法粗糙、人物與情節刻板,但這純真的一面恰恰讓它成為很好的分析文本,供我們認識馬共的男女關係與性

---

28 「全國華校中學生聯合會」(Singapore Chinese Middle School Students' Union)是學生經過「五一三事件」後,為團結所有華校中學生而成立的自發性組織。

29 邱依虹編,《生命如河流──新、馬、泰十六位女性的生命故事》,頁283-309。

別差異。小說的男主人公都紛紛告別妻子或情人毅然上隊：武工隊隊長阿福上隊前向女友提出分手，對方表示不反對他參加革命，但他還是狠心拒絕：「我上隊去哪裡也不知道，是生是死也難說，就這樣算了吧！」小隊長劉志也決心上隊，臨行前跟新婚妻子交待：「我上隊打仗，甚麼時候回來，能否回來，都很難說，你能等就等，你要另找個合意的，我也完全沒有意見！」妻子聽了這話很不高興，責備他「何必說這些難聽到死的話」，還表示「不一定慢點我也要上隊。」而區委何進光則捨下年邁的老母和妻兒離家參加革命，他心裡既眷念又惆悵，暗自決心「要使他們為自己的存在和榮譽感到快樂和驕傲」。

小說刻劃男性無私無畏地走向戰場，而眷屬們都深明大義，成為他們背後的支柱。阿福的女友阿鳳徵媽媽同意後也向組織爭取上隊，而心繫小隊長王泉的民運小組長阿蓮把自己的頭髮剪短，等待指揮部批准她上隊。王泉的母親雖然支持兒子參加戰鬥，卻一直催促他成家，她認為「打仗歸打仗的事，媽媽總不能因為打仗而不討個媳婦啊」，而他的上級也同意：「這是兩回事，不見得有甚麼衝突啊。」副分隊長陳隆新也有愛人秋蘭在外面守候，等他勝利下山結婚。別後兩年，正當秋蘭束裝上隊之際，隆新卻英勇犧牲了。秋蘭驚聞噩耗，但她很快地擦乾眼淚表示：「我不怕苦，我不怕死，我要求指揮部把陳隆新的槍交給我，我要用這支槍來消滅敵人！」[30]

小說中的母親、妻子與愛人無一不支持兒子、丈夫和戀人的革命事業。當男人棄家從戎，女人卻接踵上隊，奔向革命、奔向愛情。《山高太陽紅》提供我們一個很好的起點，一同來檢視革命與愛情

---

30 阿和，《山高太陽紅》（吉隆坡：21世紀，2006），頁82、143、150-153、157、159-162、178-179、247-249。

在馬共歷史的可能性。阿和筆下雖然只有制式的男歡女愛，但他起
碼允許軍旅中的兒女私情，也等於認同了革命與愛情相容不悖。事
實上，文藝創作以外的文體並不見容類似的敘事，而我在田野裡採
集到非常精彩的例子：

　　2007年，現居香港的鄧小燕自費印行回憶錄《悠悠暗邦山》。
這本書寫成後找不到出版社願意出版，一方面因為文字不精練，情
節重複太多，另一方面是敘事不正統，著眼於個人情感世界，無益
於馬共歷史的總結。鄧小燕的故事是典型的為愛革命：1954年，15
歲的少女在自家的菜園裡遇見兩名馬共民運，不得已幫忙他們採辦
物資。不久她跟其中一名叫王耀福的青年生情墜入愛河。王耀福的
領導林國強見狀便問鄧小燕要不要上山，要她立刻決定，她不及多
想就同意了，事後又有點迷茫：「我愛王耀福，但不一定要跟他上
山啊！為甚麼我要答應上山呢？問世間情為何物？我是為了情，為
了愛他，不是為革命，革命的事我根本不懂，……」因此她心裡埋
怨起林國強：「難道革命就要利用青少年的單純和幼稚嗎？」不過，
愛情讓她暫時放下心中的擔憂：「我要明確地說，我是為了情而上
山的，情令我放棄家園，情令我拋棄母親兄弟，情令我無懼一切，
情是我的護身符，……」當她得悉組織不批准她和王耀福的戀愛關
係時，深受打擊：「耀福說，我倆的愛，組織上不批准，說我的年
紀還小，不得公開於眾，我們只能把各自的感情埋藏在內心裡，在
眾人面前，我們要裝著只是同志關係，這是我萬萬沒有想到的事，
為甚麼我們要愛得那麼痛苦呀！革命啊，革命……，連談情說愛也
不能自主。」如此過了一個月，鄧小燕的小隊遇到埋伏，雙方一陣
駁火，兩名同志犧牲了，她的手指和膝蓋中彈，由王耀福背著撤退。
次日，林國強指派一名新兵回營去取糧，另派王耀福去聯繫外援，
結果新兵出去投敵了，負傷的林國強和鄧小燕立刻轉移，躲在一處

破廟，但他們的形跡被一印度人發現並向警方舉報。林國強認爲走
投無路了，唯有自殺明志。他用一柄生鏽的斧頭擊打自己的頭，也
敲破鄧小燕的頭。當軍警衝進破廟時，鄧小燕已鮮血淋漓倒臥在地
上。之後，鄧小燕被送醫、候審、判入感化院，又於1958年下旬被
驅逐出境。

　　1957年當鄧小燕還在感化院服刑時接獲王耀福中伏犧牲的噩
耗。這名爲愛革命的少女，很偶然地捲入歷史的洪流，經歷短暫的
戰鬥生涯，在身體上留下永恆的傷疤，最後也沒有得到愛情。1994
年，鄧小燕返鄉尋訪王耀福遇害的地點和他的家人。相隔40年後，
她沒有忘記王耀福，沒有忘記她的愛情，鍥而不捨地找到他。王耀
福是馬共戰場上的無名烈士，他死了，沒有任何事蹟可考，但鄧小
燕用她自己的方式把他記錄下來[31]。

　　鄧小燕自費出版回憶錄，充分說明「只爲愛革命」的敘事不見
容於這場鬥爭史。她的「問題」在於她太過深情、太過癡心，毫不
掩飾、肆意地說出自己的想法，使她的故事成爲眾多大小歷史敘事
的「反面教材」，被「正規」出版機制所孤立，被排除在「正統」
歷史之外，只能以個人／女人敘事的層次存在。弔詭的是，當女人
要說出爲愛堅定的故事而受攔阻，一些文獻卻出現了男人疑似爲愛
／慾叛逃的情節。

　　黃源茂的文章〈在檳島山區與英殖民軍周旋的艱苦歲月〉記述
了他在羅浮山背（Balik Pulau）困戰10年的經歷。這支隊伍經歷了各
種苦難和犧牲後才得以分組撤退到蘇門答臘北部和新加坡。黃源茂
稱那10年間犧牲了無數同志，但也出現了不少叛徒，其中多與戀愛
問題有關，如支部書記李耐從1949年起就開始犯錯誤：「自由主義，

　31　鄧小燕，《悠悠暗邦山》（香港：作者，2007），頁41-81、168-176。

不遵守黨紀，看不起比他能力差的同志，實際上他不過是較會說話，
能寫幾行新詩、小說而已，搞不正確戀愛，被黨撤職，改由一位光
同志繼其空位。」他後來見某女同志不滿光同志的追求，便去拉攏
她暗中搞小集團，被組織祭出留黨察看的嚴厲處分。1951年他帶槍
投敵，對組織造成很大的危害，遂被組織派出的武工隊炸成粉身碎
骨。又，總務陳金魚與林錦福的愛人葉某（葉瑞珊的妹妹，名不詳）
發生三角戀，林錦福因此私自脫隊，從此下落不明，而陳金魚和葉
某也跟黨漸行漸遠，最後脫離組織。而幹部黃江的男女關係也很複
雜：「他在叛變前是曾經和一位女群眾搞過，並生了一個女嬰，曾
被組織撤職處分，後來到了升旗山附近活動又和另外一位女群眾搞
起來。」同志把他的行為反映給上級，他隨即叛變，並率敵來剿，
瘋狂報復戰友。另一位新婚的隊員江福祥也為愛叛變。有一次妻子
來見他，兩人密談了幾個小時，結束後他騙同志說要送妻子上路，
自己也趁機開溜。黃源茂把同志變節歸咎為意志不堅：「是這些人
在意志上有問題，把戀愛搞歪了，是自己害自己，與人無尤。」[32]

　　同樣因愛／慾變節的情形也發生在吉蘭丹州的部隊，造成摧毀
性的破壞：「王東成在木茨芭和山番婦女發生兩性關係後，受到組
織的處分，他心懷不滿，便叛變投敵，出賣我們的全部情況和所有
他所知道的交通線。」軍警根據王東成的情報發動全面的進攻，造
成馬共部隊無法再在該區立足，無奈集合全區同志，背上所有的乾
糧和粗鹽，通過一條新開通的交通線，向高山撤退[33]。

32　小洲（黃源茂），〈在檳島山區與英殖民軍周旋的艱苦歲月〉，21世
　　紀出版社編輯部編，《深埋心中的秘密——新加坡與檳榔嶼的故事》
　　（吉隆坡：21世紀出版社，2008），頁155-206。

33　曾漢添，〈轉戰邊區〉，見證叢書編委會編，《漫漫林海路》，頁
　　138。

愛／慾問題是長期游擊戰鬥生涯所不能迴避的課題[34]。馬共對此話題諱莫如深，不代表它沒有面對到類似的問題，只是不公開表達。中級幹部劉武指馬共在1955年以後才大批吸收女戰士上隊:「那個時候基本上全部是男的。不過，戰爭開始的時候，華玲部隊有兩、三個女的，後來都認爲她們拖累，打發她回家去。」當時，女性即使在部隊裡也不擔任戰鬥任務:「52年的時候，才有幾個女同志從檳城上到部隊，做領導同志的抄寫員，大家稱呼她們『檳城小姐』，正式部隊裡則沒有女同志。」華玲會談破裂後，英方代表戴維斯(John Davis)護送陳平回森林時對他說:「你啊，要打到只剩一槍一彈啊，不容易。」他的理由很簡單:「你們的隊員全部是年輕人，沒有女人啊，會走光。」[35]

在馬共的鬥爭史上，還有一種革命與愛情的模式:爲了愛情，

---

34 同樣具有抗日軍兼共產黨背景的菲律賓「虎克」(Huk)游擊隊，即面對到非常嚴重的性需求問題。菲共考慮到隊員的士氣，制定「虎克婚姻」(Huk Marriages)允許戰士另娶「森林妻子」(forest wife)。學者Goodwin認爲菲共的「性機會主義」(sex opportunism)正是它最終瓦解的原因之一，而Lanzona則指出「虎克女戰士」(Huk Amazons)一直扮演支援性的角色，同時也作爲情慾的對象以激勵士氣和「解決問題」。見:Goodwin, Jeff, "The Libidinal Constitution of A High-Risk Social Movement: Affectual Ties and Solidarity in the Huk Rebellion, 1946 to 1954," *American Sociological Review*, Vol. 62, pp 53-69; Lanzona, Vina A., *Amazons of the Huk Rebellion: Gender, Sex, and Revolution in the Philippine*(Madison: The University of Wisconsin Press, 2009).

35 聞此，訪問者雷陽當場打趣地說「那你們找到老婆要感謝戴維斯」。出版時，她在這段談話前下副標題「部隊不收女戰士，娶妻感謝戴維斯」，生動地把女性／女戰士和妻子勾聯起來。雷陽，《走過硝烟的歲月——馬共部分中級幹部訪談錄》(吉隆坡:策略資訊研究中心，2010)，頁24。

讓戀人脫離革命。1970年代被馬共中央定位為叛黨的陳開璋，他的愛人黃思香在1950年代的檳城時期曾和支部書記謝慶泉發生三角戀，兩人為此受到組織處分。後來陳開璋原諒黃思香，兩人破鏡重圓。不久黃思香被捕，隨即叛變，把她和謝慶泉的關係公布出來，親筆寫傳單試圖引誘謝慶泉出來投敵，和她共同生活[36]。其實，類似的情節也出現在韓素音的小說*...and the Rain my Drink*：身兼SEP及政治部密探雙重身分的小雲／阿美，為了要把還在森林裡的「某人」誘出來用盡方法，可惜沒有逐其所願，因為「最好的是絕不會投降的，絕不會。」[37]

　　比之文獻與當事人敘事，馬共作家賀巾(本名林金泉)的小說更明快地為我們提供一把開啟愛情之門的鑰匙。他的創作洋溢著青春的氣息，筆下的主人公多是來自不同階層的新加坡學生和工人：他們年輕、熱情、羞澀、幼稚、情竇初開，對人生的價值感到困惑，對社會國家的前途感到憂心，學習成熟又不失莽撞，經常在懵懂中萌生愛情，復在現實中受阻，或經歷磨練後彌堅。賀巾的故事總是既鮮明又含蓄地圍繞著愛情與革命的課題開展，但也因出現「負面描寫」而受到批評。

　　以短篇小說〈紅旗〉為例，即描述女學生菊對學運小隊長建萌生愛意，經由他的帶領逐步走向革命反殖的道路：「我覺得從來沒有人這樣了解我，這樣關心我，這樣深深地觸動我的心靈。漸漸地我反而對他產生好感。」起初她似懂非懂獨自困惑，終鼓起勇氣探

36　小洲(黃源茂)，〈在檳島山區與英殖民軍周旋的艱苦歲月〉，21世紀出版社編輯部編，《深埋心中的秘密──新加坡與檳榔嶼的故事》，頁188。

37　Han, Suyin, *...and the Rain my Drink*(London: Jonathan Cape, 1956), pp. 300-303.

詢：「我也分不清，究竟是少男少女情懷的必然流露，抑是共同事業的使然。我終於鼓起勇氣，把這種感覺寫信告訴他。似乎只有這樣，才能卸下精神上的負擔。」兩人確立愛情關係，即使建被捕入獄，菊也堅決守候。數年後，生命垂危的建獲釋不久即暴斃家中，屍體瘀黑，疑在獄中中毒。建的死令菊失去理智，一心復仇：「我失眠，我吃不下飯，我甚至想蠻幹，到那間『沙里』屋背去取回那些武器。」所幸同伴及時攔阻，對她曉以大義她才振作起來：「我帶著建的遺願，和同伴們正在尋找那個曾是建嚮往的地方——那個紅旗飄揚的戰鬥集體。」[38]

〈紅旗〉的菊在戀人身故後仍堅定革命的意志，這種愛情與革命模式也出現在另一短篇〈熱戀〉中。〈熱戀〉的男女主人公廖明和素琴是一對準備結婚的革命情侶，卻因上級不批准他們的關係而無期拖延著。後來廖明在一場火災中喪生，素琴的精神受到嚴重的打擊，意志消沉，直到同樣參加地下革命的哥哥來信鼓勵她「化悲痛為力量，和我們一起戰鬥」，她才漸漸恢復過來[39]。不過，相同的人物和故事另有一個不同版本的結局：在長篇小說《巨浪》中，賀巾沒讓素琴接到哥哥的信，當女同志來探望她時，她幻見到廖明復活了，又幻聽見哥哥和廖明在歌唱。這個版本的素琴沒有重新振作，也沒有繼續廖明的革命事業，她精神失常了[40]。

賀巾坦言小說人物建和廖明是他的好友，〈紅旗〉和〈熱戀〉乃為亡友而作。他的小說向以身邊的人物為藍本，書寫革命和戀愛的相互碰撞。〈我是一株小蒲葵〉即描述15歲的邊區少女阿夏被馬

38 賀巾，〈紅旗〉，《崢嶸歲月》（香港：南島，1999），頁46-77。
39 賀巾，〈熱戀〉，《崢嶸歲月》，頁78-102。
40 賀巾，《巨浪》（吉隆坡：朝花，2004），頁317-318。

共的文娛活動深深地吸引，媽媽攔不住，隊長勸不聽，決心要上隊
去：「我情不自禁，放下膠刀，跟你們上了山。」隊長再三警告她
上隊非同兒戲，「不光是彈彈風琴、唱歌、跳舞」，但阿夏很堅決：
「他說的恐怖情景是一回事，我執拗地憧憬著美好的未來，彷彿那
鼓聲、歌聲、舞姿，能敞開一個絢麗的春天！」事實上，真正吸引
阿夏目光的是那「用手風琴在旁伴奏」的阿汪。上隊後，阿夏和阿
汪相戀、結婚，兩人育有二子，甫出生就送回農村由家人撫養。由
於思念之情不能表達，夫妻倆在營房插上蒲葵作爲寄託。和談前夕，
阿汪卻在戰鬥中犧牲了，阿夏接到噩耗悲慟不已，有同志同情她，
也有人嘲諷她：「跟著風琴聲來上隊的，根本沒有甚麼階級仇、民
族恨。」[41]

　　賀巾的創作偶爾讓我們窺見「戀愛」優先於「革命」的節情。
對賀巾而言，即使是「跟著風琴聲來上隊的」同志，也有追求幸福
的權力，當然也可以懷抱戰爭結束早日回歸家庭的願望。爲愛情而
來，並不能否決她的革命信念和實作。但是由於馬共的鬥爭沒有成
功，它的歷史論述便難有可以容納非正統敘事的多餘空間。尤有甚
者，凡有礙正統敘事建構的雜質都必需避免，而愛情／慾望正是這
些「有害成分」。這正好解釋了何以馬共的愛情敘事如此隱諱、難
以啓齒：若愛情是投身馬共的全部動機，如鄧小燕不知革命爲何物，
又或若愛／慾是戰士臨陣脫逃的世俗因素，則這場革命的合法性何
在？馬共的存在及其歷史的正當性又何在？

(三)生存策略：結構與能動性

　　馬共版的「革命加戀愛」受壓抑的另一個原因，可能出於它本

41　賀巾，〈我是一株小蒲葵〉，《崢嶸歲月》，頁148-161。

身缺乏知識／文人型成員的局限，沒能把兩者的實踐上升到文學的層次，無法從最初始就建立起此模式的典範。戀愛作為革命的動機，也欠缺個人從中成長、覺悟、進步、解放的故事，彰顯不出黨的教育和關懷所扮演的角色，反而衍生動搖根本的聯結。在這層意義上，策略性的革命動機雖然不一定顧得上政治正確，卻因為它們更能突出黨的功能而豁免於論述的過濾。

女性為了擺脫傳統枷鎖而投奔共產黨，試圖以此為出口去衝撞結構。因此，生長在馬泰邊區的婦女為了生存參加馬共，是很普遍且不難被理解的革命動機。她們大多數處在貧窮、飢餓的狀態之中，聽任傳統社會結構的安排，面對無休止的家庭與婚姻暴力。馬來亞共產黨越境來到讓她們看到逃脫的契機，在有限的選擇裡施展其無限的能動性。首先，她們看到擺脫貧窮和飢餓的去處，也找到逃婚、逃家、逃脫暴力、逃避政府追捕的庇護所。然後她們漸漸看到學習和自我成長的可能性，她們被馬共帶來的藝文活動深深吸引，意識到加入他們的行列，自己也可以成為有用的人。共產黨的人、共產黨的好、共產黨的溫情，無一不打動她們。以下的例子，可以很好地說明這些婦女的處境和考慮：

阿探是邊區出生的泰國人，自幼飽受虐待，為了擺脫父親草率早婚，卻仍逃不出家暴。阿探夫婦和其他村民因幫助馬共遭人出賣，兩人決定投共：「我們當然知道參加馬共是很危險的事。但是我們那麼窮，他們又肯幫忙，我們被他們的和善打動了。那時候，我完全沒有想到會加入游擊隊。是後來泰國政府開始到處抓人時，為了保命才上山的。」其實阿探心裡還有另一層考慮：「當時我們好窮，跟著他們至少有得吃，有得穿。」參加部隊後，她認為生活上沒有多大差別：「我身為女人，不覺得軍中的生活會比外面的壞。女人在外面的生活同樣是艱辛，我們是甚麼都要自己動手做的。」但她

丈夫吃不了苦想要逃走，她不願意，正要去向上頭報告時，丈夫竟遭倒下的大樹幹打中意外身亡，讓她頓時鬆一口氣：「剩下我一個人，當時我好像放下了重擔，心裡面第一次覺得快樂，我終於自由了。」此後她留在軍中生活，改嫁她在軍中的老師：「我喜歡學習，在外面沒有這個機會。至少在軍中學習不用錢。」因此阿探得出這樣的總結：「我覺得我在軍中的生活，無論怎麼苦，還是比在外面好。」[42]

　　同樣在泰國出生的朱寧，15歲時相親結婚。母親說她「命該如此」，勸她不要逃跑。朱寧婚後遇到兇惡的婆婆和懦弱又花心的丈夫，沮喪後想要自殺。丈夫幫馬共做事被政府逮捕，遣返中國後另娶，她自己帶著四個孩子過活，怕後夫會污辱她的女兒，堅持不肯改嫁。孩子們漸長，深深被馬共的藝文活動所吸引：「解放軍在我們住的泰馬邊界很活躍，他們常常組織民眾跳舞、開會、搞青年團等等。他們也常帶食物給我們吃，我們很窮，所以被他們的好意深深地感動了，我的孩子們那時候連飯都沒得吃。共產黨的活動很吸引我的孩子們，因為她們很喜歡唱歌和跳舞。」但是他們的舉動引已起警察注意，不得已母親只好跟著孩子們一起投共。朱寧在一場戰役中受傷斷臂，「臂膀像是開了花」，但她始終覺得留在部隊比外面好：「回想起來，在部隊裡也有好處，我們不需要擔心吃的和穿的。坦白說，外面的世界也不見得怎麼好，我們全家還沒加入部隊之前，我要靠自己的雙手照顧幾個子女，當時我們是窮到幾乎連飯都沒得吃。」[43]朱寧的口述生命史完全沒有提到她在肅反[44]中失

---

42 邱依虹，《生命如河流——新、馬、泰十六位女性的生命故事》，頁46-61。

43 邱依虹，《生命如河流——新、馬、泰十六位女性的生命故事》，頁101-121。

去一個兒子。讀了其女翠紅的故事後，我才對她反覆重申部隊的好有了另一番理解：這是對肅反心有餘悸的自我保護，也是一個母親喪子後的自我說服：外面可能更不好！

翠紅是和哥哥一起加入部隊的，媽媽不得已追隨，不久弟妹也跟進，全家都參加了馬共：「那時候，政府開始到處逮捕懷疑是共產黨或同情它的人，爲了不想被捕，我們一家最後決定上隊。」。翠紅很喜歡部隊生活：「我在部隊裡學會了很多東西，我學會讀書、寫字、縫紉、唱歌跳舞，甚至掘隧道。」在肅反期間，她們兄妹也受到牽連，她自己逃過一劫，哥哥卻被處決了[45]。

邊區的群眾大多窮苦得「連飯都沒得吃」，蒙月英的童年記憶也只有飢餓，每餓到昏了頭她「便喝洗衣盆裡的水」。後來在學校接觸到馬共，開始幫助他們：「我決定幫他們，因爲他們向我們解釋，共產黨是怎麼的好，黨怎樣幫助人。再加上，我也親眼看到一些不是共產黨的人是怎樣的壞。」而且她也跟其他年輕人一樣深受馬共的藝文活動吸引：「黨用唱歌跳舞的方式吸引我們，他們希望說服我們進入森林，告訴我們割膠如何辛苦，（森林）外面的生活又如何危險。」此外，她還考慮到單身女人的「出路」：「那時候，我已決定不結婚了。於是，參加游擊隊似乎是唯一的出路。」蒙月

(續)

44 馬共史上共發生過兩次肅反。第一次在1967年，因發現新兵中混有奸細，最後擴大處決了20人；第二次在1969年，由中國回邊區的同志引爆。該批幹部因受文革影響，認為中央的方針是修正主義，遂號召另立中央，鼓吹「造反有理」。中央為鎮壓內部的造反活動，再次擴大進行肅反，牽連出73人。見：方山編，《馬泰邊區風雲錄（第二集）——萬水千山密林情》（吉隆坡：21世紀，2005），頁115-164。

45 邱依虹，《生命如河流——新、馬、泰十六位女性的生命故事》，頁122-138。

英和她的妹妹都抗拒婚姻，唯恐婚後「被婆婆虐待，被丈夫辱罵毆打」。父母同意她們的想法，均認爲「參加游擊隊總比在外面給人欺負來得好。」

蒙月英愛學習、愛讀書，從書上認識馬克思主義和列寧主義：「這些書很吸引我，因爲它教會我很多一般人不會知道的東西。這些書令我精神上、智力上、心靈上，都非常愉快。所以，我們不會因爲自己的處境而傷感或者沮喪。」她也喜歡畫畫、繡錦旗、縫軍衣、製軍帽，視這些技藝爲興趣。原追求婚姻解放的她參加部隊不久便與一名來自馬來西亞的同志戀愛結婚，她相信：「游擊隊和黨裡面的婚姻比外面好，因爲有紀律。要是夫妻之間出了問題，你可以跟其他人公開討論，不能打打罵罵。」不過，她的丈夫在肅反時被處決了，她自己反而逃過一劫。經此一役，蒙月英學會自保：「爲了重獲自由，就不得不說謊。」後來領導要求她與上級再婚，以便「合作會更加容易」，她也同意這項安排：「領導叫我們結婚，我們便結了。」[46]

肅反一事令泰國籍的同志開始思索泰國人爲何參加馬共？其實這些邊區女戰士的口述生命史已經充分解答了這個問題：馬共是一條「出路」。就這個角度言，她們選擇的是一種生活的型態而不是政治的。阿探、朱寧母女和蒙月英的故事讓我們認識到馬共史上另一批跨域的「在地參與者」[47]。馬共（而不是泰共）的到來爲她們開

---

46 邱依虹，《生命如河流——新、馬、泰十六位女性的生命故事》，頁187-207。

47 馬共歷史的「在地」與「跨域」並不是單指區域間身體的停留或移動，而是一種相對的、不固定的、流動的概念。當馬共的「戰場」不在本土而在境外，則境外人士的參與其實是一種「在地參與」。見：潘婉明，〈在地・跨域・身體移動・知識傳播——馬來亞共產

關了一道「出逃」的缺口。這些生長在邊境的貧窮女人很快就發現到這一支越境而來的武力，既起到制衡土匪、平靖地方的作用，也提供她們掙脫傳統結構枷鎖的可能性。泰共在當地的缺席，讓她們沒有其他選項。

也正因為馬共作為唯一的選擇，導致她們的比較邏輯和思考方式總是二元對立、非此即彼：參加馬共或不參加馬共？進去裡面還是留在外面？裡面是共產黨而外面就是非共產黨、共產黨即好而非共產黨即壞，諸如此類。對這些邊境泰國婦女而言，裡面外面意味著結構內外，參加部隊、進山、行軍、作戰並非苦難，反而是脫貧、突破傳統束縛、衝撞結構、改變人生的機會。在外面，她們位處邊緣，進去裡面則轉機無限。因此，回顧過去儘管蒼涼，她們卻不約而同得出「比外面好」的結論。

四、小結：馬共作為生活方式

一部馬共歷史，乃由不同世代的參與者共同譜寫。但馬共研究向以政治史為主流，幾乎擠壓了其他所有分析的框架。本文將女戰士的革命動機置於歷史的核心，既開拓了馬共作為性別史的新視野，同時也揭示了馬共作為一種生活方式的可能性。

綜觀前述討論，女戰士投身革命乃受到各種內外在因素影響所致。在不同的階段裡，基於不同的現實條件，她們選擇參加鬥爭的原因也不同，概括可分為：不證自明的愛國情操、阻擋不住的愛情力量，以及亟思脫困的生存策略。前者指出婦女參與公共事務的肇端在抗戰時期，不過「祖國」的戰事雖鬆動了海外社會的結構，但

(續)────────────────────
    黨史的再思考〉，《華人研究國際學報》第三卷第二期。（已錄用）

華僑婦女的公共活動空間還很有限，直到戰火燃燒到「本土」且直接侵害到日常生活，婦女的抗援救亡行動才升級到戰鬥前線。正如邊區婦女不惜以參加武裝部隊來擺脫頑強的父權結構，也充分展現了婦女的能動性，如何在縫隙中謀求更有利的生存環境，即使那偏離了她們原有的人生軌道。而愛情作為一種革命動力，無論結果如何，在本質上就脫離不了世俗價值和生活實踐。

　　然而，這些革命動機很難在正統歷史敘事中擺正。馬共歷史還有很多未交待的空白，但由於它的鬥爭沒有成功，因此當前最迫切的是確立其抗日、反殖、建國有功的論述，以正當化它的存在。因此，馬共作為一種生活方式或部隊作為一種家庭形式的討論，如果不是被打入「小歷史」範圍，就是根本不存在於他們的敘事框架。但通過婦女革命動機的分析，我們得出非常有別於正統敘事的結論，也不難發現馬共雖有基本的婦女議程，但無性別論述，日常的性別實踐也是標準男性思維的結果。

　　潘婉明，新加坡國立大學中文系博士候選人。研究興趣包括馬共歷史、華人新村、左翼文藝與性別關係等，著有《一個新村，一種華人？——重建馬來（西）亞華人新村的集體記憶》（2004）。

思想
訪談

政治體制改革的先聲：
高放先生訪談錄

陳宜中

　　高放先生，福建長樂人，1927年出生於福州市。1946年自福州英華中學畢業，入北京大學政治系肄業；1947年加入北大地下黨領導的民主青年同盟；1948年擬投筆從戎，加入解放軍當隨軍記者，赴解放區後被吸收為華北大學研究生。1950年起執教於中國人民大學，長期研究國際共產主義和社會主義運動史，並於1988年當選中國政治體制改革研究會副會長。著有《社會主義的過去、現在和未來》、《國際共產主義運動別史》、《縱覽世界風雲》、《政治學與政治體制改革》、《中國政治體制改革的心聲》等專著。1989年以降，持續不懈地呼喚政治體制改革，力陳「執政的共產黨如果不能消除專制、開創更高形態的社會主義民主，那麼人民大眾最終只好被迫無奈去接受資本主義民主」。他主張政治體制改革應當領先於經濟體制改革，黨內民主、人民民主和黨際民主應當齊頭並進，以民主作為法治的基礎，以法治作為民主的保證。

　　此一訪談於2010年6月9日在北京進行。由陳瑋鴻整理錄音，經陳宜中編輯、校對後，再由高放先生修訂、確認。

高放先生

一、早期經歷

高放（以下簡稱「高」）：我1927年出生，在抗戰中上學，小學就念了六所。那時候時局動盪，家裡又貧苦。我父親是國民黨元老，1908年在福建參加中國同盟會。他當時參加辛亥革命，因為文化底子不高，沒做什麼大官，後來做了國民黨元老辦的一個光復醬油廠的廠長。1946年我考上北大，當時國共內戰剛開始，但我父親已經看到了一些問題。他希望我學工廠管理，因為不管誰將來掌管天下，都需要工廠。我父親好像預感到共產黨會掌管天下，但他於1948年60歲就過世了，患喉癌過世的。

這樣說吧，我的一生主要是受過三種教育。第一種教育是從中學到大學的英美式自由主義教育。我念的福州英華中學是一所基督

教會學校，屬於衛理公會系統。英華中學在台灣的校友也很多，還有個校友會。我在英華中學讀了五年，學校的校長陳芝美是美國的博士，思想開明，是很自由主義的。因此，我受到的是自由主義的教育。自由主義教育的好處是讓學生廣泛閱讀，開闊眼界，獨立思考。在這環境下我讀了很多課外書。學校有個思想進步的教師，在課堂上對學生講論理學，實際上是講馬克思主義。高一的暑假我沒有回家，當時抗戰時期，學校也不在福州，搬到了閩北順昌縣洋口鎮。那位老師的藏書很多，我從他那裡借讀了許多本書，看了《共產黨宣言》、《西行漫記》等，這樣讓我對馬克思主義、對中國共產黨有了初步的了解。這是高一的暑假，當時是1944年。

陳宜中（以下簡稱「陳」）：那時您已經接觸到中共的新民主主義？

高：沒有，那時我還沒讀到毛澤東的書，但對馬克思主義有了一些了解。抗日戰爭勝利後，我們學校就從洋口鎮搬回福州市，所以我高三那年是在福州上課的，前幾年都在農村裡頭的小鎮上課。我的政治思想在1945年到1946年間，變化比較大，也比較快。1945年秋後，我讀到黃炎培先生的《延安歸來》，對延安解放區有了更多的了解。加上1945年12月1日在雲南發生一場學生被鎮壓的慘案，因此，我對國民黨的專制獨裁就愈來愈不滿了。

1946年我高中畢業，我父親原本希望我去廈門大學上學，最好念工廠管理。但我想學新聞，將來想當記者，還想當作家。因為我在高中二年級時，就開始在《東南日報》、《南方日報》等報刊發表新詩、散文，還有一些新聞報導，又創辦級刊、校刊。所以，我畢業後就跟同伴到上海去考大學，結果考上了北京大學。但當時北大沒有新聞系，別的老專家就建議我讀政治系，說新聞跟政治很近。燕京大學有新聞系，但因為是私立的，學費很高，而我父親只是一

個醬油廠的小職員，那時還有妹妹要養活上學。去北大，我可以拿到國民黨政府發的「革命功勳子弟獎學金」。當時國民黨政府規定，1911年以前參加過同盟會的都算是革命功勳。我父親1908年參加過同盟會，所以我在北大拿了公費。

我原本也考上上海暨南大學新聞系，第一名錄取，但當時也是羨慕北大，就到北方去了。收到北大先修班的通知，才知道入學後還會有個甄別考試，考試及格才可以直接上大學一年級，而不必上先修班一年。那時我想應該有機會考上，就先放棄了暨南大學新聞系。結果北大先修班招了四百多人，但甄別考試只錄取了三個人，錄取率連百分之一都不到。所以我們一進北大就罷課，向學校請願，同學們就請我當代表、當臨時學生會副主席，因為我高中時當過學生自治會會長。我說：北大騙人！明明說考試及格就可以直接念大學，現在怎麼只錄取三名？我們要求學校公佈成績，一進學校不到兩週就開始罷課。但最後，學校還是拒絕公佈。

後來跟同學商量，就先念先修班吧！已經到了北平，那時也11月了，再回暨南大學也來不及，就損失一年吧！但後來進政治系念了一學期就不想念了，主要原因是我當時思想改變得很大、很快。第一場鬥爭剛才講過了，第二場鬥爭的起因是在12月24日聖誕之夜，我們先修班有個女生沈崇在東單被兩個美國士兵強姦，她剛好也是我的同鄉。因此，我們先參加抗議美國暴行的運動，過後又參加了1947年5月學生反內戰、反迫害、反飢餓運動。

我是到了北平，才讀到毛澤東和劉少奇的著作，也才念到新民主主義論等著作。另外我喜歡文學，也讀了很多解放區作家像丁玲、趙樹理的文藝作品。所以我想去解放區。

陳：您1947年加入北大地下黨領導的民主青年同盟，1948年去了解放區，能談談那段經歷嗎？

　　高：1947年6月，我參加了北大地下黨領導的民主青年同盟。我
父親是20歲參加孫中山的同盟會，我也在20歲參加共產黨領導的民
主青年同盟。到1947年下半年，解放戰爭的進度很快。另一點是，
政治系上了半年課，讀的都是英文本，都是美國教授的政治學原理，
而且老師嚴格要求每兩週都要交paper。我那時英文程度沒那麼高，
讀英文版原著比較慢，還要寫中文報告。我覺得這樣學政治學太脫
離現實世界了，當時解放戰爭正熱，我正想當前線的隨軍記者，到
前線去寫一些報導。所以1948年1月25日，我就離開北大，悄悄地跟
兩位同學去太行山，想參加解放軍。解放區的人聽了我們的經歷後，
就跟我們講，應該先去解放區大學，好好學習解放區的很多理論、
政策。另外還說，現在前線離我們很遠，直接送去前線太危險了。
所以，就把我送到解放區的北方大學去。

　　陳：您受過的第二種教育，是指解放區大學的教育？

　　高：是的，這就開啓了我人生中的第二種教育。前一段受自由
主義的教育，博覽群書、開拓視野、獨立思考、個人選擇。但我卻
從自由主義選擇投奔到社會主義、馬克思主義去了。投奔解放區後，
我接受了第二種教育，即艱苦奮鬥，密切聯繫中國實際。在北方大
學，我學了半年。革命形勢發展得很快，1948年8月北方大學跟華北
聯合大學合併成華北大學，兩個解放區合併，地點在河北省正定縣。
到華北大學後，共產黨開始考慮到很快會在全國勝利，因此決定培
養研究生。在那之前都沒有培養過研究生，幾乎都是短期培訓。1948
年華北大學要培養研究生，就把我選拔爲歷史研究室研究生。所以
我的經歷很奇怪，北京大學讀了一年半，北方大學讀了半年。我大
學只讀了兩年，就被選拔爲研究生。研究生當了半年，北京就和平
解放了。

　　北京於1949年1月解放，我3月初就隨著華北大學隊伍回到北京

去。回到北京後，華北大學在新解放的北京培養了很多學生。我就提前結束研究生的學習，當了助教。當時不叫助教，叫學習助理員，負責給新招的學生輔導。到1950年秋後，以華北大學為基礎，成立了正規的中國人民大學，按蘇聯體制，成立馬列主義基礎教研室，就把我調去當教員。這是1950年9月的事情。從那時起，我就在人民大學教書，至今已超過60年。

陳：當時的馬列教育，主要是讀斯大林的書嗎？

高：我受到的第三種教育是系統的馬列主義理論教育。儘管我教馬列主義的課，但中國人民大學請了八、九個蘇聯專家來，引導我們讀馬克思、恩格斯，主要念列寧和斯大林的著作。目的是要讓我們了解蘇聯革命是怎麼成功的，蘇聯社會主義是如何建設起來的。

陳：蘇聯專家用俄文教學？

高：對，通過翻譯。

陳：您會俄文嗎？

高：會。我中學學過英文，後來又學過俄文。我因為要教共產主義運動史，到1970年代還學了德文、法文和日文，所以我會的外文總共有五種。但我比較好的外語還是英文與俄文。

二、反思國際共運

陳：您長期研究國際共產主義與社會主義運動史，在大陸廣受推崇為這個領域首屈一指的專家。在第三國際之外，您也寫過《普列漢諾夫評傳》，並對第二國際社會主義做了很多研究。我特別想問：在您數十年來的研究和學術歷程中，有哪些比較重要的轉折？這些轉折又跟大陸的現實變化有什麼關係？對文革的反思，又是如何影響到您問題意識的轉變？1980年代以後，您對社會主義民主以

及政治體制改革的看法，明顯與鄧小平的改革開放乃至東歐蘇聯的解體有關。但您是如何逐漸意識到民主之於社會主義的重要？

高：事實上我過去60年長期教的，就是國際社會主義和共產主義運動史。大體上說，我對社會主義、共產主義運動的歷史認識經歷過三個階段。第一個階段是從1949到1956年，那是我很年輕的時候，還不到30歲，當時是最年輕的教員之一。當時我對社會主義、共產主義的理解完全是以蘇聯作為標準，認定蘇聯就是標準的社會主義、共產主義的政黨與國家，對斯大林有種個人崇拜。蘇聯對第二國際有很負面的觀點，譴責第二國際完全背叛了馬克思主義、修正了馬克思主義。說第三國際才是繼承了馬克思主義，而蘇聯正是最好的樣板。那時中國常出現一句話：「蘇聯的今天就是中國的明天」。那段日子對我的思想影響很大。

我的第一次思想轉折發生在1956年。蘇共二十大赫魯曉夫秘密報告，指出過去斯大林的一系列錯誤，這對我思想震動很大。過去我思想上崇拜的斯大林，沒想到竟搞個人崇拜、個人專斷，整肅了那麼多戰友，一點同情心都沒有，一些中央委員被關在監獄裡面跟他寫信卻都沒有理會。這時認識到蘇聯社會主義有很大的弊病。

陳：按後來反右運動的定義，您這看法似乎太修正主義、太右派了？

高：我在學習中央文件時發表了一些見解，沒想到在1957年就遭到嚴厲的批判。我還沒有被劃為右派分子，實際上是「中右，滑到右派邊緣」，但是學校領導保護了我，說我主要是思想認識問題，而不是政治立場和反黨反社會主義性質。那時我發表了一篇文章支持赫魯曉夫的和平過渡論，說資本主義國家可以和平過渡到社會主義，那篇文章讓我被批判了很多年，總說我受到修正主義的影響。世界革命只有通過武裝鬥爭，怎麼有可能和平過渡？就這樣批判了

我好多年。

第二個階段大體上是從1957年到1978年第十一屆三中全會以前。在這個階段，我對蘇聯模式的弊病有些看法，但我又陷入對毛澤東的個人崇拜。當時我認為斯大林有錯誤，但毛澤東應該會吸取斯大林的教訓。

陳：您在文革的時候，還一直待在人民大學？

高：沒有。文革期間，人民大學有五年停辦，我就到北大去了。1973-1978年我在北大國際政治系教書，1978年人大復校後我才又回來。

總之，在第二個階段，我對蘇聯有懷疑，但對中國共產黨則信任不已。

陳：您當時參加了文革活動嗎？

高：沒有。文化大革命開始時，我們系學生就把我揪出來，認為我是我們系的反動學術權威。我不服，那時我才39歲。學生說我是黑幫，是反動學術權威，我說我既不權威也不反動，我是共產黨培養起來的。所以當時我兩派的陣營都沒參加，但文化大革命一系列不正常的現象，也讓我思想上有很大的轉變。

陳：您對毛澤東的個人崇拜，是從何時開始逐漸淡去？對不少人來說，轉捩點是林彪事件。

高：對，我也是這樣，林彪事件對我思想震動很大。在林彪事件以前，打倒劉少奇對我影響就很大。我覺得劉少奇有錯誤，但是不該作為叛徒、內奸、工賊、反革命修正分子看待。劉少奇是那麼老的幹部，原來毛澤東思想還是他樹立起來的、鼓動起來的，怎麼突然憑空成了叛徒、內奸？後來一看，那些定性材料都是被逼迫的，沒有物證。

陳：1950年代的胡風事件，對您有沒有特別的影響？

高：我見過胡風是1946年10月在上海投考大學時參加紀念魯迅的活動，但我跟他沒什麼來往，因為我後來不搞文藝了。但1955年那個時候，我也挨批。我們教研室的副主任謝韜跟我私交很好，他被定性為胡風的骨幹分子，於是又把我定位成謝韜的左右手要我交代，但實際上我跟胡風沒有任何關係。

陳：1957年反右的時候，您內心有些懷疑嗎？

高：反右的時候，我覺得左派批右派有些過於激烈。我記得當時有個形象的比喻：整風究竟是打掃房子還是拆房子？我們認為整風應該是打掃房子，房子的灰塵很多要打掃乾淨。那時有個學生叫做林希翎，針對她別人就問我，她是否有小資產的正義感？我明確回答說：有，她有小資產階級的正義感，她看到我們社會很多不公道的現象，她要維持正義，爭取擴大民主自由。就我這樣的言論，後來也批判我半天，批判我不能這樣說，不能說她有正義感，應該說她完全是反動的，根本要推翻共產黨。

在文革當中我靠邊站，一是我對劉少奇事件很不能理解，後來林彪事件更不用說了。我說寫在黨章裡頭的接班人，怎麼會坐飛機逃跑？聽說內幕是因為急於想當國家主席，但急於想當國家主席也不至於要跑掉啊？你已經明文規定接班人是他，早晚是他，那他怎麼會想跑掉？我想其中一定有更深刻的矛盾。文革後期我在北大教書的五年，不正常的現象就更多了。

陳：文革時期的不正常現象，對您的思想產生了哪些影響？

高：讓我考慮到我們的政治體制有重大的毛病。1978年三中全會以後，我是最早出來揭露個人崇拜、個人專權問題的。1979年我有一篇文章叫做〈反對個人迷信是國際共運的優良傳統〉，指出馬克思、恩格斯、列寧都反對個人迷信，個人迷信是從斯大林開始，到毛澤東登峰造極，還超過斯大林。

　　從個人迷信，我進一步考慮到了政治體制的問題。斯大林和毛澤東晚年爲什麼都犯大錯誤？爲什麼都改不了？因爲缺少社會主義的自由與民主，實行一言堂與個人專斷，誰提出不同意見誰就被打下去，都作爲敵我矛盾被打下去。蘇聯是這樣，中國也是這樣。劉少奇、林彪，誰跟毛澤東有不同的意見都被打下去。這肯定與背後的文化傳統與政治體制有關。

　　斯大林帶頭實行的共產黨政治體制我歸納爲三制：個人集權制、職務終身制、指定接班制。這三制是要命的。有了這三制，社會主義共和國實際上就變質了，變成了社會主義君主國，說更清楚一點就是有君主國的色彩。我說，共和國與君主國的區別就在這三點：君主國搞個人集權、職務終身、指定接班，共和國是分權制約制、權力任期制、權力選舉制。但斯大林和毛澤東搞的恰恰是有君主國色彩的專制，毛澤東搞的還超越斯大林。列寧是1924年死的，斯大林的個人集權是到1941年才完成，這中間有17年。斯大林一開始是總書記，沒在政府兼職，到了1941年才兼人民委員會主席，即政府總理，接著又是國防委員會主席，黨政軍三大職務合一。

　　毛澤東呢？毛澤東一建國就占了七個主席的位子。現在大陸沒有哪本書哪篇文章寫明這個問題，還是我個人查很多資料才提出來的。哪七個主席？1945年中共七大後，毛澤東被選爲三個主席，很多人以爲毛澤東只有中委會主席的位子，但他實際上被選爲中國共產黨中央委員會主席、中央政治局主席、中央書記處主席。蘇聯共產黨政治局不設主席，書記處只設總書記不設主席，所以毛澤東的集權超過了斯大林。他在中共中央就有三個主席，過兩個月又加上中央軍委主席，所以七大以後、建國以前，他已經是四個主席。建國以後，毛澤東又加了三個主席，哪三個主席？中央人民政府主席、中國人民革命軍事委員會主席、全國政協主席，第一屆政協他是主

席。毫無疑問，毛澤東的個人集權超過斯大林。

終身制，毛澤東也超過斯大林，斯大林活到73歲，毛澤東84歲。

指定接班制，毛澤東也超過斯大林。斯大林的接班人是馬林科夫。現在大陸還有學者不指名批評我，說蘇聯沒有實行指定接班制，但他不了解蘇聯的指定接班制和中國的做法不同。斯大林沒有明確指定馬林科夫是他的接班人，更沒有寫進黨章，而毛澤東明確地指出劉少奇或林彪是他的接班人。斯大林沒有明確地說出來，但他是怎麼實際上做到的？1952年第十九次代表大會，由馬林科夫代替斯大林做中央工作總結報告。中央工作總結報告自1924年列寧逝世後，歷來是斯大林一個人做的，他為何讓給馬林科夫做？十九大斯大林排列了一個新政治局的名單，大家按照他的意見選，他把馬林科夫排為第一個。那不就很明顯了嗎？

毛澤東先後指定的接班人有好幾位，一開始是劉少奇，隨後是林彪，然後是王洪文。後來看王洪文不行，又變成華國鋒。毛澤東指定接班的這些作為，遠遠超過了斯大林。實際上，毛澤東的錯誤超越斯大林，斯大林還沒有搞我們這樣的人民公社和文化大革命。我們搞的人民公社超越了蘇聯的集體農莊，我們搞的文化大革命超越了蘇聯的大清洗。蘇聯的大清洗是針對幹部，但文革是針對社會大眾，從城市到鄉下到邊疆啊。

陳：您剛才說第一階段是對蘇聯模式的崇拜，第二階段是對毛澤東的崇拜。但您對毛主義的反省，應該說在1970年代就逐漸升高了。

高：從文化大革命後期就感到有問題了。1976年我是大喜大悲的，大悲是1月8日周恩來過世，清晨聽到廣播我大哭一場，我夫人說從來沒見過我這樣哭過。到10月6日粉碎四人幫，我是大喜啊！我在北大教書，我在《人民日報》的朋友10月8日就告訴我，四人幫被

拘留起來審查了。當時北京大學還不知道這事情，我就悄悄告訴我
在北大工作的老同學說：中國有希望了！在北大，1976年以後我講
課的變化就很大了，我更敢講更多問題了，這也是我思想上重大的
轉折。三中全會後，我思想很快就轉過來了，開始批判政治體制上
的弊病。

　　陳：中國的現實變化，以及對中國政治體制的不同看法，也明
顯影響到您的國際共運和社會主義研究。如今，您怎麼看社會主義
和共產主義運動？

　　高：社會主義與共產主義起源於19世紀的歐洲，為何會出現共
產主義？就是因為資本主義工業化初期到1930、1940年代，資本主
義現代化兩極分化矛盾的問題出現，貧富差距變大，這樣才有工人
運動起來。就拿馬克思來說吧，馬克思發表《共產黨宣言》那時候，
他是主張共產主義、反對社會主義的。他認為社會主義是改良的運
動，是資產階級的運動，只有共產主義才是革命的工人運動。這是
第一段。

　　到1860、1870年代則是第二段，馬克思思想有了很大轉變，他
不反對社會主義了，他認為社會主義與共產主義是同義語。從第一
國際到第二國際，都是這樣。所以根據我的考證，「科學社會主義」
是馬克思、恩格斯到1873-74年才使用的詞彙，在這以前他們從來不
用這個詞。在1840年代，他們認為社會主義不可能是科學的。但為
什麼有這種轉變呢？很多人都不去研究、解釋這問題，這我終於搞
清楚了。那就是1860年代工人運動發展第一國際的時候，工人信奉
社會主義的愈來愈多，信共產主義的愈來愈少，用我們中國話來講，
很多工人認為共產主義是曲高和寡，格調太高。馬克思跟恩格斯認
知到了這一點，雖然他們沒有放棄共產主義，但為了爭取廣大的工
人，他們就用社會主義和共產主義是同義來包容。他們更多的用社

會主義,更少用共產主義,因爲英、法、德、俄的工人大多都信社
會主義,而不認同共產主義。這是第二段。

第三段就是1890年代,馬克思已經過世,恩格斯晚年只用社會
主義而不用共產主義。這在1891年以後恩格斯的思想中,很清楚地
表達出來。因爲恩格斯晚年有些反思,他在年輕時認爲可以很快速
地消滅資本主義,但晚年說這是幻想,是不可能的。所以,恩格斯
晚年把共產主義放在比社會主義更高的位子上,而不是同義語了。
原來認爲是同義語,後來認爲不是同義語。最明顯的是,恩格斯在
1891、1894、1895這幾年好幾封通信或文章中,都說我們現在最好
不要談共產主義,共產主義是將來的事情。他說現在我們就講社會
主義,而不宜宣傳共產主義,這一點是我們要弄清楚的。

另外,馬克思主義所憧憬的社會主義、共產主義,是想要從發
達的國家帶頭,像是英、法、德、美這四國帶頭,而不可能在中國、
俄國這些落後國家獲得成功,因爲先進的社會主義、共產主義不可
能出現在工業化落後的國家。但是在我們大陸理論界,很多人卻說
馬克思晚期認爲不發達國家也可以先搞社會主義——這完全是種誤
解,根本沒這回事。20世紀的社會主義、共產主義勝利,其標誌是
1917年俄國十月革命的勝利;但20世紀又是社會主義、共產主義的
失敗,其標誌是1991年蘇聯的解體。所以,現在非常值得總結這個
歷史經驗。

陳:您如何總結20世紀社會主義、共產主義運動的經驗教訓?

高:19世紀興起的共產主義運動,到20世紀爲何會出現這樣大
起大落?根本原因就在於20世紀社會主義、共產主義的發展與馬克
思、恩格斯的預見相反。社會主義、共產主義不在英、法、德、美
這些先進國家取得成就,而在俄國、中國、朝鮮、越南等落後國家
取得政權。落後國家因爲社會矛盾尖銳,有了共產黨的堅強領導確

實可能革命成功。但是建設社會主義、共產主義卻是非常艱鉅的任務，蘇聯帶頭沒搞好，中國、東歐後來照搬蘇聯模式，把社會主義給搞糟了。

所以我有文章提到，歷史發展可分為四個階段：封建主義、資本主義、社會主義、共產主義。社會主義應該繼承資本主義的文明成果，又高於資本主義。如果社會主義先在落後國家得到勝利，勝利以後應該徹底地清除封建主義不好的東西，而不能急於消滅資本主義。蘇聯模式的錯誤在於，以為把地主的土地沒收就消滅了封建主義，但封建主義的政治制度與文化制度卻根深蒂固地在社會主義的生活中沉澱下來。個人集權制、職務終身制、指定接班制、個人崇拜、一言堂、以言定罪等，這些都是封建主義的東西。在資本主義民主國家沒有以言論定罪的事情，美國共產黨可以反對美國資本主義，但不能因為這一點就審判美國共產黨，在美國以行動定罪。美國共產黨如果要以組織暴動攻打白宮，那絕對是要被逮捕的；但如果僅僅說要準備實行暴力革命，現在美國允許你這麼說，但你搞不起來暴力革命啊。

從蘇聯興起到蘇聯滅亡、東歐滅亡，我認為最根本的原因就是缺少社會主義的自由民主。斯大林在經濟上犯了很多錯誤，像是提早結束新經濟政策等，但經濟上的錯誤要是黨內有自由有民主，早就可以糾正了。要是黨內有許多人提出不同意見，少數服從多數，那就糾正過來了。中國也是如此。比如說1958年大躍進、人民公社搞糟了，那1959年就可以糾正過來啊，但是黨內沒有自由、民主，什麼都按毛澤東一個人說了算。所以我覺得，現在如果要振興社會主義、共產主義，就要充分記取蘇聯和東歐的教訓，就要很徹底地發展社會主義自由與民主。

三、政治體制改革

陳：您是從什麼時候開始寫政治體制改革？

高：1978年三中全會後，我1979年就開始提出政治體制的問題。

陳：您主張哪種社會主義民主？哪種政治體制改革？

高：我倒想先問你，為什麼有些台灣左派認為中共的政治體制挺好的，不用改了？

陳：有這種想法的人，左派右派都有，說來話長。不如就請您給他們上上課吧！

高：今天中國有多大的民主？別的不說，我們的憲法與黨章規定各省省長、省委書記由選舉產生。可現在中共的作法都違背了憲法，違背了黨章。省長都先任命為代省長，任命完了再由省人民代表大會補選為省長。有沒有民主選舉？有！可這民主選舉是事後按照任命補舉的。所以我說，大陸的社會主義民主是不足的。

我主張的政治改革是體制內的改革，我不贊成照搬西方的那種多黨平等競爭，輪流執政。我肯定中共現有的基本體制，即由共產黨領導，實行多黨合作。但是現在中國的民主黨派力量太小、地位太低，我認為應該發展其力量、應該提高其地位。現在在中國共產黨有7000多萬黨員，但八個民主黨派成員也不過70多萬人，才不過是中共的1%。你說要互相監督，但它力量那麼小，要怎麼監督你啊？你說要多黨合作，但我們國務院現在的領導班子內，民主黨派只有一位部長（即中國致公黨的萬鋼），一位無黨派部長（即衛生部長陳竺），總共兩個，為什麼不能多幾個？建國初期就有15個民主黨派部長。所以我說，民主黨派的力量和地位必須提高。

我也不主張照搬西方的三權分立體制。按照我們的憲法規定，

全國人民代表大會是國家最高權力機關，但現在人大卻沒有最高的權威，沒有成為最高權力機關。為什麼？就是因為有蘇聯模式的以黨代政的體制。我主張，黨應該更加尊重人民大會，應該把現在這種黨對人民代表大會自上而下的直接領導，改變成從中深入的間接領導。例如，溫家寶是中共中央政治局常委，中共中央派他去擔任政府總理。他獲得全國人民代表大會的信任，被通過當上國務院總理。那麼，溫家寶總理就代表中共中央在國務院裡頭對國務院的工作進行領導，成為第一把手。

陳：您這些設想的前提是，民主黨派不能只是花瓶，人民大會不能只是橡皮圖章。另外，似乎還隱含著某種黨政分離的主張？

高：我不叫黨政分離，而叫黨政分開。黨政分開一直是鄧小平改革開放以來總結歷史經驗的新思想，鄧小平曾多次提到政治體制改革的首要關鍵是黨政分開。但中共就是沒做到這點，而且黨的權力愈來愈大，所以我才會問為什麼台灣有些左派認為中共的政治體制挺好的。事實上，這體制仍是蘇聯模式，黨政一體化。蘇聯滅亡，表明這種體制已經被蘇聯人民拋棄了，因為這種體制是黨替人民作主，人民自己不能當家作主。

陳：您主張人民民主、黨內民主、黨際民主三管齊下，同時，您也對共產黨的繼續領導表示肯定，您說您不主張西方式的多黨平等競爭。所以我猜想，您大概不會同意最近幾年謝韜所表達的觀點。謝韜主張中國朝向多黨競爭制發展，他希望中共放棄黨政合一制，改採憲政民主制下的社會民主黨路線。照他的說法，「黨的領導」是要改掉的，但您顯然不同意這一點。那會不會有些人問您：謝韜的意見固然不被中共採納，但您的看法呼籲了這麼多年，也同樣沒被採納啊？

高：謝韜是我的老朋友、好朋友。但是我不同意他的觀點。謝

韜的文章在《炎黃春秋》2007年第2期發表出來以後，我在《南方周末》同年5月31日也針鋒相對發表了一篇文章，題目叫〈科學社會主義與民主社會主義百年分合〉。我文章的主旨是說，科學社會主義與民主社會主義本是同義、同宗、同黨，在19世紀歐洲就是社會黨。因為第一個共產黨於1847年成立五年就解散了，後來歐洲各國大都成立社會黨。直到1917年十月革命前後，社會黨內左右兩派才分家，分為社會黨與共產黨，彼此對抗了幾十年。但在資本主義世界各國，共產黨的影響從1956年揭發批判斯大林的錯誤之後愈來愈小，而社會黨的影響卻愈來愈大。所以現在如果要振興科學社會主義，就不該與社會黨搞分裂對抗，而應該聯合社會黨。

謝韜的文章遭到國內極左派的猛烈批判，儘管我不同意謝韜的觀點，但我覺得社會黨是我們該聯合的對象，而不該去與它對抗、去打倒它。從列寧、斯大林到毛澤東長期都想打倒社會黨，但打不倒，為什麼？因為社會黨會順應世界的潮流發展。當共產黨不能滿足廣大人民的社會主義要求時，人民大眾就會把實現社會主義的希望寄託在社會黨那裡。

謝韜的方案在中國不可行。如果採納謝韜的意見，中國共產黨就得變成中國社會黨。他說共產主義不能實現，所以共產黨要改成社會黨。放眼今日世界，社會黨有很大的力量，有100多個社會黨，約4000多萬黨員。如果中國共產黨也改成了社會黨，那全世界的共產主義運動基本上就消失了。現在全世界也有100多個共產黨，一共有8000多近9000萬黨員，其中中國共產黨一家子就占了7000多萬。全世界資本主義國家的共產黨大概700多萬人，社會黨總共有4000多萬人。

另外，如果中國共產黨改成中國社會黨，就必須改為多黨平等競爭，而不能像過去那樣由共產黨一黨牢牢掌握政權。你看，今天

社會黨執政的國家，如果有所謂部長腐敗的現象，那馬上要下台辭職，因爲政黨要負責任啊！現在中國共產黨腐敗很嚴重，卻還是不下台。所以要中共改成社會黨，搞多黨平等競爭，中共絕不會接受。

今天需要對社會主義和共產主義有新的理解。過去認爲社會主義是什麼呢？都用蘇聯的標準，在經濟上實踐公有制計劃經濟；政治上就是一黨專政；領袖就是個人集權制、職務終身制、指定接班制；文化上由黨中央嚴密控制思想，輿論一律統一，報刊出版物同一面孔。過去蘇聯式的社會主義是這樣，但今天，社會主義必須得重新反思，進行改革。

我現在對社會主義有新的認識，而我認爲社會主義與資本主義仍有區別。我說：「資本主義是以私人資本爲基礎，由資本家階級統治的社會。社會主義是以社會化勞動爲基礎，由勞動人民掌權的社會」。資本主義與社會主義有這區別，誰爲主體正是重點。那麼，我肯定中國現在還是社會主義的國家，它的主體仍是勞動人民，但不充分，有以黨代政的現象，這需要改革。

陳：您說中國現在還是社會主義國家——雖然有以黨代政的現象。這讓我想到過去有些馬克思主義者說蘇聯仍是工人國家——雖然遭到官僚扭曲。問題在於：如果被官僚（或官僚資本主義）扭曲得太嚴重，那勞動人民實際上只是被統治的客體，而稱不上是主體。您如何回應這個質疑？

高：我認爲中國現在還是社會主義國家。在這一點上，我跟大陸清華大學秦暉教授的看法不同。他的觀點是否定中國是社會主義國家。他明確說：中國哪是社會主義國家？他說中國的經濟發展是靠低工資、低人權，這跟世界文明完全脫軌，而且我們腐敗這樣嚴重，真是丟臉啊。秦暉這樣說不是沒有道理，但我覺得他沒有從總體、從更深層次來看問題。總體來看，工業化發達國家在發展早期

都有低工資、低人權的現象，資本主義早期也有這種弊病，你能說那不是資本主義嗎？我總是認為，中國目前還是由共產黨領導，1949年以來中共為實現社會主義、造福人民大眾進行了艱辛探索，走過了曲折道路，1978年改革開放以來才找到了並且走上了正路，而中國當今的社會主義改革才完成了不到一半，仍然很不全面。

現在的中國模式，只有不到一半的中國特色社會主義。其他大約三成還是蘇聯模式，因為政治體制、思想文化體制還是像蘇聯那樣，由一黨嚴密地控制政權和思想。中國還有另外大約三成是美國模式和歐盟一些國家模式，因為社會貧富兩極分化那麼嚴重，中國的億萬富翁比美國還多，財富不均比美國還嚴重，國營企業大多居壟斷地位。中國現在1%的有錢人占有50%的國民財富，美國都還沒有這麼嚴重。所以我覺得，中國模式在改革開放30年後，只完成了不到一半的任務。中國模式的提出就是要克服蘇聯模式的弊病，克服乾淨了，中國特色的社會主義就會形成。我們已經從計劃經濟改成市場經濟，從對外封閉改成對外開放，領導人終身制也廢除了。政治體制也有改革，只是改革得還遠遠不夠。以黨代政問題不解決，自下而上民主競選問題不解決，人民就不能真正自己當家作主。

陳：您所謂的「中國模式」是指「中國特色社會主義」嗎？

高：簡單地說，我不同意兩種極端的觀點。一種認為沒有什麼中國模式，模式就是標準的顯示，所以中國領導人現在都不用中國模式，用的是中國經驗、中國道路。另一種認為中國模式已經形成，中國模式好得很，現在很多國家都向我們學習。

據我考證，鄧小平1980年就提出了中國模式，他說不僅有中國革命模式，還有中國建設模式。後來為什麼我們的領導人都不講中國模式呢？因為中國模式還在形成過程中，中國社會主義路子走過來了，模式還沒有完全形成，所以我們現在領導人都不用中國模式

這個提法。

那麼，現在中國模式是什麼樣的模式？我說現在中國模式是一個混合模式，一個四不像的模式。中國模式還在形成之中，有中國特色，有蘇聯模式，有美國模式，甚至還有歐盟模式的成分在裡面（就是有國營經濟的東西）。中國今後的發展就應該增強中國特色社會主義，減少蘇聯模式的弊病，減少美國模式的弊病，減少歐盟模式的弊病，這樣中國特色社會主義模式才能夠全面形成。

從理論上來說，黨的文件已經把中國特色社會主義說得很圓滿，但是還有待在實踐上落實。

陳：您認為民主改革該從何處著手？

高：我認為謝韜的方案是不可行的，所以我把他的話給顛倒改變一下。他說只有民主社會主義才能救中國，我說只有社會主義民主才能救中國。把他的民主社會主義給顛倒一下，我們現在太缺乏社會主義民主了。腐敗為何治不了？因為我們的各級幹部都不是選舉產生的，而是層層任命，而層層任命就會出現賣官買官。如果按照憲法規定，省長改由民選產生，省長就得對選民負責。我說，可以從底層做起，從鄉長、鎮長的民主選舉開始，共產黨推出兩、三名共產黨員候選人互相競選——這根本不存在別人跟共產黨爭權的問題。

我有許多很溫和的建議，像是第一步從黨內人才裡面選拔候選人，先不從黨外開始。共產黨內人才濟濟，在改革試驗時期為保證黨的領導，先從共產黨員中挑選鄉、鎮一級的領導人。在共產黨內，除了由上級挑選外，民眾也可以挑選。哪個黨員在我們的鄉、我們的鎮表現好，可以直接由選民聯名提名。但目前為止，就連我這樣溫和的建議，領導人都不採納。可喜的是現在基層很多地方已經這樣做，例如我在電視上看到，南京附近有個地方叫做大全村，選總

支書記，有兩個人競選——這也符合黨章規定。所以我對現在的體
制改革，基本上還是抱有希望的。

　　陳：您同意中國「有憲法而無憲政」的說法嗎？

　　高：大陸有位中國史專家說，1949年建立的政權依然是封建王
朝的改朝換代，並沒有建立起人民民主國家。他進一步把建國以後
中共的先後九個領導人，按過去中國皇帝死後的諡號給他們排位
子，挺有意思。他說毛澤東是高祖，劉少奇是哀帝，林彪是武宗，
華國鋒是代宗，鄧小平是成祖，胡耀邦是仁宗，趙紫陽是德宗，江
澤民是順宗，胡錦濤是恭宗。他希望胡錦濤之後的領導人是憲宗。
這是什麼意思？就是施行憲法！他希望未來中國的領導人能夠真正
地施行憲法。

　　他的比喻並不妥當，我認為不能把共產黨建立的政權比喻為另
一個封建王朝。共產黨的確想在中國建立一個人民當家作主的國
家。但中國是封建專制主義傳統非常濃厚的國家，共產黨很多領導
人也的確受到皇權思想的影響，所以我們建國以來實行民主就大受
影響。但現在改革開放了，正開始逐步發展民主。這位老先生希望
胡錦濤之後的領導人是憲宗，實行憲法，我覺得這點倒是反映了廣
大人民的心聲。但我們不能說中國只有憲法而沒有憲政。應該說，
中國有憲法，但從建國以來憲政比較不足，憲法的很多規定並沒有
做到。

　　而這憲法本身也有不合理的東西，是應該要改變的。比如從1954
年憲法起，規定我們有個國家主席，但這跟人民民主體制是不符合
的。我們人民民主體制規定全國人民代表大會是國家最高機關。既
然人民代表大會是最高權力機關，又怎麼能在人民代表大會之外、
之上，再設立一個國家主席、國家元首？早在1954年我就提出這意
見，我說這不符合我們國家的體制。按我們國家的體制，全國人民

代表大會是國家最高權力機關，人民代表大會的最高首腦就是國家
主席，這就權力一元化。

陳：您這概念似乎接近英國的議會主權制？

高：不是這樣，因為英國的議會僅僅是立法機關，同時英國還
有一個女王是國家元首，英國的首相不是國家元首。我們的全國人
民代表大會本應是最高國家權力機關。但是1954年憲法另設國家主
席，使之凌駕於人民代表大會之上。毛澤東不是全國人民代表大會
常委會委員長，卻是國家主席。因此，這憲法在國家權力結構方面
就有不合理的地方。憲法的規定本身也沒完全做到，像是剛才提到
民主選舉產生各省省長等。

陳：您說社會主義民主應以勞動人民作為主體。您怎麼看毛時
代的平等主義，以及當前官僚資本主義下的不公正現象？

高：我讀了貴刊對北大教授錢理群的訪談。甘陽說毛澤東時代
是平等主義，錢理群認為這個看法有很多片面性。我認為毛澤東時
代的確有些平等的東西，主要是在基層較為平等，但上層是特權主
義，愈上級的幹部特權愈多。毛澤東的個人特權就更多了，全國各
地為毛澤東修建了幾十處別墅。但話說回來，毛澤東發動文化大革
命，為什麼得到那麼多人的支持？因為他反對高幹特權（當時人民並
不知道毛自己有更多特權）。改革開放30年，高幹特權的問題不但沒
有解決，反而比原來更嚴重。像是副部級幹部可以享受正部級待遇，
這現象在文化大革命以前是沒有的。

工人革命有很多好的傳統，我們都沒有吸收。2011年是巴黎公
社革命140週年，巴黎公社對政府官員有兩條規定，這兩條規定真正
體現了工人國家的特色。第一條，主要官員由民主選舉產生，這我
們沒有做到。為什麼我們過了140年都還做不到？第二條，主要官員
的工資待遇跟熟練工人相等，差別不超過五倍。今天就算不照搬巴

黎公社的五倍規定，但八倍十倍總可以吧？蘇聯為什麼垮了？蘇聯最低工資跟最高工資的差別在斯大林後期有五十多倍，後來到勃烈日涅夫時期更擴大到一百多倍，人民群眾對這種高薪特權非常不滿。

陳：唱紅打黑的「重慶模式」最近引發熱議，您怎麼看中國的發展趨勢？

高：我對中國未來既不悲觀也不過分樂觀，我是持達觀的態度。我認為，世界不斷發展變化，科技革命迅猛發展、日新月異，民主自由的潮流也滾滾而來。中國作為社會主義大國，在這樣一個世界潮流的背景下，科技也會迅猛發展。而我相信，中國的民主自由也會逐步地得到發展。但民主要健康地發展，一定要有科學的指導。沒有科學作為指導的民主，是盲動的民主。現在好像有不少人支持薄熙來，我覺得這多少就有盲目的成分，為什麼？因為他們只看到薄熙來打黑的一面，但沒看到薄熙來用哪種方式打黑。有人說薄熙來以黑打黑，這是說的過分了。但真正要打黑，除了發動、提高群眾的覺悟，另外還要有健全的自由民主法治的體制，該選舉的幹部應該選舉產生，該任命的幹部也該群眾推薦、徵求民意。薄熙來在重慶是否做到了這些，我不太了解；但我從報刊報導來看，重慶政治體制的健全並沒有很大的突破。

還有剛才講的，共產黨的政治體制應該要黨政分開。薄熙來是沿著黨政分開的路走？還是黨政一體化的路走？他只是黨委書記，不是市長。他這樣做，重慶市長的權力得到尊重了嗎？如果黨政分開，政府的問題應該由市長來處理，怎麼是由書記來處理？

四、「國中有國」的兩岸設想

陳：1995年您來過台灣兩個月，後來您提出「國中有國」的統

一模式。可否談談您對兩岸的思考？

高：2000年11月6日在台灣《聯合報》上，台灣著名學者丘宏達發表了一篇〈國中有國兩岸統一新模式〉，他完全贊同我的方案。我2000年在美國紐約見到他，當時我用春炬的化名寫了一篇文章，他一開始不知道是我寫的，後來在紐約開會見面時他大吃一驚，說：我是專攻國際法的學者，卻沒有你想的那麼深刻、周到。他在《聯合報》上發表的文章中對我的唯一補充是：台灣中華民國駐外國的外交代表，今後可以稱副大使，而我本來主張稱公使。其實在外交上，副大使與公使是一樣的。公使即駐外大使館副館長，也就是副大使之意。用什麼名稱爲好，兩岸也可以協商解決。

另外我的文章在台灣也得到一些迴響，有台灣的學者跟我說，2000年12月台灣立法院法制局的輿情資料提到了我的方案，而且覺得可行。我念一段：「一直以來各界所提的統一模式，最不易處理的問題是對兩岸主權歸屬及對外代表權力的安排」；「國中有國的模式在顧及兩岸現實的狀態下，對這兩方面做出上述可行的安排，此乃兩岸各界值得重視的建議。雖其主張並未對兩岸統一前的狀態做出過渡性安排，然吾人可在其基礎上再做更進一步全面之探討」。

現在台灣人民不管主張什麼，統啊、獨啊，絕大多數人最希望的是兩點。第一是島內經濟可以發展，人民生活能夠更好。第二，對外台灣能擴大國際空間，能加入聯合國，能得到普遍的國家承認。這兩點應該是台灣人最普遍、最廣大的需求，而只有我的「國中有國」方案能滿足這兩個要求。經濟方面不用說，現在ECFA簽訂對台灣一定有幫助。另外，國中有國的方案可以讓台灣的國際空間大大擴張。所有跟中華人民共和國有邦交的國家，中華民國都可以設一個外交機構，叫台灣中華民國分館或辦事處都可以。加入聯合國也可以實現，由大陸中華人民共和國向聯合國提出，讓中華人民共

和國一部分的中華民國加入聯合國。歷史已有先例，烏克蘭、白俄羅斯曾經在聯合國都有席次。

　　陳：您談的主要是統一模式的問題。但是島內之所以對統一有所疑慮，似乎主要是出於政治上的不信任。

　　高：這些問題的關鍵在大陸領導人。像我的國中有國方案，只能由大陸領導人向台灣提出來，台灣不可能提這方案。因為台灣人一提這方案就會被人說是賣台，說你甘居於一個小國，甘居於人下。台灣領導人不要說民進黨，連馬英九都不敢提出來。而大陸領導人，目前並不急於統一，維持現狀也OK。如果真要邁向和平統一，別說50年後，就說10年之後好了，那大陸要用什麼方案來贏得台灣民心？首先得了解台灣多數人在想什麼，而多數人所想的無非就是兩個：一個是經濟發展更快，生活過的更好；另一個是國際空間更大，不想在國際上總覺得自己是二等國民。

　　如果大陸領導人有政治眼光，就應該滿足台灣人這兩個願望。讓台灣中華民國加入聯合國，也不要求你在聯合國投的票跟大陸一樣，讓你小國可以自己做主。但有一條原則要跟台灣達成協議：你既然是我大國當中的一個小國，你各種活動我不干涉你，但你也不能干涉我，你不能用台灣的理念來改變大陸的經濟政治制度。這條做到，我們才是一個國，不然兩者對立，哪是一個國啊？你想推翻我，我想推翻你，這樣大國跟小國怎麼和諧共處？所以大國小國在這點上得一致，然後，大陸取得政治形式上的國家統一，台灣取得相對獨立的自主權力，內政、外交、選總統皆不受大陸干預。這跟香港澳門不一樣。

　　陳：那軍事怎麼辦？

　　高：軍事可以保留，但主要是為了自衛，因為你作為獨立的小國，擁有外交權及國防權，這點鄧小平都說了。台灣可以保留軍隊，

這雙方可以協商，我們不用武力解決問題，你可以保留一定範圍與規定的軍事。所以我說這不是聯邦，這比歷史上的奧匈帝國還強。因為在奧匈帝國，匈牙利王國是沒有外交權、軍事權的，所以匈牙利王國沒有外交部、國防部。但台灣未來有外交部、國防部，總統還可以照常選，只是你得承諾不搞台獨和互不干預──就這兩條就行。民進黨要搞什麼都可以，但要脫離中國就不行。

現在民進黨黨主席蔡英文說中華民國是流亡政府，這完全不對。鳳凰電視台的主播還說蔡英文說得對。什麼叫做流亡政府？本國政府流亡到異國他鄉去才叫流亡政府。第二次世界大戰時，法國戴高樂流亡到倫敦，倫敦的法國政府是流亡政府，因為法蘭西被希特勒給占領了。台灣是中國本土啊，1945年以後台灣已經收回，由中華民國管治啊。中華民國敗退到台灣去，怎麼能夠說國民政府流亡到台灣去呢？台灣已經是中國領土的一部分。台灣的問題是中國內戰遺留下來的問題，這個說法才對。

現在看來，就我的方案最理想，但台灣不可能主動提出來。這需要中國有像毛澤東、鄧小平那樣的大戰略家，才能清楚認識到兩岸「國中有國」是雙方互利雙贏的最好又最便捷的一個方案。至於實現國中有國方案之後，兩岸之間的關係可以成立一個協商委員會，就經濟、司法、文化、教育等方面的問題平等協商，達成協議，一時達不成協議的可以暫時擱置。

陳：國中有國是指ROC是PRC的一部分，還是指ROC和PRC共存於某個中國大屋頂之下？

高：不是屋頂理論。中華民國就是中華人民共和國的一部分。我於1995、1996年到台灣訪問的時候，台灣很多有識之士都贊成我的意見。我說台灣那麼小，大陸那麼大，台灣是中國的一部分那很合理，總不能說大陸是台灣的一部分吧？

陳：1971年在聯合國，PRC贏得了中國的代表權。原來中國的席位是由ROC代表，1971年後改由PRC代表中國。如果說ROC不是PRC的一部分，而是ROC跟PRC共享中國的代表權，都在整個中國的框架之內或屋頂之下——這種「兩岸同屬整個中國」的準中華邦聯模式，您能夠接受嗎？

高：這可不行。1971年以後，聯合國的中國席位就不是ROC而是PRC了。所以我主張中華人民共和國向聯合國提出來，說中華民國是中華人民共和國的一部分，讓中華民國在聯合國有個席位，那台灣就是聯合國的一個成員國了。但這不是兩個中國，是一個中國。像是烏克蘭跟蘇聯的關係，當年烏克蘭是蘇聯的一部分，但在聯合國有個席位。這樣台灣的國際空間不就很大了？外交權也一樣，只是不再設立中華民國大使館，而是在中華人民共和國大使館內或外設立一個中華民國分館。這樣再過幾十年，兩岸要不要更緊密的統一，就留給子孫後代再去解決。我們這一代能做的，就是兩岸中華民族的統一與振興。這對台灣經濟文化的發展很有利，避免了兩岸對立，也可以避免美國與日本的干預。

陳宜中，中央研究院人社中心副研究員，並擔任本刊編委。研究興趣在當代政治哲學以及社會主義思想史。

挑戰麻木和無力感：
訪獨立紀錄片導演艾曉明

葉蔭聰

前言

　　艾曉明，1953年生，文革後考入華中師範大學中文系，1985-1987年攻讀北京師範大學中文系中國現代文學專業，1994年開始在中山大學中文系教書。她除了從事文學研究外，也是中國大陸1990年代推動性別研究及女性主義的主力之一，包括成立中山大學裡的「性別教育論壇」，以及翻譯與導演話劇《陰道獨白》等。由2004年開始，她參與製作紀錄片，由記錄與女性有關的議題開始(包括《陰道獨白》及《天堂花園》)，慢慢擴展至維權運動、社會及政治爭議等，包括有關2005年太石村罷免村官的《小村的故事》，以及2008年汶川地震的一系列作品《我們的娃娃》等。2008年退休後，她更全身投入，成為中國從事公民錄像最重要及最多產的紀錄片工作者，同時，透過錄像參與維權工作。2010年她獲頒西蒙·德·波伏娃獎，表彰她對性別平等及人權工作的貢獻。

　　她近年涉獵的題材包括維權及異見人士譚作人、王荔蕻、艾未未，近作為《烏坎三日》。

　　此訪談於2011年12月10日在廣州進行，由葉蔭聰訪問及修訂，黃海濤整理錄音。

艾曉明女士

葉：艾曉明老師，我想知道你是怎麼進入拍攝紀錄片這個領域
的呢？你先是一個學者，是個知識分子，後來關注女性權益、維權
的議題。為什麼會發生這樣的一個轉變？

艾：拍紀錄片是從2004年開始的。最初的想法是，我們在2003
年底演出了《陰道獨白》，然後學生要畢業了，我希望把學生的演
出保留下來，作為教學的參考片與材料來使用。我當時邀請了獨立
製片人胡杰來和我們一起拍這個作品。在這之前，即2003年春天，
我看了胡杰的作品《尋找林昭的靈魂》，這也是我想請他來拍片的
一個很重要的原因。那個作品對我的衝擊力很大，我覺得很重要，
但是我沒想到自己來拍片。我請他過來的時候，主要由他來拍攝。
但是我手裡也有個小攝像機，我也補充了一些鏡頭。後來剪輯的時
候我們就在一起剪。做完這個作品以後，我想繼續拍攝我們當時正

在推動的一個「約會強姦」案，就是湖南有一個女教師黃靜，她的
死因家屬不同意，家屬認爲是強姦致死。我也認爲，這涉及到對婦
女的性侵害，公安當時不願意立案，所以我希望我們可以有一個紀
錄片的介入方式。我想，如果把這個案件拍攝成紀錄片，就會有更
多的人來關注這個案件，可以一起參與推動，爲黃靜爭取法律公正。
所以我也就拿着攝像機和胡杰一起開始拍攝。

　　當時，我自己還不懂怎麼剪輯。我請他來拍攝，但自己有很多
想法，拍什麼，內容怎麼剪輯，還是我自己的主意。至於具體的技
術問題，什麼地方怎麼使用鏡頭，譬如說空鏡頭的運用，是胡杰比
較有經驗的。但是在拍攝的過程中，他有一點不想拍了，因爲他覺
得他對這個事件的看法和我不一樣。所以當時我曾經想過，如果他
不拍，他退出了，我還是希望把這個紀錄片拍下去。我就自己拍了
一段。回來看到我自己拍的素材以後，我就很有信心。我覺得其實
我也拍得挺好的，不管他是否決定和我一起拍，我還是要把這個作
品完成。當然，最后胡杰也決定把這個作品拍下去，所以後來我們
還是一起完成了這個作品。就是從2004年開始的。

　　葉：你覺得這樣子的一個轉變，是你個人的一個轉變呢，還是
跟整個中國大環境的變化有關係？

　　艾：兩方面都有。一方面，電腦的普及，最終也會帶來技術的
普及，例如運用數碼科技這個技術。當時我們學校、我們系也有一
筆經費來支持我們做多媒體教學、辦網站。在執行項目的過程中我
們買了攝像機，也買了編輯機，提供了物質的條件。而且，我認識
到紀錄片很重要，我當時想過要開創中國女性主義的紀錄片。因爲
我也看到了國外的一些女導演拍攝的紀錄片，或者是故事片，我覺
得這個視覺表達很重要。但是，我對自己有沒有這個能力來做一部
好的紀錄片，想得很少，是否能成功，我都想得很少。當時主要把

拍片看成一項工作及手段來完成，因為我們主要想推動黃靜案進入司法程序，並且使這個案件得到一個公正的處理。這個爭取公正的想法的強烈程度是遠遠超過一部紀錄片的，紀錄片只是從屬於這個工作而已。

當時我還申請了香港樂施會的資助。有錢、人力、技術條件，我就去拍紀錄片了。其實當時是用紀錄片來完成社會調查，在推動這個案件的過程中我們也探訪了法醫與律師，還跟着黃靜的母親一起去北京上訴、上訪，它比較像社會工作者做調研，或者新聞記者做新聞報導。所以我也沒有覺得跟以前有很大的分別，就是調查研究的一個方法吧，只不過以前都是拿筆記，現在我們拿攝像機。

葉：你本來的訓練是文學，在大學裡讀書、教書與做研究。這樣的背景對你後來從事記錄片的拍攝和製作，會不會有一些特別的影響？特別是跟中國其他一些紀錄片工作者比起來，會有什麼差別？

艾：差別呢，我現在也說不上。我覺得我現在的作品可能是社會性比較強，有很明確的社會運動的導向，就是比較自覺地記錄社會事件，還有相關的社會運動，也比較自覺地把它做成社會運動的一個組成部分。中國有很多獨立的紀錄片導演，他們比較強調觀察的立場，就是不要介入太多，可能覺得紀錄片是藝術，應該保持冷靜，探討獨特的表達語言。但也不完全是這樣，譬如說胡杰的作品，我覺得它的社會性和歷史性很強。但是他的作品，特別是近一些年來的作品，還是比較多地記錄歷史，雖然不是當下的社會運動。我的作品可能是當下性比較強，介入性也比較強。

葉：剛才你說，開始的時候跟你合作的一個人是胡杰，我記得你在拍攝的過程中也會跟一些不同的人合作，大概有哪些？

艾：我跟胡杰主要是技術上的合作，因為一開始是拍攝，一起

剪輯。然後從2008年拍攝川震校難以後,合作就慢慢減少了。實際上,從2006年開始拍攝《中原紀事》、《關愛之家》,拍攝的方面他就做得比較少了,他就跟我去過一次,後來的拍攝都是我自己完成的。

自己完成拍攝的過程對我來說是一個很重要的機會,讓我建立了一個自己的工作方式與信心,可以獨立地完成一部作品的拍攝。這個是很重要的。也就是說,如果你能獨立地完成拍攝,你就不需要依賴別人。你如果要請一個專職的攝影師是需要錢的,在沒有資金資助的情況下,人越少成本就越低。

到《我們的娃娃》以後呢,胡杰能夠協助剪輯的分量也在減少。到我今年自己拍攝剪輯,有關艾未未的《心靈的牧場》,關於王荔蕻的兩個作品,以及《田喜回家》那個短片,全部是自己獨立地完成了拍攝和剪輯。

因為現在幾乎很難拿到各種各樣的資助,也由於各種各樣的困難,如果我自己可以完成所有的工作,成本就可以降到最低。我覺得,只有這樣才能運作得起來。如果你需要更多的人力物力的話,你就沒辦法做作品啊──你必須依賴這些條件。所以我覺得,只要自己能做所有的事情,就不需要別人,沒有別人,自己能操作及掌控的地方也較多。

但是,在現場還是有很多合作的需要。因為紀錄片不僅僅看你有多少製作條件,我覺得這個還不是最主要的。最主要的是你拍攝的對象,她願不願意跟你合作,什麼人需要這個作品,需要這個作品的人,用什麼方式和你合作。我覺得這是最重要的。譬如說,你要做一個作品,沒有人願意接受探訪,沒有人談自己的意見,或者這個社會議題不受關注,拍攝的困難就大很多。我覺得主要的困難是這個。

實際上，從拍攝和剪輯的角度來講，在某種程度上，有點像我們使用電腦：它是一個使用技術的問題，不是最重要的。因為你會一些電腦的基本技術就可以寫文章，但是文章是否寫得好，不取決於你用蘋果的電腦還是微軟的電腦，不取決於技術。

葉：所以現在你拍攝和後期製作主要是你自己？

艾：我從拍攝，到最後完成字幕，全是自己一個人做完。我字幕都是自己一條條做的。(笑)但是，譬如說像英文字幕的翻譯，有志願者的幫助，還有一些朋友個人的捐款，無論多少都是一點支持。

但是我覺得，最重要的幫助還是像我前面說的，譬如我採訪王荔蕻這個事件，王荔蕻的一審和二審，現場都是戒備森嚴。去到現場的人，也都有各自的風險。但是在那樣的場合裡，人們依然可以面對鏡頭說話，這是最重要的合作。

葉：你好像以前去過美國交流，2000年的時候。

艾：1999到2000年。

葉：我想問一下有關交流的經驗，對你拍紀錄片的工作有些什麼幫助和影響。

艾：1999到2000年是我第一次到另外一個國家去，對我是非常大的影響。因為美國是一個自由的國家，特別是高等教育，非常強調人文精神。我也是在liberal arts college，在美國南方大學。在那個學校裡，它的平等意識，它的婦女研究，還有一些社區的活動，包括對老人的關注、社區服務啊，還有教育服務及社會的理念，就是很多日常生活碰到的種種，也包括她們禁止槍械的遊行，或者說是動物在路上跑，松鼠滿地啊……我覺得那個世界是一個太美好的世界。

當然我在那兒只有一年，不可能深入到他們的社會衝突裡去。我也相信美國有種族歧視的問題，有貧困的問題。當時我和社區的

老師去監獄做志願者，她去教英文，我做一些協助的工作。當然我也是用這個機會去觀察美國社會，我也不是說完全看不到問題。那所監獄裡關了很多墨西哥的犯人，他們因為貧困越過國境，來到美國，沒有合法的身分。他們販賣大麻被抓，家裡請不起律師等等，監獄裡也有殺人犯。

我從日常接觸中看到的自由民主的程度，是我們這個社會不可比的。還有學校教育裡很深厚的人文傳統，他們的圖書積累，他們的知識生產……是一個充滿活力的國家。

我在美國的時候，看了很多片子。那個學校有很多影片的收藏，而在當時，國內的影像資料是很有限的。我們學校裡看不到什麼國外的電影，那時DVD的市場也沒有那麼活躍，你買不到那些片子。所以我也是為了學英語吧，每天看一部片子。(笑)可能看了幾百部片子。

我其實很熱愛電影。這些影像很吸引我。我也看了些紀錄片。但是當時沒有想到自己會拍紀錄片，因為沒有這個技術條件，使你不可能想像到這樣一件事。可是就覺得這些作品很重要，以後如果有可能的話，應該把它當作教學材料來使用。

葉：從第一次正式拍紀錄片，即黃靜案的《天堂花園》，直到現在，你是否覺得，你拍的主題有很明顯的共同性，又或者中間發生了一些變化？

艾：我覺得，有些是屬於自己的選擇，有些是屬於跟進一些事件，好像也有一些機緣。譬如說，2008年的雪災，正好就發生在廣州。因為大量的民工要回家，他們都集中到廣州這個運輸交通的樞紐，這個集散地，正好滯留在這裡，等待着開往家鄉的列車。像這個題材，它有一個時間和空間的方便之處。當時我也想，我一直沒有拍過一部工人題材的作品。正好這場大風雪，把成千上萬的民工

每天集中在火車站。所以它也創造了一個機會，使我可以在一個濃縮的時空裡，去記錄工人的生活狀態。我當時也買不到回家的票，火車都停了。我就決定這幾天每天都去火車站。

太石村也是。我看到網上的消息以後，就想它正好離我們很近。你想，我們去拍愛滋病的作品，去到河北，從廣州到河北坐火車要坐一個晚上，到番禺我只要坐一個小時出租車就到了，快的時候還不需要一個小時。它也提供了一個時間上的方便。

當然另一個問題就是，後來對我個人的限制也特別大。因爲你就直接觸動了地方權貴的利益，他們的反彈也就特別大。但是我們拍了河南的愛滋病以後，河南政府沒找過我，儘管還是有人不喜歡這個作品，不過我沒有受到河南地方政府直接的打壓。

葉：對你的打壓反而是來自靠近你的圈子。

艾：如果你在廣州拍一個維權的作品，這個問題就非常大。像郭艷[1]，她作爲律師的執業資格已經被暫停了六年，從2005年到現在，到明年就是七年了。

葉：看你最近拍的片子，都是跟全國有名的維權人士有關……譚作人啊，艾未未啊，王荔蕻。

艾：對，2010年到現在，拍了四場審判。一場是譚作人的二審，一個是田喜的二審，一個是王荔蕻的一審、二審，拍了四場審判。拍他們的審判的直接原因是這些人和我一起爲紀錄片工作過。譚作人是因爲調查川震校難，他曾經是我的作品中的一個人物，他又因爲這樣一種調查陷入司法迫害。記錄他的審判，我覺得是對朋友的一個責任，也是對紀錄片的一個責任。也就是說，這是紀錄片工作者的倫理——你必須和與你工作過的人共命運，你在這種時刻，不

1　一位曾幫助太石村村民的律師，也是艾曉明的朋友。

能放棄記錄。

王荔蕻也是，因為王荔蕻入獄以前，我是準備和她一起拍福建三網民案[2]。由於她被軟禁了，一直沒出來，我和她一起調研的計劃沒有實現。但是，我對她的採訪做完了，她又正好因為聲援福建三網民被追究。所以我覺得，在這個時候，作為朋友要為她說話。作為事件的延續，它必須得到記錄。

第三，我覺得記錄王荔蕻，最重要的是要伸張公民記錄的權利。第一個人，因為記錄了一場案件被治罪，就是游精佑，他拍攝了林秀英——對於女兒的死因不明，要求重審，他拍了視頻，上傳到網上，結果被治了誹謗罪。然後，王荔蕻帶着攝像機去了現場，拍了視頻，王荔蕻又被治罪——「聚眾擾亂社會治安」，後來又是什麼「擾亂交通秩序」，罪名也換了幾次。關鍵就是不讓公民拍紀錄片，公民不可以擁有拍攝的權利。我覺得要是王荔蕻因為這個被治罪，我要是沒拍的話就太對不起她了。

葉：所以，你的主題有點像是一環扣一環的。像拍四川地震，裡面有譚作人，譚作人又遇到了這樣的事，一環扣一環。

艾：開始是我們選擇一個題材，後來就是題材選擇了我了。想拍譚作人……這是不可能不拍攝的。拍攝完了，我也覺得告一段落了。實際上四川的記錄拍了五部作品，都是出乎我意料之外的。我當時是想，做一部紀錄片就差不多了，沒想到要做這麼多部紀錄片。

葉：有沒有哪一部作品對你整個紀錄片生涯是很重要的，像里程碑一樣的作品。

2　2009年6月，福建三位網民范燕瓊、吳華英、游精佑在網絡發帖傳播「嚴曉玲遭八人輪姦致死」，後被控以「誣告陷害罪」逮捕，後改以「誹謗罪」，入獄一至兩年。

艾：我覺得跟胡杰的合作，對我的影響是非常大的。我從他那兒學到了很多，譬如怎樣拍攝、怎樣剪輯。但另一方面我們也有非常多的討論。在討論中我們一起共同完善一個作品中的細節，或者是構思，去解決剪輯中的問題，怎樣用視覺的方式去表達它，我們有共識也有分歧。我覺得所有這些討論對我來講都很重要。

但是，合作很重要，獨立也很重要。因為他經驗比我多，當我們不在一起拍攝和剪輯，卻給我一個非常重要的時機，這樣我可以獨立地發展自己的想法，去尋找一種更適合表達我的題材的方法。我覺得這種獨立也非常非常重要。

至於別人的作品，我看過很多好的紀錄片，很難說哪一部作品對我影響最大；非常難，因為我經常不斷地看作品的。（笑）像美國紀錄片《哈蘭郡》(*Harlan County*)，導演是女性，拍工人罷工的，她離工人特別近，而且也是處在危險中，警察荷槍實彈呢。這一類的作品，都對我有很多的影響。

對我的影響在於紀錄片的代價。就是說，什麼叫紀錄片？拍紀錄片跟當一個老師是有點不一樣。當我們在課堂上講一樣東西的時候，它沒有什麼太大的風險，但是紀錄片不一樣，特別是現在我們紀錄工作者的採訪權、工作權都得不到保障的情況下，有很多時候，錄像帶可能被搶走啊，會面臨警察的監控啊，甚至是有關部門的威脅啊，還有暴力啊，這些方面還是很有一些風險。

我覺得，這個世界上有一類紀錄片是我的榜樣。譬如拍玻利維亞礦工的作品，叫《魔鬼的銀礦》(*The Devil's Miner*)。還有一部作品，中文翻譯叫《貧民嘻哈王》(*Favela Rising*)，講怎樣利用街頭音樂改變青年社區的命運。像這一類作品，我都覺得非常重要。還有一部是美國的攝影師到印度帶着性工作者的孩子們拍照片，然後把她們的照片送出去參加展覽。這些作品不光是拍攝記錄貧困苦

難，同時也思考紀錄片如何跟紀錄片中的人物一起抗爭，為了改變而拍攝。例如，《魔鬼的銀礦》拍攝童工，是為了不再有童工，他們直接用紀錄片去和玻利維亞教育部的官員、NGO一起開會來討論，怎樣在這些礦山裡再也不出現童工。我覺得這類作品是一個很重要的方向，是我們應該致力於實踐的方向。不是說拍個片子，拿到電影院裡放一放，讓觀眾有一點感情的宣洩，有一點同情、共鳴。而是說，這個片子，你拍出來，要有一種行動力。要能夠動員起一種行動力來，人們看到這樣的作品，可以用同樣的方式去改變。這才是重要的。

我自己拍紀錄片，特別是這兩年來，我覺得社會上一種普遍的狀態是麻木和無力感。麻木就是說痛苦太多了，有時候人們會有點抗拒。譬如說，我寧願對這個東西裝作不知道。包括我自己也有這種情況：每天都在發生各種不幸的事件，你覺得沒有能力關注更多，不是說不想關注，而是沒有能力，也找不到一種方式，也就是說用什麼方式去關注。我看到，我也感同身受：也就是我們個人的無力、沒有用，對很多事情都是這樣。

但是另一方面呢，我覺得我的紀錄片還是記錄了一些不同的狀態：人們勇敢地表達自己的想法，無所畏懼，或者挑戰自己內心的畏懼，去做一些事情。我覺得這樣的紀錄片，它是挑戰麻木和無力感的。這兩年做的作品，是這樣一個取向。

葉：你剛才說，拍《太石村》的時候第一次觸碰到自己生活圈子裡面的政府、當權者，限制了你的自由，你能多跟我分享當中的經驗嗎？

艾：對，拍《太石村》，我沒有覺得我做了什麼過激的事情，或者說觸犯了禁忌。廣州市委、廣東省有關方面的反應，是我沒有預料到的。他們最後會覺得這是一件那麼大的事，甚至在我完全不

知道的情況下限制我出境，就是2005年11月做出來的決定。這個我完全不知道，也一直沒有人真正找我做過認真的調查我究竟做了什麼，他們認定的所謂「幕後黑手」是不是合乎事實等等，實際上沒有人來跟我做過這樣的調查。他們自己暗箱操作做了一些「黑名單」，我是一步一步才認識到自己的處境問題。

後來想想也覺得沒什麼，因為其他人遭受的打擊更加殘酷得多，我自己經歷的也算不了什麼。

葉：你從哪裡獲得拍紀錄片的資金？你說過很久以前申請過樂施會的撥款。

艾：我們拍攝《中原紀事》、《關愛之家》，都是申請了樂施會的錢。也不多，最初申請了17萬，後來退回去3萬，就是14萬，拍了兩部片子，平均一部片子7萬。因為我們邀請了胡杰，所以大部分支持了他工作的費用和住宿的費用，還有一部分是出差的費用。你想如果一部片子7萬，那還是很少的。而且，我們這兩部片子籌得的捐款超過6萬，14萬減掉6萬剩下不到8萬，一部片子就不到4萬。不到4萬的投入，應該說是非常低成本的製作了。

像樂施會之後的資助就很少了，我後來申請過另一個機構的一筆小經費，大概是幾萬元人民幣，買了我現在用的攝像機以及處理錄像帶的小機器。差旅費很少獲得資助，2008年以後我都是自己獨立拍攝的，成本就降得很低了，我又不拿勞務費，所有的後期工作都自己做，把成本降到了最低。

葉：所以基本上2008年以後你拍片子的錢都是自己掏腰包出來的？

艾：基本上是這樣。我的意思是說最大的一筆錢是攝像機的錢，還有就是買了新的編輯機。自己要掏的就是差旅費，另外還有到了當地譬如有朋友開車，我要支付油費，然後到了地方一起吃飯，我

要支付這些費用。我們在廣州，工資還是比內地要高，一般我都是主動支付這些費用。

葉：有找過個人的投資者、捐款者嗎？

艾：沒有個人投資者。艾未未實際上支持過我，但是我想這個談不上投資，因為不涉及回報。因為你這些作品沒有進入一個消費市場，作品主要是在教育工作者、NGO工作者，朋友、律師、法律工作者中傳播，也參加一些小型電影節，但都沒什麼錢的，所以也談不上什麼投資啦，譬如艾未未，算得上友情奉獻。

葉：艾未未之外還有沒有其他的捐款者？

艾：很少。有的朋友捐幾千塊錢，也不是經常性的。因為基本上我的工資比很多人高了。而且，我也不是說每一個月要去好幾次某一個地方，譬如往返的路費，就像某些人旅遊的費用。只不過我自己是拿錢去拍片了，（笑），跟別人拿錢去旅遊是一樣的，人家有車付汽油費，我就付了採訪的汽油。差不多就是這個費用。

葉：你覺得你的紀錄片的觀眾是誰？

艾：我覺得主要的觀眾是為這件事工作的人。譬如說，在四川拍攝川震校難，我的觀眾就是影片中的人，那些調查川震校難原因的人，那些孩子的家長，還有所有關注這些問題的志願者。這個紀錄片一方面是調查報告，只不過它是以影像的方式做出來的。這個調查報告在這個社會裡很多人都需要啊，因為當初四川地震的時候是舉國、舉世都關注的嘛。我覺得它的觀眾群是非常廣的，非常非常廣。

可是，由於輿論限制，對言論自由和獨立思考的限制，很多人沒有方法能夠得到這個作品，或者得到這個作品以後也不覺得一定要看，因為這個問題是被劃為禁忌的，出於一種內心的自我審查，他不會馬上去看這個作品，看了以後也不一定馬上表達出來，這樣

的情況也有。這也是這個社會普遍的冷漠的一種表現形式。

　　葉：那你現在拍的紀錄片主要播放的渠道有哪些？

　　艾：其中一個就是我都把它放到網上了，YouTube，還有其他的視頻網站，在我的博客上都有鏈接，都有視頻鏈接的地址。這是第一個渠道。第二個渠道就是廣泛地送給了跟這個事件有關的人，譬如關注王荔蕻案件的人，法律工作者、律師，包括警察，我們到法院門口也把它送給了警察，王荔蕻的親朋好友。還有就是現在中國社會很重要的一個公民身分：網友，因為網絡而結識，因為在網絡上傳播而有共同思想傾向的人，他們同樣關注社會事件，關注言論自由。我覺得他們是一個很重要的觀眾群。有時候有些人會來玩啊，會來坐啊，我就送給他們，這就是很大一群了。

　　葉：它就像一個網絡一樣。

　　艾：不是一個嚴密的網絡，是一個鬆散的網絡。其實我給他們，他們也會自己複製，再去給更多的人。

　　葉：很多紀錄片，它有電影院，有正式的放映場合，來的觀眾跟拍的人不認識，你的卻很不一樣。

　　艾：現在中國的院線基本上就是娛樂片，西方一些重要的紀錄片也進不了院線，也是在書店、藝術館啊，以一種藝術活動的形式做範圍非常小的放映。

　　葉：中國的一些紀錄片會在國外的電影節放，這些片子觀眾的性質，跟你剛才描述那種性質不一樣。

　　艾：我自己沒有參加很多的國際電影節的活動，因為那些都需要準備很多的材料。一個人又要做採訪又要做製作，是根本不可能做那麼多材料的，沒有時間去做那麼多的事情，根本沒有時間。再加上我也出不去！（笑）因此，也不是特別關注這個事情。但是今年還是參加了陽光衛視的華語紀錄片大賽，那是2011年。明年在法國

的斯特拉斯堡也有一個我的作品的影展，是那邊的藝術家籌備的。

葉：是他們主動接觸你？

艾：對。他們看了四川地震的那些作品，主動地做了策劃。但是我不懂法文，所以具體什麼狀況我也不清楚。

葉：這個也就是你的紀錄片一個很重要的特點。因為以前我認識中國大陸拍紀錄片的人，比較以藝術家的身分，因為國內實在沒地方可以放嘛，很多人就是透過國外的電影節的渠道去放。

艾：我覺得是這樣：如果說作品跟社會運動有密切的關係，並且是社會運動的一部分，很多人看了這個作品，他們理解了這樣一些重要的事件，並且強化了對社會事件的關注，譬如說公平啊，正義的理想啊。還有，看見了那些積極活躍在爭取社會正義運動中的人，他們是什麼樣的狀態，他們的想法是什麼樣的，從而更加關注這些人，這些事件。我覺得，如果我們說社會運動紀錄片是社會運動的一部分，或者說公民記錄是公民運動的一部分，它最重要的觀眾是中國大陸的這一批公民本身——參與者、關注者、支持者，或者我說的網友，那麼，它應該是離這些人最近，而不是離國外的電影節最近。

那麼，我們現在有網絡，當我把所有作品傳到網上的時候，已經最大程度地接近了我的觀眾。只要你能在網上翻牆，就能看到這些作品。然後還有一個實體的，也就是人們以手相傳的這種方式。或者小的酒吧呀，一些朋友自己拿了作品，自己組織一些放映活動。離你最近的觀眾就是這樣的人，包括社會運動的參與者和推動者。

去不去國外的電影節也不太重要，或者說，它是藝術或者不是藝術，對我來講也不是什麼重要的事情。作品記錄的事件本身的重要程度，遠遠超過關於它是藝術或者不是藝術的定義，也超過它參加一個電影節。參加一個電影節，它能影響多少觀眾？對於那些觀

眾來講，中國發生的事情還是很遙遠的事情，不是切身的。可是我
覺得當下那些年輕人、那些網友，還有譚作人也好，王荔蕻也好，
他們的朋友，那些在Twitter上，在網絡上活躍的各種公民、意見代
表，他們看到這些作品才是最重要的。這個作品在傳遞一種聲音，
這種聲音是讓人們彼此看見和聽見，這是最重要的。它的重要性已
經超過世界上最重要的電影節了。

葉：但是，中國好像像你這樣拍紀錄片的人不是很多。是不是？

艾：我覺得是不多的，但是可能會越來越多。而且，像一些訪
民拍的材料，或者說人們參與社會事件拍攝的片段，這種挑戰性的、
抵抗性的影像，由於技術的普及，人們對影像表達的自覺其實已經
越來越多了。只是說像我這樣作品相對完整，敘事性比較強，或者
說表達上講究一點的，可能不多。但是我們也不能這麼說，由於傳
播的限制，我們並不知道具體的情況。

我覺得公民記錄，現在跟公民運動有密切關係的這種記錄，也
不能用傳統的紀錄片的定義去理解它。因為在數碼時代，其實影像
有各種方式，傳播也有各種可能性。譬如說有些影像是可以隨時拍
隨時上傳的，或者說積累一段時間再重新上傳啊。還有，即使你拍
的是很現實的東西，但你用超現實的方式去表達，有很多可能性。
這種可能性是傳統的藝術表達所不具備的，是沒有能力這麼做的。
所以，我也不用一個很固定的概念去看待它，我覺得各種方式都可
以去嘗試。可以是三分鐘的短片，可以是新聞，可以用手機做，也
可以用比較好的攝像機，或者說用比較長的時間去記錄，我覺得各
種可能性都可以去嘗試。

只是說，某一個個人作為個人作者，我能做的是什麼，我有多
少能力去對一個事件做深度的調查。譬如說你有多少人脈，對一個
事件的調查能走多遠，這有很多變數在裡面，你上一部片子的經驗

可能在現在這部片子用不上了，也有這種情況。

　　葉：我的感覺是，你拍紀錄片，但自己也是維權工作的一個部分，甚至有時候你會直接給一些幫助給你拍攝的人——受害者啊，弱勢的人啊……好像不是很多拍紀錄片的人會這樣做。

　　艾：是這樣。其實你看到我們今天做的事情都是這樣：一邊賣鞋子，本來是拍田玉的故事，到後來就變成了幫她找人設計啊，又去找市場啊，後來又去賣鞋子，好像是很滑稽的角色[3]。國際上一些重要的導演，他們有充分的條件，不需要自己去拍，也不需要自己剪，只要有很好的構思，然後有一個團隊去實現這些做法。但是，我們目前沒有這種條件，沒有這種人力資源，也沒有這種資金的支持，所以，我們的運作就像現在這樣。

　　更重要的是，你沒有一個言論表達的條件。譬如說誰不願意像奇士勞斯基(1941-1996)那樣，有一個長期合作的剪輯師，或者說像法國女導演阿格尼斯・瓦爾達(1928-)，他們都有一個非常龐大的團隊，非常雄厚的資金，拍一個作品沒有幾百萬是不行。他們的資金，我們可能拍出一百個片子了。我們都希望能有那麼大的能量，但是我們做不到。最主要是我們沒有言論自由，沒有表達自由的保障。是由於這種情況，我們處在一個非常困難的條件下做紀錄片，使我們沒可能擁有那樣的生產製作的能力。

　　我的意思就是說，在這種情況下，我的自我想像不一樣。我如果有那麼大的能力，有那麼大的保障，我可能就把自己界定為一個……我要做最優秀的藝術家，把作品做到非常非常的完美。由於

3　訪問當天，艾曉明到一美術館擺地攤，為前富士康女工田玉賣她手做的拖鞋。田玉是2010年左右多名跳樓自殺工人的其中一位，她生還但卻下身癱瘓，現在家鄉手工編織拖鞋，包括艾曉明在內的一些朋友幫她到處販賣。

所有這些條件不具備，因此我就不會把自己想像成一個超人。我可能會把我自己想像成跟拍攝對象是一樣的人，就是我沒有那麼高的藝術期待。假如我能拍他的故事我就拍故事，假如在這個故事裡，我覺得他需要幫助，我就把攝像機放下來，我就去幫助他——如果我做的能夠幫助他的話。而且常常我的能力還是比我拍攝的對象要好，我比他們受教育程度高，比他們的人脈廣，我確實也可以動員我所擁有的社會條件跟社會資源，去幫他做一件很普通的事情。譬如說賣鞋子這個事情，譬如說找到一些專業的人員去幫助他們，這些都是我做得到的。你既然做得到你不可能不做，你不做也不道德——你有能力幫助別人，你爲什麼不幫助別人呢？

所以對我來講，我沒有把拍片子或者幫人賣鞋子這件事情區分得很清楚。因爲，就拍片子來講很多條件是我沒有的，我是在做一件非常困難的事情。但是你說幫她聯繫記者，告訴更多的人她的故事，或者說，給她一些好的創意，這個對我來講根本不費力不費腦子的事情。所以實際上，在拍攝方面我就是竭盡全力，能夠做到的也很有限，在幫助他們解決一些生活問題方面，我出幾個主意，對我來講也不是太難的事情。所以我也沒有想太多，就是說，這個角色有什麼好分的，其實也沒什麼好分的，對不對？我想，任何一個人處在我這樣的位置都會做同樣的事情。

葉：簡單來說，在中國拍紀錄片有什麼好處，有什麼壞處？

艾：在中國拍紀錄片的好處呢……當然紀錄片有很多種，中央電視台有紀錄頻道，主流台天天都在播紀錄片。我覺得好處是我們有很多重大的社會議題，有非常多值得記錄的事情，但是卻很少很少的人在記錄。因此你要選擇一個值得記錄的題材是不難的。難的是你能夠做到這個題材的深度，以及你能夠克服所有的困難，去把這個深度表達出來。還有就是你能承擔拍攝、記錄的代價，譬如說

生命的危險啊，人身自由的威脅啊，還有我剛才說的，又沒有人又沒有錢你怎麼撐下去呢？你這個生產怎麼持續下去呢？你要用比別人多的勞動來完成一個片子。譬如說我們同時代的一個國外的記錄工作者，可能他能夠得到的道義支持和技術條件要好很多。

所以我覺得，最好的條件和最困難的幾乎是一體兩面，都是在同一個地方發生的：因為需要記錄，所以你的工作很重要，不管你做得多麼不成熟，有多少缺陷，但是你總是填補了一個小小的空白，這是它的好處。不好處就是說，你要填補一點小小的空白，你要付出的努力要比其他國家和地區的導演要困難得多，好處壞處基本上是同一件事。

葉：剛才你說你現在拍紀錄片都是自己一個人做，你的做法，跟你拍紀錄片牽涉到的一些風險有關嗎？

艾：我基本上不帶學生做紀錄片，因為我的研究生都是博士生，她們本身要做理論研究，一個原因是她們的學業本身超過她們的能力，所以有一些學生三年是做不完的。第二個原因就是說，我現在拍的這些作品都是有一定的政治風險，常常都是受到警察的調查等等，因此，也沒可能帶研究生去。作為一個老師，你不能這麼做，你不能組織學生去做一個有政治風險的事情，這就很簡單。

葉：是不是找一些朋友一起去做，也會考慮到這個問題？

艾：我不會去找朋友來做。基本上我就是在現場碰到了他們，像王荔蕻、譚作人的審判。當然，譬如我住在朋友家裡，這就是朋友對我最大的支持，但是她不可能陪我到現場。在四川譚作人的朋友都被控制起來了，你就沒有朋友了，所有他的朋友警察都限制，都不能出門。我在現場也被警察帶走了，就是在譚作人審判的現場。

一個人做作品也很重要。我們前面說了關於社會性的那些東西，其實紀錄片的藝術和技術還是有它的複雜性，就是你怎樣把一

個事情表達出來，用什麼方式去表達，涉及到一些很具體的技術問題，這是需要一個人好好地想。用我的水準來做，和我找人做也不一樣。比方說做英文字幕，即使有志願者把它翻譯出來，但是視頻很短，字幕卻很長，如果我找人來幫我做，他可能不知道怎麼壓縮一個句子，但是我自己很清楚怎麼壓縮一個句子，哪些句子要哪些句子不要，怎樣把兩句英文壓成一句話，這個是我自己可以決定的。在這一點上我還有點像個人藝術家──你一個人做一個作品盡量地把細節做好，而不是像機械生產一樣地交給一個人，告訴他怎麼做；而且別人沒辦法做，即使是字幕別人也沒辦法做。

我們在現場，如果有一個人懂得用攝像機，他就會自己帶攝像機去，其實像我這樣自己拍自己剪的，在中國大陸還是非常多。原因是什麼？因為紀錄片太沒有支持了。在沒有錢的情況下，每個人都要生活啊，怎麼可能找一個人來，他怎麼樣來幫你拍呀？不可能呀。

還有一個呢，我也覺得這是技術條件決定的。當攝影機變得像我們使用一台個人電腦那樣方便的時候，攝影機也好，剪輯軟件也好，這個時候你也沒有必要找一個人來幫你做呀。因為你想，我們現在每個人都是自己用電腦，不是說我需要一個打字員，我告訴你這樣用那樣用。

而在使用的過程中，你有很多創意是從使用的過程中來的。譬如說，你帶的行李很重，所以我到現場就不帶三腳架。那你不帶三腳架，你有能力把一個機器操縱到所有的鏡頭語言最後組合起來，又不會晃得太厲害。這個是你自己要在實踐中去摸索的。

還有，紀錄片的語言不太好設計，到了現場不知道發生什麼樣的情況。譬如說在一個陌生的環境裡怎樣去發現一些影像，它是有表達力的，或者說，你自己覺得它不僅有寫實的意義，而且有象徵

的意義。這些千變萬化的條件，你怎樣去組合它，在一個瞬間裡去包含它，這些都是需要瞬間做出決定的。你這個時候站在一個什麼地方，另外的時候站在一個什麼地方，我已經習慣了自己做。假如我現在帶一個攝影師，可能他會很麻煩，因為我的反應會快過他：這個時候你站在哪兒，這個時候你拍什麼，可能對他來講是一件非常痛苦的事情。一般搞攝影的人自己都有想法，怎麼拍，但如果不是我拍，可能回來我就剪不了了。因為你自己拍你是有想法的，你才去拍。就像廚師，廚師要做一盤好菜，他是要自己去採購的，如果不是他自己採購來的素材，你可能會說，你怎麼把這種菜買回來了，根本不是我想要的。所以，假如你一個人做拍攝做剪輯，你可能會很排斥其他人，其他人表達不了你的想法。

我不期待任何事情，我就期待我自己。也就是說，我能夠從好的作品裡面學習。實際上拍攝的語言，剪輯的軟件，這些都不重要，重要的是理解事物的方式，還有尋找一種獨特的語言，影像的語言，一種獨特的方法，去把這種理解表達出來，這個是最重要的。其實就像寫詩一樣，這個文字，你是七言，還是七律，這些都是一些格式，不重要，你對世界的理解才是重要的。

葉蔭聰，任教於香港嶺南大學文化研究系，研究興趣包括中國城市社會文化、香港社會運動、文化保育政策等。近著包括《為當下懷舊：文化保育的前世今生》與《草根起義：從虛擬到真實》（編著）。

思想
對話

動物倫理與道德進步*

錢永祥、梁文道

一、演講：

錢永祥：多謝香港中文大學博群計畫在新亞書院圓形廣場舉辦這場論壇，我實在想不到今天現場會有這麼多人參加，一起關切一個嚴肅而又尖銳、尷尬的主題。以下，在很短的時間裡，我想要探討三個議題：一、說明「動物倫理學」的基本觀點；二、說明「道德進步」是什麼意思；三、用「道德進步」為背景，說明動物倫理在對待動物之外的一般意義。

首先，什麼是「動物倫理」？動物倫理或者動物倫理學所關心、想要回答的問題就是：我們人類對待動物的方式，有沒有道德上的

---

* 這次演講係香港中文大學「博群講座」系列之一，於2011年11月15日在中文大學圓形廣場舉行。此文稿由「我在中國」(Co-China)論壇志願者團隊編輯整理。文稿編輯：杜婷；文稿整理：舒欣、柏蔚林、丁昕、黃庭堅、劉垚、田悠、宗潔。「我在中國」(Co-China)論壇開始於2009年8月，每月在香港舉辦一場公開討論，並借助網路視頻直播、文字直播等方式將現場放大至全球任何地方。Co-China論壇網址：https://cochina.org/，一五一十電子週刊下載鏈接：http://www.my1510.cn/author.php?1510file

是非對錯可言？我們知道，倫理學或者道德哲學的基本前提就是人與人之間的對待方式有是非對錯可言，倫理思考幫我們判斷個別行為的是非對錯。把這個問題意識擴展到動物身上，我們想追問對待動物的方式有沒有是非對錯可言？動物倫理學給的答案當然是肯定的。但理由是什麼？

大家對「動物」這個概念並不陌生。我們都是動物，叫作人類動物（human animals），那麼非人類動物（non-human animals）在哪裡呢？舉目可及，先從各位身上的用品開始，皮鞋、皮包、皮帶、皮夾是用動物的皮製作的；我們等一下吃晚飯，動物可能進入我們的胃裡；我們吃的藥、用的化妝品，幾乎每一樣東西都用到動物。動物在人的生活中無處不在。可是他們存在的方式很簡單，就是痛苦和死亡，動物只能以痛苦和死亡的方式進入人類的生活。

面對動物的痛苦和死亡，我們會怎樣反應？怎樣的反應才合適？讓我們想像三個例子。我把一塊石頭踢到河裡去、我把一根木頭丟到火堆裡去、我把一隻狗打傷。對這三種情況，我們的反應不會一樣。我踢石頭、我燒木頭，別人可能會覺得我很無聊，但是不能說我對石頭或者木頭造成了傷害；人們也不會特別對那塊石頭或者那根木頭生出憐憫同情。與石頭和樹木不同的是，當我把狗打傷的時候，每一個人正常的反應都是認知到狗受到了傷害，並且對這隻狗感到某種憐憫或者同情。

的確，動物是會受到傷害的，也會因此引起同情。根據一位哲學家納斯鮑姆（Martha C. Nussbaum）的分析，所謂對一個對象產生同情，代表你其實做出了三個判斷。第一，這個對象在承受可觀的痛苦；第二，這痛苦是他不應該承受的，是無辜的傷害；第三，你在乎這個對象受到了傷害。當我們說「我對你的遭遇感到同情」時，我們已經對這個人做出了這三個判斷。但當我們對動物的遭遇感到

同情、感到憐憫的時候，我們是不是也有這三種判斷呢？其實是有的。我們很明確地知道，第一，跟石頭、木頭不一樣，動物會感知痛苦；第二，動物在人類手裡所承受的痛苦根本是無辜的；第三，我們對於動物的痛苦，多少感到在乎。——但是，這個在乎是在乎到什麼程度呢？我們在乎的理由是什麼呢？我們通常會說：「不錯，我同情豬的遭遇，我同情狗的遭遇，我同情實驗室裡小白鼠的遭遇——可是，牠們畢竟是動物。」這意思是說，我們在人跟動物之間會畫一條線，即使有同情有憐憫，同情和憐憫也要適可而止，至少不能妨礙人類的利益。

可是這條線要怎麼畫？能畫得有道理嗎？當代動物倫理學的奠基者彼得‧辛格(Peter Singer)認為，「畫線」其實往往表現了歧視與成見。彼得‧辛格將動物解放與另外兩個重大歷史運動相提並論：黑人和有色人種的解放，以及婦女的解放。如果回到200年前，當白人把黑人當奴隸用的時候，你問白人這個黑奴有沒有在受苦，白人會說他當然在受苦，但是他還會說，雖然這個黑奴在受苦，但是他是黑人，他跟我們白人不一樣。回到一兩百年前，女人被關在房子裡，她們要受很多嚴格規範的約束，不能受教育、不能到外面工作、不能自己交朋友、沒有社會生活、沒有政治地位。你問男人你把女人關在屋子裡好嗎？他會回答是不太好，但她畢竟是女人，女人跟男人不一樣。人們根據膚色畫一條線，於是黑人的痛苦比較不重要；人們根據性別畫一條線，於是女人的痛苦比較不重要。

今天時代變了，現在我們知道用膚色或性別在人之間畫線沒有道理。那麼根據物種畫線又有什麼道理？人這個物種與豬這個物種當然有巨大的不同，但是這種差別，會造成他們的痛苦具有不同的分量嗎？看到一隻豬在受苦，我們會感到同情，可是我們會說：他畢竟是豬。可是豬的痛苦跟人的痛苦不都是痛苦嗎？就像男人跟女

人的痛苦都是痛苦，黑人跟白人的痛苦都是痛苦一樣。我們不能說因為性別不同，兩個痛苦就有不同的分量，不能說因為膚色不同，兩個痛苦有不同的分量，那為什麼我們可以認為因為物種不同，兩個痛苦就有不同的分量？人類到今天都不肯停止施加於動物的各種痛苦和死亡，有一個很簡單的藉口：動物跟人不一樣。但如果用物種畫線可以成立，那用性別畫線為什麼不能成立？用膚色畫線為什麼不能成立？痛苦就是痛苦。窮人和富人的痛苦都是痛苦，男人和女人的痛苦都是痛苦，人類和動物的痛苦都是痛苦。不能說因為這個痛苦發生在與我不同的個體身上，所以我們就可以忽視。

如果動物的痛苦不能忽視，那麼當我們開始譴責人類給動物製造痛苦和死亡的時候，我們就從同情和憐憫進入了道德的領域。在道德層面上，當我看到一個人受苦而感到憐憫同情的時候，我不只是在抒發一種情緒反應；進一步，對這個痛苦、對造成痛苦這件事，我還作了道德的判斷，認為造成痛苦是有是非對錯可言的，這是動物倫理學的全部關懷所在。

現在，我們來談今天的第二個主題：道德進步。首先，我們需要追問，今天談「進步」還有沒有意義。今天各位想到生態浩劫、地球暖化、核戰威脅、恐怖主義（以及反恐的恐怖主義），還相信人類有進步可言嗎？

思想史學者常說，在1750到1900年之間，「進步」是在歐洲最有勢力的觀念。這主要是因為科學知識、生產力在當時開始突飛猛進，舊的社會政治秩序開始鬆動，思想觀念也推陳出新，人們覺得世界正在改變，人類正在進入一個比較好的狀態，並且有能力繼續推動這種進步。但從19世紀後期開始，進步這個理想逐漸破滅，到了今天，人們幾乎已經放棄它了。有人說，這是因為第一次世界大戰的毒氣與戰壕讓人們清醒了。無論如何，我們今天談到進步會覺

得尷尬，一個關鍵的原因在於，「進步」本質上是一個評價性的概念，進步一定代表「更好」，並且在道德意義上更好。可是幾乎所有人類的廣義「能力」，不管是文明、知識、科技、生產力等等，雖然都確實變得更豐富、更強大、更有效率、或者其他在量上的增加、質的改進，因此在這些意義上變得「更好」，但是由此要得出一個判斷說，這些方面變得更好，就代表人類有了進步，表現了人類的道德進步，大家似乎都有點遲疑。畢竟，能力可以為善為惡，其增進可以造福也可以為禍。人類登上月球是進步，但這可以表示人類變得更好嗎？人類有能力登月，但人類在地球上也更有能力相殘作孽，並且變本加厲。所以在今天，各種能力的進步毫無疑義，可是人類對「進步」這個字眼本身，卻感到毫無信心。

　　因此，要恢復「進步」這個理想，我們要從道德著眼，並且首先要確認道德意義上的「更好」要如何判定。但如果不談一般的能力，專就道德本身來談，有沒有「道德進步」這回事呢？問題是：所謂的進步，當然就是從一個時間點到另一個時間點的歷程，其終結點比出發點「更好」。可是今天流行道德相對論、價值相對論，正好不容許道德作為一套連續的、貫穿歷史與社會階段的標準。如果你相信相對論，你會說每一個時代都有它自己的道德標準，每一個社會都有它的價值準則。你很難比較明朝人和漢朝人哪個朝代的人更有道德，很難比較美國人和中國人哪個民族的人更高尚，因為比較的標準都是內在於具體社會或歷史階段的。道德進步在今天面對的另一個挑戰，來自價值多元論，即對於什麼叫做好的、值得追求的目標，每一個人不僅事實上會有不同的選擇，並且我們必須承認每一個人做不同選擇的權利。我們無法用一個共通的標準比較甲跟乙哪一件事在道德上更高尚，所以也無從判斷人們在道德上的表現先進還是落後。從道德相對論和價值多元論兩個方面來說，好像

都無從談道德進步。

　　但事實的確如此嗎？19世紀一位愛爾蘭的歷史學家勒基
（1838-1903），提出了「擴張中的圈子」（the expanding circle）的概念。
他的意思是人類道德的發展，是一個「自己人」的圈子不斷擴大的
過程：我們列為「自己人」、受到道德考量的對象，最先限於自己
的家族親人，但隨後會逐漸擴張到身邊的朋友、自己的族群、階級，
然後擴張到同一個社會裡的人、同一個民族的人，最後擴張到整個
人類。勒基認為，圈子不斷如此擴大，終於開始把動物和自然界也
包括進來。「擴張中的圈子」這個概念，很明確地表達了一種「道
德進步」：道德關懷的範圍在擴大，受到道德考量的對象越來越多，
就構成了一種道德上的進步。進步在哪裡？在於以前受到漠視、歧
視的人，以前被視作異己而提防、傷害的人，逐漸成為我們的同類，
進入了道德考量的範圍，從而其利益必須要受到我們的正視。我們
列為同類的對象已經不受性別、宗教、民族和膚色的限制。今天的
問題是：接下來，我們能不能再跨越物種的限制，將道德考量的範
圍擴展到動物，讓能夠感受到痛苦的各種生命，也成為我們在道德
上關懷的對象？

　　最後，我將動物倫理放到道德進步的問題脈絡中來談：人類對
待動物的方式，並不是孤立的一件事，而是人類對弱者、異類施加
暴力滿足一己需求的慣性模式之一例。最近哈佛大學心理學家史蒂
芬‧平克（Steven Pinker）出版了一本書，題為《人性中的善良天使：
為什麼暴力在減少？》，引起各方矚目。平克認為，人類的一部歷
史就是暴力在逐漸減少的歷史。他列舉了六項趨勢作為指標，其中
第六項趨勢談的就是人類對於少數族群、弱者、他者異類的歧視與
暴力，經由他所謂的「權利革命」，正在急遽降低。他舉證歷歷，
證明人類歷史發展到今天，對於少數族群的暴力、性暴力、家庭暴

力、體罰、虐待兒童、校園的暴力、仇視同性戀以及針對同性戀的犯罪，都明顯的在減少、甚至於被視為不可接受。這些權利革命中間最晚近的一項，就是動物權利。他的例證包括晚近以來關於打獵的電影越來越少，以狩獵為休閒活動的人越來越少，但是吃素的人卻越來越多。這種趨勢為什麼可以視為道德進步的一環呢？那是因為無論是狩獵還是吃肉，背後的根本藉口都是「動物不是人」，因此處於道德考量的範圍之外；也因此，1. 動物的痛苦沒有太多的道德意義，其利益無須列入考慮，以及2. 對動物使用暴力，無所謂道德上的是非對錯。但隨著「動物權利」意識開始散佈，動物接續著女性、黑人、同性戀等等原本被排除在道德關懷圈子之外的弱者與異類，逐漸納進了這個擴張中的圈子。在這個意義上，動物議題、動物倫理，正是人類道德進步的重要環節。當我們在考慮動物的利益的時候，當我們意識到對待動物的方式有是非對錯可言的時候，人類社會和人類自身便說得上道德的進步。

　　最後，讓我舉出一些事實，大家來想像一下，我們的日常飲食需要什麼樣的暴力與殘酷為必經步驟。台灣每年要殺900萬隻豬，3億5000萬隻雞。中國大陸每個禮拜要殺1200萬隻豬，也就是一天要殺170萬隻豬，每一分鐘殺1200隻豬。不談豬的痛苦，但我們想像一下：人類每分鐘得施展多少暴力，才能把這1200隻、每頭重100公斤、活生生的豬運送、宰殺、分解，最後販售成為我們家人樂融融分享的盤中餐？再舉一個例子。我們都吃雞蛋，可是雞蛋哪裡來的？雞蛋是母雞生出來的。母雞哪裡來的？母雞是從雞蛋孵出來的。雞蛋孵出來的時候，公雞跟母雞的數量是一樣的，那麼另一半的公雞到哪裡去了？在小雞孵育場裡，剛出生的小雞被一隻一隻地檢查性別，母的準備送到養雞場去生蛋，公的則丟到旁邊的袋子裡或碾碎機裡，變成飼料或者肥料。再舉一個例子。各位吃過小牛肉（veal calf）

吧？小牛肉怎麼來的？大家都喝牛奶，牛奶是母牛生產的。但是乳牛也有公的啊，生下來的乳牛如果是公的，就要變成小牛肉。怎樣變成小牛肉呢？第一，生下來以後禁止運動，因為運動會使牠的肉質變硬。第二，不准他接觸任何有鐵質的食物，因為吃了有鐵質的食物，他的血紅素會增加，他的肉就不是那種老饕欣賞的粉紅色了。第三，對他使用大量的抗生素，因為牠不能吃母親的奶（母親的奶含有鐵質），抵抗力很弱。這樣的公的乳牛生下來之後，飼養8-14個星期然後殺掉，就是我們吃的小牛肉。

總結而言，我們的食物來自暴力，用血腥和痛苦為代價，我們吃的是「死亡」。清醒面對這個事實，才是道德智慧的開端。

梁文道：錢先生似乎頗為贊同平克的說法，認為人類是有道德進步可言的。但是錢先生最後講到人類如何屠殺動物，又讓我覺得我們好像這方面不但沒有進步，反而退步了。電影《阿凡達》裡那個星球的部落獵人在獵殺動物的時候，要一刀下去很快地割斷獵物的喉嚨，同時馬上祈禱，讓被獵殺者的靈魂進入宇宙能量循環。這個電影的靈感其實來自我們的祖先，甚至今天一些遊獵部落仍然保有類似的習慣，他們像獅子一樣絕不濫殺。我們知道獅子吃飽了就吃飽了，面前有多少羚羊經過牠都不理會。獅子絕不會想是不是該多抓一些羚羊回來，萬一明天沒得吃怎麼辦？能不能先把牠們抓回來，然後想辦法把牠們做成罐頭？獅子是不會考慮這些的，其實有些人類社會也如此。我讀過一些人類學家的報告，他們發現一些古老的印第安部族有些奇怪的諺語，比如「當一頭豹在吃小牛的時候，他的眼神是充滿愛的」。這句諺語說明瞭那個部落對獵殺的看法：我獵殺我的獵物不是因為仇恨，而是生命的需要。但是我跟獵物都知道，我們遲早都要回到同一個循環裡，有一天我的能量要回到這

個循環裡去滋養植物，植物又成為我的獵物的食物。紀伯倫的《先知》裡有一段話很感人。他說我們在吃蘋果的時候，我們要對這個蘋果說，今天我吃了你來滋養我的生命，但是有一天我終會回饋給你。這是人類曾經有過的想法。但是今天我們大規模地蓄養和屠宰動物，畜牧業早已成為一種工業，這是古代的人不能想像的。

　　我讀過一部短篇科幻小說，這個小說很有趣，整個小說80%你都不覺得是科幻。小說寫的是一個家庭。小孩放學回來，放下書包，他媽媽問他：你今天在學校怎麼樣？他說今天誰誰誰因為做錯了什麼事被老師處罰。再晚一點爸爸回來，媽媽在做飯，爸爸脫掉外套，一邊喝啤酒，一邊督促兒子做功課。然後晚上三個人吃晚飯，閑話家常。到了最後，小說的結尾是這樣的：他們把吃剩的骨頭掃進垃圾桶，那些骨頭是人的骨頭。但那些人骨很小，是迷你人嗎？不是。這個小說講的其實是一群從外星球來的巨人蓄養人類來吃。被吃的就是我們這種人，而他們是另一個星球來的殖民者。這部小說前面講的是一個很溫馨的家庭故事，但最殘暴的部分恰恰就在這裡，一個那麼快樂、那麼和睦，夫妻感情那麼好，親子關係那麼愉快的家庭，他們的晚餐是我們人類。

　　我們在考慮為什麼動物應該有倫理、道德地位，我們為什麼要考慮動物的痛苦的時候，我們其實是有一個考量的範圍。我剛才請教錢先生moral considerability應該怎麼翻譯，錢先生把它譯成「道德的可考量性」。這個詞的意思就是當我們決定要不要跟一個對象產生道德關係，對其負有道德義務的時候，我們要考慮這個對象是否具備被我們這樣對待和被我們這麼考量的資格，這叫道德的可考量性。曾經有一位神學家提出一個問題：人對神有沒有道德義務？我們一般講道德義務都是人對人的，那人對神有沒有道德義務？又比如說人對樹木，甚至對石頭，我們有沒有一個道德上的考量？

　　在這種討論裡大致包含三個層次的思考。第一，我們一般都認
爲我們應該，並且能夠畫出一個被納入道德考量範圍內的成員，一
個「俱樂部」。凡是納入這個範圍內的，都具備了這種道德資格，
不在這個範圍內的就不具備這種資格。比如我們一般不會認爲我們
對石頭要誠實，或者去想我不要傷害或者背叛它，我們不會有這個
想法，因爲石頭不在道德考量的範圍之內。第二，我們也通常會認
爲有一個「我們」，是「我們」在畫界：誰在這個範圍內，誰在這
個範圍外，誰有這個資格，誰沒有這個資格。第三，我們的社會有
一整套成爲制度的行爲方式和規則，來處理範圍之內所有的道德上
值得被考量的成員彼此間的關係，我們的行爲、我們的義務等等。

　　儘管哲學家一直在討論，什麼樣的對象有資格被我們道德地對
待，但是歷史告訴我們，這個範圍其實不停在變化。比如錢先生剛
才提到的黑人，曾經在白人看來黑人是不屬於「我們」這個範圍的。
再比如在某些社會，老人也不在這個範圍內，他們認爲老人到了一
定歲數就應該被遺棄，我們捨不得殺害他們的話他們就應該自殺，
或者躲起來終結自己的生命。就像在電影《楢山節考》裡老人被認
爲會拖慢整個部族的生活，最終會拖垮整個部族。似乎每一個時代
都有人提出一些言之成理的說法，來解釋那個時代爲什麼要那麼
做。他們會說不同的時代有不同的價值觀，我們不可以比較，不可
以拿今天去看過去。所以我們不能夠譴責古人殘忍，他們把老人丟
在山上讓他們自生自滅；我們不能譴責白人在殖民美洲的時候，不
止讓黑人做奴隸，還使得美洲的原住民遭到滅絕。我們不要譴責他
們，因爲那個年代自有他們的一套倫理。我讀大學的時候很相信這
種文化相對論，我相信任何所謂真理的討論都要放在不同時代、不
同社會和不同文化的脈絡中。但我年紀越大越相信這個世界是真的
有一些真理，是真的有一些不可動搖的事情存在的。比如剛才錢先

生講到的受苦。受苦就是受苦，你看到被奴役的黑人受苦，那就是受苦。當然我們還可以繼續爭辯，我們可以說我們看到他在慘叫，我拿刀子畫他的皮膚，他在流血，我畫一刀他慘叫一下，但是，我不肯定這叫不叫做人類的受苦，因為在我的文化裡面，我不一定能夠把這解讀為受苦。但真的是這樣嗎？在說明這個問題之前，我要先引入列維納斯的哲學觀點。

每當我們要定義人類的時候，都得涉及動物。比如我們常說「人是政治的動物」、「人是言語的動物」、「人是理性的動物」、「人是懂得欣賞美的動物」。我們每次定義人的時候都先有一個總的範疇──動物，然後把人從動物中切割出來，切割出來的標準或許是言語，或者是理性，或者是政治，或者是經濟。有趣的是，自古以來哲學家在做這種畫分的時候，他們都很快去談理性是什麼、言語是什麼、智慧是什麼、政治是什麼、經濟是什麼。他們都不談動物是什麼。於是動物就成為懸而未決放在一邊的X，我們都要用到牠，但是我們都不想說明牠。這個令人尷尬的背景，在我很喜歡的一個哲學家身上也看到了，就是法國20世紀的現象學家列維納斯。

列維納斯在處理這類問題的時候不同於其他的哲學家。比如說我們剛才談到道德的可考量性，這樣的問題總是要把資格賦予某個族群、某個類別。但是列維納斯在談論道德時，為了說明我們對什麼樣的對象負有道德義務、跟他有道德關係的時候，他不去談人類的本質，不去談人要先具有的抽象的資格，他不會說我眼前這個具體的人由於是「人類」的一部分，因此我對他負有道德責任或跟他有道德關係。列維納斯不這樣考慮問題，他考慮的從來都是最具體、最個別，幾乎只是眼前發生相遇的場面，他叫做in the face of other，在他者面前，我們相遇。

他喜歡講「臉」，在列維納斯的哲學裡，臉總是有表情的，它

是在表達一些東西，有時候它表達出的是痛苦、是可被傷害。當列
維納斯在講「臉」的時候，他關心的其實是所遇到的那個具體的人，
他能夠表達他的感受，他可能被傷害。**可被傷害性**是列維納斯一直
很關心的問題，他覺得眼前這個人是可以被傷害，尤其是可以被「我」
傷害。舉個例子，如果我走過來揍你一拳，你會很痛苦，我會看到
你痛苦的表情。這時候我跟你就發生了關係，你就有了要求我怎麼
對待你的權利。我要不要打你，我應該如何對待你，你是會對我提
出要求的。列維納斯關注的永遠是在具體的情境下每一個個體在我
們面前出現的時候，我們要怎麼辦。對他來講所有的倫理（ethic）都
是來自於原初的相遇。

　　列維納斯有一篇文章，在那篇文章中他回憶了他以前的經歷。
他是猶太人，是大哲學家海德格爾的學生，我們都知道海德格爾後
來被很多人認為是納粹的幫凶。而身為猶太人的列維納斯在二次世
界大戰時在法國曾參與過抵抗運動，並因此被捕。列維納斯跟一些
猶太抵抗者一起被關在法國的一個戰俘營，那個戰俘營的編號是
1492號。列維納斯特別提到這點，因為1492年是天主教在西班牙掌
權之後把猶太人驅逐出去的一年。他在文章中提到他們這些被關在
集中營中的人覺得自己不像人，沒有人的尊嚴，這不是因為吃不好
睡不好，而是他們嘗試跟看守互動，那些看守不理他們，他們這些
人對看守而言不構成「相遇中的他者」，他們喪失了「他者」的資
格。列維納斯說他們是一群沒有所指的能指，是一些空洞的符號，
好像要指示什麼，但是什麼都沒有。忽然有一天，在他們覺得自己
已經失去人類資格的生活裡，有一隻狗出現了。這隻狗是從戰俘營
外面的野地上跑過來的，牠每天看著這些戰俘白天去勞動，晚上回
來。那隻狗很奇怪，這些戰俘根本沒有什麼食物可以餵牠，他們甚
至不能去撫摸牠，但是這隻狗每天都看著他們，看到他們勞動回來

之後就對他們搖尾巴，有時還會跳起來快樂地大叫，這是這個集中營裡唯一會對這批猶太犯人表示善意的生物。他們給牠起名叫Bobby。然後列維納斯說了很有名的一句話：他說Bobby是「納粹德國最後的康德主義者」。講完Bobby的故事，列維納斯筆鋒一轉，他又忽然說這隻狗沒有聰明的大腦去幫牠把自己的行為和傾向命令化，即把行為和傾向變成一個命令、一個道德義務。所以列維納斯雖然笑稱Bobby是納粹德國最後一位康德主義者，但是他知道牠其實不是。

可是我想補充和發展他的地方，就是憑什麼列維納斯可以說Bobby對他們的歡迎不是道德上的交往呢？在那樣一種極端狀況下，這些戰俘和他人相遇時人家不把他們當回事，但這隻狗對他們表示出歡迎和友善，這叫不叫做「在他者面前」？這隻狗跟他們的關係是不是道德關係？後來在一個訪問中，有記者問列維納斯他常講的「他者」包不包括動物，動物有臉嗎？他說動物有臉，但是動物的臉不如人類的臉那麼重要，那麼primordial，那麼原初。

我覺得列維納斯其實可以講得更好。如果從他那種非常關注具體對象，從他者的表情讀出痛苦這點來講的話，他把動物放在次要的地位與他哲學的基本路線是矛盾的。他年輕的時候讀達爾文，這對他影響很深，列維納斯說所有的動物都在自利地追求生命的延續，而在這個過程中所有的動物都是處在彼此交戰的狀態，就像霍布斯講的那種自然狀態一樣。列維納斯認為人當然也是動物，但人在面對他者的處境下會感到一種道德的無言要求，而動物不會。他認為只有人才能夠跳出自己，"otherwise than being"，他講的這個being我們不妨粗淺地理解為生物自我生存的奮鬥和努力即natural being。但是為什麼是otherwise than being?列維納斯認為，人類能超出生物求存的範圍，我們可以做更多的事，比如說可以為其他人犧

牲，可以有種種利他的行為跟表現。如果我們只追求自我滿足的話，我只要想辦法好好生活，蓋一個房子給自己，擁有房子裡的所有東西，可以在裡面過得很愉快。直到我遇到一個陌生人，遇到一個「他者」在冰天雪地裡躺在路邊，我忽然發現我的家不再只是我的家，它可以變成客棧，我發現我的所有品不再只是我的，還可以是一種禮物gift。這種時候，人就不再只是一般的動物了。那麼人為什麼可以這樣呢？在列維納斯那裡，這是一個神蹟miracle。

　　但是我們將他的說法應用在Bobby身上就會發現問題。Bobby是一隻流浪狗，牠有希望過從這些戰俘那裡獲取食物嗎？沒有。他們從來沒有食物給牠，那Bobby為什麼還要對他們那麼友善？Bobby為什麼還會看到他們就很高興，想跟他們有一種互動？可見在這個故事裡的Bobby恐怕不僅僅是列維納斯所理解的動物的那種狀態。我們太相信某種的人類中心主義，我們認為動物受到的傷害不是傷害，牠們對我們的友善也不叫友善，或許這就如當初白人看到了黑人受苦，卻覺得黑人的受苦不叫受苦一樣。

　　我曾經養貓，每次我看著我的貓的時候，看著牠看我，我常常在想什麼叫「牠看我」？我說我和一個動物相遇，我說我碰到牠的眼神的時候，這是什麼意思？這也是很多哲學家很困惑的問題。這能叫互相對視嗎？我怎麼知道那黑色的眼珠後面是什麼。我怎麼知道對牠來講，看著另外一個物種的眼睛意味著什麼？兩個人可以深情對望，那我能不能跟我的貓深情對望？我怎麼知道牠深不深情？我們總是試圖去理解那個看不見的「動物的深淵」。你打一隻動物的時候牠叫，或者有另一些動物根本不會發聲，比如說魚。當廚師做刺身或壽司的時候，用刀一下子切到活魚身上，你會看到魚的嘴巴張開了一下，你聽不到牠的聲音，那這叫不叫做「叫」？叫不叫做「痛苦地叫」？

　　列維納斯的哲學對我來說，最重要就是我們不要考慮這些問題。因為你考慮這些問題的時候，你就已經進入種類思考，就像我開始的時候講的，先問這個個體具不具備某些資格，牠有沒有某些理性能力，有沒有某些感知能力，牠是屬於哪一個族群，然後我才決定要不要道德地對待。列維納斯認為這些都不重要，唯一重要的是當下相遇的這一刻，這張臉呈現出的表情，如果牠痛苦，如果牠讓我覺得可被傷害，牠就對我構成了一種道德的要求，我就已經負有責任。

　　從這個角度去看，我跟錢先生的觀點一樣，我也認為我們有道德進步，因為人類的確越來越具有看到痛苦臉孔的能力。我們曾經見過很多的痛苦，卻不把牠理解為痛苦，但今天我們能認知到這種痛苦。

二、問答

　　提問1：我們談動物，但動物到底包括什麼？您二位談到的都是貓狗和哺乳動物，那草履蟲算不算動物？吸血蟲在吸我們血的時候，我們要不要對牠有道德義務？

　　錢永祥：我們對草履蟲有沒有道德義務？我想，在考慮要怎麼對待一個對象的時候，我們至少和這個對象要有些起碼的互動可能，作為考慮的基礎。有人說我們每走一步路就要踩死多少細菌、多少螞蟻，這樣的說法對人類的道德意識要求太高了。當我們說不要殺生的時候，通常是指我們知道所殺的「生」大概是一個什麼狀況。我們不能只提一個生物學上的生命定義，那是道德沒有辦法處理的問題。舉個例子，有人說癌組織也是生命，我們要不要消滅它？有人說蚊子叮你，你要不要打死牠？當然要消滅，當然要打死。我

們在考慮怎樣對待一個生命的時候，那個生命本身總要有一套我們能夠想像的意義。如果我們只能想像最起碼的、生物式的生命狀態，坦白說，那不是人類的道德思考有能力照顧的對象。

提問2：道德爲什麼一定要限制在動物，爲什麼植物受到的傷害就不算傷害呢？爲什麼折一根樹枝就不叫傷害？難道傷害一定要是肉眼能夠看到的嗎？

錢永祥：我考慮的是它是不是能夠感知痛苦，這也是彼得・辛格的定義。能否感知痛苦這點就把植物排除掉了。我們不要辯論說植物也會感知痛苦，以現在的知識，植物沒辦法感知到痛苦，植物會對各種外界刺激有反應，但那不叫痛苦。

梁文道：在印度文化中幾乎所有的生命形式都受到重視。自吠陀以來，很多宗教流派都有Ahimsa的概念，無傷、不殺生、無害，耆那教更是把Ahimsa的觀念發揮到極致。他們認爲植物的生命也應該被尊重，所以他們只吃死掉的植物。水果還在樹上的時候是不能摘的，要等它掉下來了才能吃。

我們人類社會有各種各樣的道德可考量性的標準，但是我想指出的是我們不要輕易地把問題轉移到生命層級的問題，不要把牠變成狗是不是比阿米巴蟲重要，動物是不是比植物重要這樣的問題。我們關注的就只有一點──痛苦。我剛才一直在講列維納斯，他就認爲在這種情形下我們關注的應該是那個對象會不會被傷害，牠會不會表達出痛苦。僅此而已。

提問3：你們剛才講到黑人平權運動、婦女解放運動和動物解放運動的關係，我認爲以種族和性別畫分不同標準是不對的，但我覺得這些和動物保護還是有區別。婦女和黑人都是人，但動物不是。德國法學界有一本很出名的書叫《爲權利而鬥爭》，這本書的主要觀點就是權利是通過鬥爭而來的，而不是建立在同情和憐憫之上。

人有鬥爭的能力，但動物顯然不具備，所以這會不會決定了動物解放運動同黑人和婦女的平權運動沒有可比性？人類的平權運動都是從「我」出發，「我」去鬥爭，「我」去表達，但是動物解放運動的主體是「牠」。這種感覺有點像與虎謀皮，似乎得來的勝利果實隨時會被顛覆。舉個例子，我很愛動物，也提倡動物保護，但有時候我會說今天心情不好，我多吃點肉，今天累了，想補一點，又多吃點肉，這樣一來，動物保護的成果不就很容易被顛覆，它的未來不就處於不穩定當中嗎？

錢永祥：是不是因為動物不能抗爭，所以爭取動物權利的活動本身就不能與爭取人的權利相提並論？如果答案是肯定的話，那這個社會上的兒童、雛妓、智障人士、殘障者、老年癡呆症患者受到不公平的待遇，其他人幫他們爭取權益，是不是僅具有憐憫與同情的含意？其實保護動物、為動物爭取權利的時候，我們抗爭的對象是誰？是我們自己。當黑人在爭取他們權益的時候，女人在爭取她們權益的時候，他們在為自己抗爭，而我們在爭取動物權益的時候，一個意義上是為動物抗爭，另外一個意義則是減少人類自身的暴力和殘酷。從這個層面上講，動物保護運動也是把我們自己當成對象的一種運動。

你提到吃肉的問題，從動物倫理的角度來看，我們不應該吃肉。因為肉就是死掉的動物，動物怎麼死的？被人類殺死的。為什麼殺牠？因為我們想滿足口腹之欲。因此，從避免給動物製造痛苦的角度來看，素食似乎是唯一在道德上說得通的思路。可是在這個問題上，我個人有不同的想法，我稱為「量化素食主義」。很多人吃肉的時候會覺得心裡不太舒服，但是或許是因為習慣、天性，或許是因為文化、社會環境，多數人都覺得自己沒有辦法完全抗拒肉食。我碰到不少人說，他們願意吃素但是又不敢，因為擔心自己堅持不

下去。我覺得，不要把吃素看成是一套絕對的倫理；它的要求與實踐是有程度可言的。從倫理的角度看，一個禮拜吃一天素總比完全不吃好。您剛剛說心情不好或者累了想多吃點肉，那沒關係，今天先吃一點，明天少吃或者不吃好不好？我們不要想把自己修煉成一個道德聖人。當然有人能做到完全素食最好，可我想大部分人都做不到。我跟母親吃飯，她會做肉給我吃，我照樣吃。我不會跟母親爭辯說我不吃肉，你也不應該吃。我們對於動物造成的傷害，首要是一個量的概念。我剛剛講到台灣和中國大陸屠殺動物的情況，我們幾乎無法影響那個數字，但是我們至少可以在這個問題上多一點意識。我們都知道殺人是錯的，殺一個人是錯的，殺兩個人也是錯的，那我們會不會說既然都是錯，我乾脆多殺幾個算了？當然不會，我們不是這樣思考的。殺兩個人的罪一定比殺一個人重，即使「不可殺人」是絕對的誡命，量的概念還是有關鍵的意義的。

梁文道：16世紀歐洲有一些法庭，在那裡動物的確是被列為可以接受傳召的對象，動物可以上庭接受質詢，甚至可能被定罪，而牠們也有資格為自己辯護。當然我們知道從來沒有動物在法庭上為自己辯護過，但是牠們真的被叫上去過。這聽上去像個笑話，但牠背後包含的就是我們怎麼思考動物在法律上地位的問題。牠有沒有法律權利？這個權利是怎麼來的？依據是什麼？剛才您提到一定要有抗爭才有權利，可是問題是我們把什麼理解為抗爭呢？當你綁住一頭牛要宰牠的時候，牠的掙扎是不是抗爭？

提問4：如果我們想要保證動物不受傷害的話，要不要在政治上給牠們一些權利，比如投票權，讓牠們參與決定自己的命運？

錢永祥：權利的概念和動物的概念，分別屬於兩個很不同的範疇，特別是當我們講的不只是免於痛苦的權利，而是像投票權這樣的權利，適用範疇當然很不一樣。即使投票權利的適用，也預設了

一些條件，比如某一些人類，因為某種殘缺或者其他原因（「無行為能力」或者「褫奪公權」），就不能讓他們擁有投票權。動物當然也不在這類權利的適用範圍內。

梁文道：我們通常講投票，是因為我們假設身處在一個政治社群內，這個政治社群有一套決定事務的程序同方法。現在的問題是，難道動物也是我們政治社群的成員嗎？那為什麼不是每一個嬰兒一出生就有權投票？可見要成為政治社群的成員需要一些資格，有一些要求，當然，這些資格跟要求和我們是否應該道德地對待他們不是一回事。

提問5：人的近親黑猩猩就是雜食動物，肉是牠們必不可少的食物。我當然覺得提倡素食挺好，但我認為吃肉是人的天性，就像狼會吃羊一樣。你要提倡和人的天性對抗的道德法則，這必然遭到極大阻力。就好像我們說要平等待人，愛所有人，但事實上我們不可能像愛自己的親人那樣愛陌生人。

錢永祥：在某個意義上，道德一定要與天性對抗，雖然常常道德不敵天性，但順著天性走就無所謂道德了。人本來就很脆弱，百萬年繼承下來的各種生物性需求很強大，我們常常會受這些那些的因素影響，做了許多已知或未知的錯事。天性是很真實的力量，所以我反對絕對倫理。但道德是什麼？道德是在我們能力所及的範圍內去抵抗天性的控制。你提到狼吃羊，狼跟人最大的不同在於狼不太能夠抵抗牠的天性，而人類比狼更能夠自我控制。所以，我們比較能夠擺脫天性的直接控制。我們會說很壞的人像禽獸，其實禽獸的殘忍程度比人類差多了。但因為禽獸抵抗天性的能力比較原始，我們才以為自己在道德上比禽獸高明。也因此，我們不會認為吃羊的狼犯了道德上的錯誤，我們不認為自然界之中的動物是道德要求的對象，只有人才是。

梁文道：幾乎所有我們熟知的道德條目都是在違反所謂的人類本性，那種自人出現以來就存在的不變的原始的永恆的天性是不存在的。如果你真的要說天性的話，那按照人類的天性，我今天看到一個女的很漂亮，我應該馬上強暴她，讓她給我生孩子。我為什麼還要去追求她？我們又有誰不是在違反天性？人類文明就是建立在對所謂天性的背反上，這才叫做人。另外，你剛才講到猩猩，你讀演化心理學就一定知道，天性是在演化中形成的。在演化過程中，我們不斷修正自己，這個修正就包括對之前天性的違反。

提問6：錢老師說到不要給他者施加痛苦，要求人不要作為主動的施暴者。不過如果一個人對另外一個人施加暴行，作為旁觀者我們也會有一種道德要求，要制止這種暴行。但是如果暴行是發生在動物之間的呢？比如說狼要吃羊的時候，雖然我們不能要求狼有不去吃羊的道德觀，但我們應不應該去制止狼吃羊呢？

錢永祥：我必須強調，道德思考是考慮我們人怎麼對待動物，至於動物之間如何互相對待，那不是道德所能過問的問題。自然界當然不是一個道德世界，英國詩人丁尼森有謂："Nature, red in tooth and claw."（大自然的牙齒與指爪血紅）。動物世界充滿了暴力，但我們不能把人的暴力和動物的暴力混為一談。人類在做的事是故意的，是經過謀畫的，是從暴力本身得到快感的。動物的暴力則出自於求生存的必要。在這個意義上，人犯錯，動物充其量只是有過。

提問7：我們要善待動物沒錯，但生活從來不是這麼簡單。比如你面對一個非常飢餓的孩子和一個未及孵化的雞蛋，那你選擇把這個雞蛋給這個孩子吃呢，還是說你保存這個雞蛋，然後讓這個孩子飢餓？如果妳保護了這個雞蛋，然後讓這個孩子飢餓的話，這個是道德上的進步還是退步呢？

梁文道：這一類問題似乎我們永遠都會面對。這就相當於說你

的丈夫和媽媽同時掉到水裡，現在只能救一個人，你要救哪一個？做這種選擇的時候我們會比較誰的價值更重要，或者誰對你更重要。這樣的問題發生在動物身上的時候，我們該怎麼辦？我沒辦法給你一個準確的答案，說你該先救動物，還是先救人，還是看他們跟你的關係。而這正是動物倫理學，或者廣義的動物哲學重要的地方，因爲這些問題會對我們造成困擾。我們人類面對動物的問題時會有很多知識論和形上學的困擾，這些困擾是真實的困擾，而這正正是我們要認真面對、仔細思考動物問題的原因。

提問8：剛才兩位講到素食和虐殺，我們是不是有必要區分一下？比如同樣是吃肉，但是食用通過很變態、很殘忍的方式生產的小牛肉，和食用生長在自由的牧園上，然後一刀很痛快地殺掉的那種牛的牛肉是不是不一樣的？

錢永祥：在動物的整個生命過程的不同階段，我們如何對待牠，的確是有意義的。彼得‧辛格就說，傳統農家的養雞、養豬方式是可以接受的，平時牠們的生活還算愜意，過年殺隻雞殺隻豬，這沒太大問題，我也贊同。我們對動物的痛苦是有量化概念的，一隻雞快樂地過了一生，最後痛苦一下，雖然我不是太喜歡這種事情，但我可以接受。

提問9：實驗動物其實比一些用做食物的動物遭受更大的痛苦，但動物實驗又是我們人類減少自身痛苦的必要方式。那現代醫學的發展和動物倫理是不是有牴觸呢？

錢永祥：在討論動物保護的問題時，通常會把動物分成四大類：第一是同伴動物，就是家裡養的貓狗；第二是經濟動物，就是我們吃的、用的這些動物；第三是實驗動物；第四是野生動物。你如果參加動物保護的團體，就會發現不同的動物保護團體在這四個領域的側重都不太一樣，因爲大家所處的社會環境不同。在台灣和香港，

並沒有太多醫學和生物研究機構，沒有大規模的製藥廠，我們基本都是從西方國家或者日本買藥，所以實驗動物的問題並沒有像在西方那麼嚴重。

回到您的問題，原則上，用動物做實驗的研究機構和學術機構，都應該接受公眾監督，因為他們不僅是在用社會資源進行研究，而且還是在用生命進行研究。這些研究是不是有充分的必要、是不是有充分的不可替代性，是要經過嚴格考量的。在歐美，一般會在從事活體動物實驗、教學的機構，設立動物實驗委員會，如果要進行動物實驗，那就要把你的方案交給這個委員會來審核。最重要的是，這種實驗動物委員會不能只由科學家組成，還要有獸醫師和動物保護團體的人士參加。要盡可能避免科學家以科學的名義肆無忌憚地揮霍與折磨生命。

提問10：我們平常提倡動物保護的時候，很少有人說不要吃雞、不要吃豬，大家說的是我們不要吃魚翅、不要吃熊掌，因為這些不是產業化的東西，吃牠們可能會造成物種滅絕。我們人類需要吃肉食，產業化會保護物種免遭滅絕，如果不去推行產業化，那可能會造成牠們滅絕，但是產業化的生產方式也的確給動物造成很多痛苦。所以我想問的是痛苦和物種滅絕相比是不是一個更大的惡呢？

梁文道：我們飼養動物可以保護物種不被滅絕，這個說法很有意思。這就等於說全世界絕大部分的動物都應該被人養起來，這樣牠才不會滅絕，是這樣嗎？——的確有些物種是因為人類才保存下來的。比如伐木公司為了長期有木頭可伐所以種植了某些樹種，讓這些樹種可以一直存活下去。但伐木公司這麼做絕對不是要保護這個物種，而是為了要讓自己有一個長期可依靠的自然資源使用。這是完全不同的。

提問11：你們覺得養狗是不是不道德的事？

錢永祥：飼養寵物或者同伴動物，原則上說是把動物放在一個人造的環境裡，逼迫牠們脫離自然環境。在這個意義上，這的確是一件違反動物天性的事。可是有些動物的情況不一樣，比如貓、狗進入人類的生活至少已有六千餘年以上的歷史，基本上貓狗脫離人類已經沒法獨立生活。我們不能把人家弄到我們的生活圈子裡來，然後今天說人類飼養牠們不道德。這是歷史造成的後果，既然已經成為事實，我們就要承擔。

梁文道：我建議我們把對某些物種的關係，比如說狗和貓，不要把牠講成是我們飼養牠們，我們是主人牠們是寵物那麼簡單。更多的時候這是一種共生的關係。現在有越來越多的學者指出狗這個物種根本就是人類養出來的，這等於說本來這個世界上沒有一種獨立於人類之外的動物叫做狗。不只這樣，人類養狗之後還促成了人類的演化。有一些生物學家認為人類之所以能夠說話，之所以有時間坐下來聊天，發展出我們的言語功能，是因為我們安全了。我們為什麼安全？因為人類開始養狗，狗可以守護人類。所以人與狗在演化史上是一種互相促進的共同演化關係。

提問12：不同的宗教對殺動物的過程都有一些要求，但是最終還是會殺害他們，那要是道德有高低之分的話，宗教之間是不是也有高低之別呢？

梁文道：我不想在這裡討論宗教高低的問題，但是大部分宗教都對自然界的秩序或生命的價值有一套看法，哪怕像伊斯蘭教蘇菲派的神秘主義者，或者是北美洲的印第安人，他們都相信某種宇宙間的能量循環。他們會認為在這個循環中有一些事情是有利於循環的，另一些則不是，比方說濫殺動物，比方說在宰殺獵物的時候讓牠感受到多餘的痛苦，顯然都不是。但我們的問題是今天的社會並

沒有一個穩固的、大家都可接受的對生命價值的共識，這也許就是今天人類進入一個最大規模殺害動物的時代的背景。

提問13：我們是不是把保護動物變成一個手段，讓人類顯得比較高尚，好讓我們自己心安？

錢永祥：我們今天探討動物保護的話題，主要涉及動物的痛苦以及人類的暴力，我們關心動物不是為了減少人的暴力嗎？我們減少人的暴力不是為了動物的福利嗎？其實這是同一個問題的兩面。我們在乎動物，我們也在乎人。在乎人是希望人變得好一點，能夠慢慢擺脫暴力的制約，同時我們也希望動物不要在人類的手裡繼續受苦。我不同意「手段」的說法，就像我們不能說，禁止殺人只是為了讓我們顯得高尚的一個手段而已。

梁文道：康德說我們對道德負有義務。我們今天講動物倫理，要對待動物友善一點，要減少暴力，這一方面的確是人應該追求的一種道德完善，我們要發現過去的盲點、我們的錯誤，然後糾正自己。但是另一方面，這件事本身就是道德的。所以不是說我們要去做一些無關痛癢的事讓我們變成一個更好的人，我們做這件事是因為對那個對象而言這本身就是道德的。我們不要覺得要不就是通過保護動物讓我更好，要不就是為了動物自身的利益而保護牠；不要把這兩者對立起來。

提問14：剛才梁先生提出臉的問題，我想問螞蟻有沒有臉？如果我們看到螞蟻也不忍心傷害牠們，那這種感覺是更多來自我們自身的主觀感受，還是來自哪個對象？

梁文道：列維納斯「臉」的概念固然是指我們可見的臉，但是同時指的也是一種遭遇。在一種遭遇下，一隻螞蟻也可以讓我們感到牠會被傷害，牠會有訴求和表達。我小時候很殘酷，拿水去淹螞蟻，然後看到牠們掙扎，那種掙扎就是痛苦的訊號，那我們就有不

去傷害牠們的道德責任。列維納斯講的是具體的處境，而不是物種。

　　提問15：梁先生剛才講和動物對望的時候，就能感知對方的情感。我想問這會不會只是人情感的投射，還是你會知道那個動物在思考？

　　錢永祥：我家裡原來養三隻貓。1988年「媽媽貓」來了，1989年生下一隻「女兒貓」跟一隻「兒子貓」。「女兒貓」和「兒子貓」是在我的被子裡生的，留下一攤血。2010年12月28日，最後那隻兒子貓去世了。媽媽貓來的時候還沒有斷奶，女兒貓和兒子貓則從來沒有在外面跟別的貓接觸過。這三隻貓有兩隻是在我的床上出生的，有兩隻是在我的懷裡去世的。這二十多年裡我跟我太太從來沒有一起出過國，因為家裡一定要留一個人照顧貓，我們跟這些貓有非常多的互動。相處的二十多年，我非常了解這三隻貓的個性。牠們在跟人的互動中，也各自發展出非常不一樣的反應方式和性格。你現在要跟我說：「你怎麼知道這個貓預知你回來在歡迎你？」我當然知道啊，這誰能跟我辯論呢？和這幾隻貓互動的經驗讓我知道牠們的個性，也知道牠們的感情，知道牠們在乎的、恐懼的是什麼。

　　梁文道：去年有一個很有趣的國際會議，參加會議的人都是常拿動物做實驗的研究中心的工作人員。會議其實是談大家的心理問題的，有很多心理學家和諮詢顧問參加。他們要解決的問題是我們常常忽視的，就是在用動物做實驗的實驗室裡，受苦的不止是動物，還有人。其中有一個實驗室的助理，他在會上一邊說話一邊哭，他說很對不起Dora。Dora是一隻實驗兔子，這個研究助理有一年多的時間每天照顧牠，而Dora每次看到他進來也會在籠子裡面跳，表現出很高興的樣子，然後他會餵牠，撫摸牠柔軟的毛和長長的耳朵，他們的關係很好。但這個實驗助理其實每天餵Dora吃的食物中都有一種慢性毒藥，這個實驗就是測試這種毒藥的，那後來Dora當然死

了。這個助理也因此病了。

　　我想說的是，假設眼前有這樣一隻兔子，我們撫摸牠，我一進門牠就會跳過來，那如果現在說其實牠不是歡迎我，這只是我的想像，是用人的角度投射在兔子身上。當我們這麼想的時候，我們就先將人和動物區分開了，然後想動物有沒有情感，人和動物的互動模式是怎樣的。這種思路是我們關於動物的討論中常見的思路，我並不贊同。列維納斯本來看到Bobby跟他搖尾巴的時候他感受到了友善，這是很簡單的一個處境。但是他後來偏偏又想到Bobby沒有把行為上升到道德命令層次的能力。於是向他搖尾巴，跟他表示友善的Bobby，忽然之間就不再是一個會對他構成道德要求的「他者」了。我不贊同這樣的想法。我們不要先在腦子裡去想牠是一隻兔子，兔子怎麼可能會像人一樣歡迎我們呢？這麼想，其實也就是在用人的自我中心的態度來思考問題了。

三、總結

　　錢永祥：人類在進行道德思考的時候有兩大因素：一個是情境，一個是原則。道德思考其實就是在原則跟情境中間不斷來回思考的過程。在具體情境中，我們盡量讓原則給我們一些啓發；思考原則的時候，我們讓情境幫我們對原則有更深入的了解。我剛才一再強調不要給動物製造痛苦，你可以提出一千個情境來考驗這個原則，也許有九百個情境我都不知道該怎麼回答，但這並不是說我們就不需要動物倫理學了。動物倫理學跟所有的倫理思考一樣，是沒有終極結論的。

　　最後我講一個小故事，是我自己的經歷。那是一九九幾年，當時我們中研院經常來一些流浪狗，然後中研院會不定期地請台北市

的捕狗大隊把牠們抓走。在這些流浪狗裡有一隻特別活潑可愛，跟人特別親近，是一隻大黃狗，我很喜歡牠，就想不要讓捕狗大隊把牠帶走，想幫牠安排一個去處。我認識一間動物醫院的醫生，我就問那個醫生能不能幫忙安排，他說可以，可以送到一間他朋友的類似於動物養老院之類的地方。我回到院裡跟那個狗說：我幫你安排了一個去處，我把車門打開，牠就坐在車門口看著我。我說你進去吧，我幫你找了一個地方，你可以安度晚年了，牠自己就跳到車裡去了。然後我就開車把牠帶到那間動物醫院，那個醫生說先放在這裡，第二天就送牠過去，然後就先把牠關到一個籠子裡。第二天我去看，牠還關在那個非常小的籠子裡，牠畏縮在那裡看著我，眼睛掛著很多眼屎。我就問那個醫生是怎麼回事，他說今天忙，明天就送過去。我第三天再去，狗去籠空，醫生說那隻狗死了。我問怎麼死的，醫生說牠得了一種急性腸炎，他講了一堆名詞，我就完全呆在那裡，我不知道該怎麼反應。從動物醫院出來，我開車回家，開到一半的時候我在車裡嚎啕大哭，我覺得我這輩子沒有犯過這麼大的罪。

　　我們今天講了很多原則性、概念性的東西。說到最後，也只有很簡單的一句話：我們把自己的心稍微打開一點，就會發現很多動物會進來。草履蟲大概不會進來，毛毛蟲大概不會進來，因為我們也有我們的局限。我們不是聖芳濟（St. Francis），我們沒有他那種和各種動物都能溝通的稟賦。我看到一隻蜘蛛，我分不清楚牠哪邊是頭哪邊是尾巴，你要我把生命打開跟牠互動，我做不到。但我們可以跟很多動物互動。這不是說要大家一定要養狗養貓，或者一定要參加動物保護運動，一定要素食，不是的，只要我們把動物當回事，對牠們多在乎一點，這就很好了。

　　梁文道：我小時候很殘忍，常常去抓各種各樣的昆蟲，做標本

或者虐待，甚至虐殺牠們。有一次我抓到一隻螳螂，然後又抓到一隻很小的樹蛙，我就把牠們兩個關在一起，看螳螂怎麼對待樹蛙。結果螳螂不管樹蛙，這讓我很憤怒。於是我就把樹蛙抓起來送到螳螂面前，螳螂當然馬上就用一個夾子夾住。那個小小的樹蛙因為身體太柔弱，而皮又很韌，螳螂的刺刺不進牠的身體，卻把牠的內臟擠壓出來。那一刻我呆住了，然後我覺得很掃興，不好玩，就丟掉了。從上中學開始，這個畫面就不斷在我腦海中出現，有一陣子我幾乎每個月都會想起這個畫面，它像夢魘一樣困擾著我，我永遠也不能忘記那個小小的樹蛙死前和死後的模樣，以及那個螳螂被我拿來遊戲，讓牠殺害另一個動物的情景。這件事情讓我看到人可以有多殘暴，而這種殘暴有時候就是為了嬉戲。

　　我後來還幹過很多壞事，但是這件事卻成為對我特別具有道德意義的一個景象。我今天做時事評論、寫文章，我對暴力、對殘酷特別敏感，我好像能夠感知到它們快要來了。那種敏感就是跟這個景象有關，是這個景象像一直在提醒我。如果有人說那個樹蛙只是吐出內臟而已，牠的痛不是對人有意義的痛，這我完全沒辦法接受。那個場面對我的震撼太強烈了，我確切地知道那是痛苦，是傷害，是暴力，是殘酷。

　　錢永祥，台灣中央研究院副研究員，政治哲學學者，《思想》總編輯，長期關注動物倫理與動物保護，並參與翻譯《動物解放》、《動物權與動物福利小百科》。
　　梁文道，香港文化評論人、專欄作者，寫作多次涉及動物的生存空間及人與動物的關系，如〈全香港都是流浪狗的地盤〉、〈三花〉、〈平行生命的相遇〉等。

思想評論

批判的歷史主義繪畫：
寫在「生於1949：李斌畫展」前面

李公明

歷史終於給了我們機會，使我們這代人能夠把埋藏十年之久的歌放聲唱出來，而不再招致雷霆的處罰⋯⋯

《今天》1979，北京

一、從紅衛兵到懺悔者的歸來

在眾聲喧嘩的中國當代畫壇上，有一種聲音特別值得我們聆聽和思考，那就是來自歷史深處和個人靈魂中的反思、懺悔與創造之聲。巴斯卡說：「我們期待閱讀一位作家時，卻發現了一個人。」看李斌的作品也如是，人們從中會發現一個經歷過從紅衛兵、知青到懺悔者心路歷程的真誠的人。李斌於1949年11月生於上海，在文革期間是《上海紅衛戰報》的美術編輯，「紅衛兵美術運動」中的重要參與者。他創作的《革命無罪 造反有理》（版畫，1966）是紅衛兵美術運動中的重要作品之一，刊登在《人民畫報》1967年4月號的封底，後收錄在一些出版物中。如果說紅衛兵美術運動在1967年才正式發展起來的話，那麼李斌的這幅作品則是這一美術運動萌發期的重要之作。在1966年紅衛兵運動的初起階段中，有兩個重要的發展事態，一是紅衛兵組織在剛開始的時候受到壓制，毛澤東的表

態使他們獲得支援，毛澤東爲了全面發動文革而爲學生平反；二是
「血統論」的出台，形成了激烈的大辯論，出身不好的紅衛兵、學
生受到各種打擊。因此，這幅作品的重要意義就是，廣大學生堅持
對「資產階級反動路線」的批判和出身不好的紅衛兵對自身政治身
分的維護，在這幅作品中得到鮮明、有力的表現。同時，這幅作品
也折射出他在認同血統論的基礎上努力使自己通過「革命」、「造
反」而脫胎換骨的願望。畫面上那個緊鎖著眉頭、張大嘴巴吶喊的
紅衛兵形象，可以看作是李斌對自我形象的塑造，一個孤獨、但是
堅定的毛的紅色衛兵。

　　《人民畫報》爲什麼會在1967年4月號的封底發表這幅作品？從
時間上說，正是在3月底毛澤東再次決定爲遭到「二月鎮反」打擊的
造反派和群眾平反，4月1日毛簽署的中央117號檔宣布不得把群眾打
成「反革命」，並說「毛主席一再教導我們，『革命無罪』」；第
二次大規模的爲造反派平反的運動迅速展開[1]。《人民畫報》在這時
發表這幅作品與這種形勢的變化到底有無直接的關係，尚有待考
證。《人民畫報》當時有英文版向國外發行，作爲「紅衛兵美術運
動」的產生期的重要作品，它在當時的影響超出了國界。

　　1966年11月25日，李斌在北京見到毛澤東，那是偉大領袖第八
次、也是最後一次在天安門廣場接見來自全國各地的紅衛兵。對毛
澤東的神化與崇拜是紅衛兵運動的政治前提和最後歸宿，對於像李
斌這種從「狗崽子」變爲紅衛兵的人來說，毛崇拜更具有重要的意
義。這些經歷和體驗對於李斌日後以毛爲題材的歷史畫創作具有何
種意義？這是值得研究的。

1　參見何蜀，《論造反派》，宋永毅主編，《文化大革命：歷史真相
　　和集體記憶》（香港：田園書屋，2008年2月），上冊。

　　1967年7月，李斌在《上海紅衛戰報》（上海大專院校和上海中等學校的紅代會聯合主辦）當美術編輯、攝影記者，創作報頭圖案、插圖等。1968年8月，他主動報名參加黑龍江生產建設兵團，結束了他的紅衛兵時期。

　　從1968到1977年，李斌在北大荒生產建設兵團裡從連隊到師部，主要從事美工宣傳工作。在前期，他的紅衛兵狂熱精神未減，鬥爭連隊裡的「地富反壞右」、跟著工作隊下去蹲點整人、揚言要批判過去的「北大荒版畫」；到後期，他進入了思想上的逐步覺醒與藝術上的自覺學習和探索階段。對於李斌這時期的思想變化，沈嘉蔚說：「這個時期的李斌不再單純與狂熱，而開始走向複雜與冷靜。……他的人格開始分裂。一方面出於自我保護的本能而扮演忠心耿耿的領袖追隨者角色，另一方面偷讀禁書，想所有想不通的問題並與信得過的朋友討論；在構思與創作諸如《入黨》、《反擊右傾翻案風》之類的『為政治服務』的正式作品同時，把最大興趣點放在被稱為『為藝術而藝術』的那種藝術習作上，當時將之偽稱為『鑽研技法』。」[2] 這段話非常準確地揭示了李斌在思想與藝術兩方面的變化：從思想上的盲從轉向獨立思考的變化，從單純為政治的藝術轉向對藝術本身的探索。

　　與那些在1960年代晚期就悄然湧動的紅衛兵異端思想潛流相比，李斌的思想啟蒙來得還是較晚的。他並不屬於早在1966年就出現、發展到1968年的紅衛兵「新思潮」運動[3]，也沒有直接參與到從

2　沈嘉蔚，《生於1949年》，據作者提供文稿。

3　1966-67年北京學生出版了一份名為《新思潮》的雜誌，提出以巴黎公社為楷模，「徹底改造社會主義制度，全面完善無產階級專制」。參見宋永毅，《從毛澤東的擁護者到他的反對派——中國文化大革命中年輕一代覺醒的心靈旅程》，宋永毅主編，《文化大革

1967-1970年代在各地出現的地下讀書運動，不屬於像河南蘭考縣讀書會、白洋淀和杏花村以及東四胡同等詩歌群落那樣一些從紅衛兵到文學知青的反思者群體。但是，李斌的道路或許更具有某種代表性：在群落之外的個體同樣是在時代的大潮中走向探索與反思之路。作爲李斌的個體經驗，他有過與密友討論，有過與前國民黨軍官的交往，也目睹著扭曲的英雄主義對年輕生命的無情吞噬，而林彪事件的震撼終於結束了政治上的盲目崇拜。類似這樣的個人經歷，可能比那些更爲早熟和出色的反思者、探索者群體更有普遍性的意義，因爲這是更爲普遍存在的生活情境。與那些從「新思潮」到「新階級」的紅衛兵叛逆思潮相比，像李斌這種個體經驗更多是來自於在生活中對中國現實的體驗，來自於被極權專制對人性的壓制和蹂躪所刺痛的精神層面。

徐友漁先生在一篇題爲〈懺悔是絕對必要的〉的文章中列舉了「文革」中種種惡行之後說：「這一切，顯然不只是那幾個元兇大惡親手所爲，那些幹過錯事壞事的人，難道真的還認爲那是『革命行動』？難道以爲可以藉口『狂熱盲從』、『上當受騙』而一推了事？有多少人敢說自己做錯事、做壞事只是由於認識和信仰的原因，而沒有實際利益的考慮，比如在眾人面前表現自己革命，爲了向上爬而不惜落井下石，或者爲了自保而毅然決然地『站穩立場、劃清界限』？」[4] 李斌在回憶文章中的懺悔似乎正是回應了這種良知的呼喚：「我承認在那反人性的歲月裡，自己充當過狂熱分子的角色，曾向包括父母在內的『階級敵人』施行過語言暴力。部分原

（續）───────────────

　　命：歷史真相和集體記憶》（香港：田園書屋，2008年2月），上冊，頁365。

4　徐友漁，來源：博客網 Star.news.sohu.com

因來自於所謂革命理想主義的驅使，但不可否認，內心深處有損人
利己的卑鄙心理作祟。……像我這類的人不在少數，是差不多幾代
人，在禁錮自由思想與辱沒獨立人格的極權制度下，爲出人頭地作
出的另一種惡性表演。」[5]他還進一步具體剖析了深層的心理動機：
「出生非工農家庭的公然鄙視自己的父母，以與父母做鬥爭爲榮
耀，經常是虛僞地向工農出身的同學靠攏，以求進步求得早日入團
或當上學校幹部；在文革期間，我們尋找一切有所謂歷史問題的個
人，包括自己的老師、父母，希望在自己的淫威下讓對方產生恐懼，
下鄉期間對地富子弟和受過刑事處分的人採用羞辱性的盤查方式，
甚至無中生有的欲加其罪，加深他們心中對所謂『群眾專政』的恐
懼感受。」[6]

　　這是一個普通紅衛兵的反思、懺悔之聲。其重要的意義在於，
作爲一個普通的曾經對別人造成過傷害的人，他的懺悔並非來自外
在的壓力，而是源自內心的真實情感；他曾經造成的那種傷害的性
質和程度，以及那種加害於人時的心理，放在那個時代的罪惡史上
甚至連小惡都說不上，但是正如大惡必是由小惡積累而成，大的懺
悔也必應由小的懺悔推動而行。李斌以懺悔者的形象歸來，他無求
於避免罪責和釋放內心的道德壓力，他沒有不得不爲之的焦慮；他
的反思和懺悔從根本上說只是因爲內心的內疚，源自於對任何一種
哪怕是很輕微的傷害所造成痛苦的感同身受，以及由此產生的痛與
愛的情感。這是很真實、很樸素的懺悔，雖然看起來它沒有什麼了
不起，更不具備任何轟動效應，但卻是對於「中國人，你爲什麼不
懺悔」這個巨大的世紀之問的嚴肅回應。

5　李斌文稿，《一個狗崽子的迷惘》。
6　李斌文稿，《由〈青春敘事〉畫展說起》。

　　除了源自情感深處的痛與愛的懺悔，李斌也在思想觀念上進行反思。他在一篇文章中說：「我們是被愚弄的一代，許多似是而非的觀念依然影響著我們，比如，對個人主義的批判曾導致我們對專制制度麻木不仁；把對國家、民族的忠誠等同於對政府對領袖的盲目頌揚；無視個體生命的價值，動不動就用生命與鮮血捍衛，不少人因為無視自身的人格尊嚴，所以苛求他人、缺乏同情心；階級鬥爭的觀念導致我們在待人接物時習慣於劃分敵我界線；……」[7]。在這篇文章中他還談到了人性愛的教育被扭曲為在階級鬥爭口號下的仇恨教育、獨立思考和批評精神被盲目崇拜和聽從召喚所取代等問題。不能說由於這些理性反思在1970年代末思想解放運動的洪流中早已產生，因而在今天已無甚意義。從歷史的較長時段目光和今天國民思潮的狀況來看，對「文革」的反思不僅尚未完成，而且有更緊迫的需要；許多似乎早應成為常識的道理不僅尚未成為國民的普遍共識，而且仍然有被遺忘、被扭曲之虞。

　　作為一位藝術家，在「文革」結束後沒多久，反思者和懺悔者李斌就一再把自己的形象投射在他的美術作品中的紅衛兵隊伍中。李斌曾以「懺悔者」的名義寫過這麼一段話：「我曾是紅衛兵／在向著張志新、林昭、遇羅克、王佩英高呼／『誰反對毛主席，就叫他滅亡』的人海中／有我的身影。」在題為《張志新》(連環畫，1979年，李斌、劉宇廉、陳宜明合作)的一幅畫面中，為真理吶喊的張志新與紅衛兵隊伍中的李斌們形成了個人與集體、覺醒與盲從的鮮明對比；在那幅以紅衛兵鬥爭彭德懷為題材的《捨得一身剮》(油畫，1980年，與陳宜明合作，中國美術館藏)中，作者們把自己畫入了批鬥彭老總的紅衛兵隊伍中；直到二十多年以後，李斌在《中國瓷器》

7　李斌文稿，《由〈青春敘事〉畫展說起》。

（2007，油畫）中更爲突出地以自己的形象來描繪當年那個正在砸碎「封資修垃圾」的紅衛兵。沈嘉蔚認爲這樣的處理表現出反省和自我批判，而這種懺悔的性質卻尙未引起藝術史研究的關注[8]。我認爲，這對於「文革美術史」研究來說的確是一個重要課題。

　　作爲「文革」的懺悔者，李斌在和劉宇廉、陳宜明一起創作水粉連環畫《傷痕》（1978）、《楓》（刊於1979年第8期《連環畫報》）和《張志新》的時候，在思想上的反思經歷了從人性的復歸對現代個人崇拜的批判、到對現代專制主義的深刻批判的過程。在當時，《傷痕》和《楓》在社會上產生巨大反響，標誌著「傷痕美術」的迅速崛起。如果說李斌的《造反有理》是對早期紅衛兵運動的圖像見證的話，《楓》則是在美術創作領域中吹響了反思「文革」、回歸美好人性的號角。事隔三十多年後，2010年第1期《連環畫報》再次刊登了李斌以油畫重繪的連環畫《楓》，他的重繪行爲既有回顧和反思「文革」結束後文藝鬥爭的意義，同時對於當下湧動的各種「文革」思潮也是很有意義的警醒。

　　《張志新》（共14幅）原定在《連環畫報》1979年第10期刊出，卻要在26年後的2005年8月才第一次在中國美術館《劉宇廉作品展》中公開展出，《中國青年報》「冰點」專欄作了長篇報導並引起海內外的巨大反響。這種跨越不同歷史時期的事件延伸與焦點連接，使這組作品具有巨大的象徵性意義。李斌在1979年7月24日寫給沈嘉蔚的信中說，《張志新》「大都採用歷史照片和畫結合的方法，企圖引起回憶與思考」，這在當時的藝術觀念和技術條件下是很新的探索，同時更是剛從「文革」噩夢中甦醒過來的一代人對歷史反思的見證。在今天看來，當李斌在遼寧盤錦監獄臨摹張志新被槍斃前

8　沈嘉蔚，《生於1949年》，據作者提供文稿。

那一瞬間的照片的時候，那是藝術與政治強烈碰撞和融合的時刻，
在中國現代藝術史上具有尖銳而深刻的現場意義。

　　從紅衛兵到懺悔者的歸來，李斌經歷了從親歷者到反思者和懺
悔者的深刻轉變，他對當下的某些思潮有著敏銳的警惕和反思。他
說：「我不明白，為何有些老紅衛兵、有些知青朋友至今還會自覺
不自覺地頌揚這場浩劫與災難。……記憶有助於梳理自身的心路歷
程，反思為後人留下經驗與告誡。一個民族不敢正視曾經黑暗的歷
史片斷，是不會真正崛起的。」[9]

　　他對於那個過去時代的反思與批判一直保持著自覺意識，但弔
詭的是，當他在思想和情感上對「文革」進行認真的反思和激烈批
判的同時，他仍然保持著某些與過去青春歲月割不斷的精神氣質上
的聯繫。

　　1974年，當我在廣州的大街上讀李一哲的《論社會主義的民主
與法制》的時候，該文序言的最後一句話深印在腦海裡——「在無
產階級文化大革命烈士的鮮血澆灌過的土地上，現在是生長鮮花的
時候了」。在今天如何理解這句話呢？在這片曾經毒焰騰空、人性
塗地的土地上，如果國民沒有對反思與懺悔的共識、國家沒有對真
相的承認和對自身錯罪的擔當，鮮花永遠只是在雲端，而愚昧與專
制的荊棘卻仍然會破土重生。

二、批判的歷史主義——歷史畫的倫理激情與問題意識

　　李斌的很多作品屬於歷史畫的性質。早在「文革」後期他創作
《你辦事，我放心》的時候，他就去找毛澤東與華國鋒見面前和馬

9　李斌文稿，《855，那裡有我迷惘的足跡》。

爾他總理會見時的電影膠片，畫出了毛澤東晚年的真實形象，可見
在其藝術創作中的歷史意識已經悄然萌發。他很明確地說，「『文
革』結束後，我有了自己的歷史意識。」[10] 在創作《張志新》的過
程中，他從對文革暴行的認知角度，參照當時的歷史照片來進行繪
製；在1985年創作兩幅反映知青生活的系列繪畫《油燈的記憶》的
時候，他認為「這依然關乎知青歷史，是對獻身於苦難歷程中知青
的生命、青春的人道懷念。」[11] 後來在旅居海外、主要從事肖像畫
繪製的時候，他畫過孫中山、宋美齡歷史人物肖像畫。在畫許多時
人名流肖像畫的時候，他都會有意識地以畫中人的「歷史」構成背
景。1990年代末回上海後，「依然想畫與歷史有關的大畫」；他說：
「我只想弄清楚歷史，不希望被蒙在鼓裡。我希望中國將來的歷史
不要重複過往中國歷史中的悲慘時段。」[12] 大約從2004年到今天，
是李斌的歷史畫創作的勃發期，視角多元、題材豐富、鴻篇巨制不
斷產生。至此我們可以大致看到李斌鍾情於歷史畫創作的發展軌跡。

　　在這裡我們不妨簡單地回顧一下由國家政權組織的歷史畫創作
工程史。

　　在1949年新政權成立後，全國政協第一次全體會議於9月30日作
出興建「人民英雄紀念碑」的決議；緊接著，南京市率先於1950年1
月17日成立「革命歷史畫創作委員會」，5月份中央美術學院完成了
文化部下達的繪製革命歷史畫的任務，革命歷史博物館也於1951年
組織了革命歷史畫的創作。眾多著名畫家、雕塑家紛紛投入了有組
織、有規劃的革命歷史畫創作隊伍，1957年舉辦的「中國人民解放

10　李斌文稿，《在歷史圖卷中尋覓畫面》。
11　同上。
12　同上。

軍建軍三十周年紀念美術展覽」和中國革命博物館於1961年再次組
織的革命歷史畫創作以及1962年的「第三屆全國美展」，分別形成
了多次革命歷史畫創作的高潮。這些作品往往借助於官方宣傳機構
之力而大量印刷、廣為傳播，其圖像變得家喻戶曉、深入人心，歷
史集體記憶是這樣被建構起來的。很明顯，由國家組織和實施的歷
史畫創作，負有重新建構國民歷史記憶、為政權合法性正名的政治
倫理功能。

　　進入21世紀後，「國家重大歷史題材美術創作工程」於2004年
開始啟動，以國家財政一億元的專案資金為支援，選題由主流機構
專家擬定並經權威部門審批實施。該展覽於2009年9月30日作為向國
慶獻禮而開幕，展出作品102件。

　　不可否認，無論是在當年的急促訴求還是在當下相對舒緩的策
劃考量中，在主流意識型態主導之下對歷史事件、人物的選擇與評
價都同樣嚴格地受到意識型態政治的宰制。人所共知的董希文《開
國大典》中的歷史人物被反覆抹掉的遭遇，有力地說明歷史畫創作
的根本性問題在歷史工具論的宰制下是無法解決的，它們是：一、
對歷史真實性的認識和態度；二、藝術家自己對歷史的價值判斷與
獨特思考；三、藝術表現形式與歷史價值判斷的自由聯繫。

　　李斌正是在這些重大問題上展開自己的獨立思考與藝術探索。
作為共和國的同齡人，李斌經歷了文革、上山下鄉、改革開放的思
想解放運動和今天的爭取民主憲政時代大潮，他是以歷史的親歷者
和懺悔者的身分從事中國革命歷史題材的創作。在從政治全能時代
向權貴與消費共謀時代的轉型中，他自覺地重返藝術與政治關懷相
連接的現場，重返固執而純潔的藝術理想實驗平台。在這裡同時延
伸出來的是兩條譜系：一是站在以喚起歷史記憶與反思為己任的民
間立場上重新書寫中國革命史的視覺圖像譜系，另一是繼續延續當

年所熟習的主題性創作和寫實主義藝術的語言技術譜系；前者是對
文革乃至中國革命歷史書寫的批判性反思，是對「洗腦」文藝與歷
史神話的堅定顛覆；後者則是在當下的藝術潮流中堅守獨特的藝術
理想與語言圖式，繼續堅守和深入鑽研寫實主義的油畫語言和藝術
技法，在當代藝術萬花筒的主流語言和「跟風」潮流中恰好成爲可
貴的另類探索。

　　「懺悔者系列」中的《我不相信——王佩英系列之五》、《共
產黨人——劉少奇、王佩英、陳少敏》和《母親王佩英》是一組歷
史畫，但其主人公王佩英的故事直到2011年6月11日才以正義的名義
畫下了最後的句號。作爲鐵路部門一名普通職工的王佩英，於1970
年1月27日在北京工人體育場的10萬人大會上被作爲現行反革命分
子公審後慘遭殺害，生前遭受了很多殘酷的折磨迫害。原因是她在
「三年饑荒」後認爲社會主義建設中出現的重大失誤及其導致的大
饑荒應由毛澤東負責，並公開抗議對國家主席劉少奇的污蔑，爲彭
德懷等老一輩革命家遭受的不公正待遇叫屈。

　　並不複雜的案情，也並非是產生過重大影響的事件，只是一個
普通中國人在那個極端異化的、充滿著獸性的年代裡發出一點常識
的聲音、人性的聲音，只是在法制蕩然無存的年代中降臨在一個普
通老百姓身上的生命悲劇。但是，正是這種常識與人性的勇敢表達，
成爲那個「萬馬齊暗究可哀」的時代中極爲難得的聲音。王佩英在
當時爲什麼會做出那種極其罕有的選擇和行動，還需要有更深入的
研究。遺憾的是，對於「文革」遇難者的研究在今天仍然遇到很大
的阻力，無論是因爲價值觀念的扭曲、歷史正義感的冷漠、記憶的
淡忘，還是對普通人的歷史研究價值的認識不足，都使整個民族的
歷史受難與救贖意識難以確立。在這種氛圍中，畫家李斌創作的王

《424 晴空萬里‧南京1949》（油畫，2011）

佩英系列作品就具有了重要的歷史價值和思想意義。

李斌在自述中說，「我被王佩英所震撼，不亞於被張志新、遇羅克、林昭等對我的衝擊。她是一位普通的中國人，再平凡不過的中國婦女，她看到的是全體國人都看到的，她認定的是非也是國人都認定的是非。不同的是，她堅持了，不顧七個孩子的呼喚！她堅持了，不顧死亡的危險！……我會以她的簡歷畫出一個系列，用以紀念王佩英，也用來映照出我與我們全體國人的汗顏。」[13] 李斌非常深刻地認識到王佩英事件對國民反思文革、走向真正的心靈懺悔與救贖之道的重要意義，正因為這樣，他創作的「王佩英系列」作品正是本文所提出的「批判的歷史主義繪畫」的典型個案。

描繪1949年中國人民解放軍占領南京的歷史畫《424 晴空萬里》

---

13 李斌文稿，《面對王佩英》。

則是屬於另外一種歷史反思的類型：在原來被扭曲地描繪的歷史圖
像上進行對歷史真相的還原，原來那幅已經成爲人們歷史記憶的視
覺圖像被置換爲新的圖像。1977年，陳逸飛與魏景山爲北京中國人
民革命軍事博物館創作了一幅題爲《蔣家王朝的覆滅》或曰《占領
總統府》的油畫，畫面表現的是1949年4月24日中國人民解放軍三野
八兵團35軍戰士在南京總統府登樓升旗的情景。在藝術上，這幅作
品無論從視角、構圖、色彩、人物組群和形象塑造上都達到了較高
的水準，具有較強的藝術感染力；在1970年代晚期，這幅油畫作品
對於廣大的美術愛好者來說具有藝術上的典範意義。然而，李斌閱
讀了大量的有關占領南京的史料，了解到以下史實：中共地下黨南
京市委先後策反了國民黨海陸空軍政高級官員，將一座無抵抗的南
京空城交給了解放軍，避免了南京人民的生靈塗炭。然而，在國人
心目中留下極爲強烈印象的陳、魏創作的《蔣家王朝的覆滅》卻告
訴觀眾：奪取南京城、占領總統府是武裝奪取政權的重大成果。在
這幅作品中，實際上是完整無損的總統府群樓被畫成了斷牆殘垣，
市容淹沒在硝煙中，展現的是以戰鬥解放南京的畫面。李斌的創作
自述說：「在人們熟悉的歷史畫上作『解構式』的再創作，能引發
人們追究歷史真相的興趣。我如此作爲不是否定陳、魏的繪畫，只
爲恢復歷史真相做一番努力。因爲中國內戰中，秘密戰線的地下黨
員爲減少生命犧牲做出的重要貢獻理應載入歷史畫冊。」[14] 其實，
在和平進城的歷史真相被遮蔽背後還有著更殘酷的故事，日後許多
像陳修良這些爲革命做出巨大貢獻和犧牲的地下黨人遭受了各種不
公正的待遇和打擊，其命運令人感慨不已。李斌的歷史畫創作揭開
了中國革命史上沉重的一頁，不但還原了歷史事件的真相，而且揭

---

14 李斌創作自述，據其文稿。

《夢境──正義路壹號》（油畫，2011）

示了革命如何吞噬自己的兒女的殘酷法則。

　　與上述作品在歷史畫的藝術構思和表現手法上有著重大區別的《夢境──正義路壹號》（油畫），展示了李斌對重大歷史題材的深刻思考和創造性的藝術構思能力。這幅高4公尺、長10公尺的巨作，表現了畫家在夢境中所見的1981年北京正義路一號最高法院進行世紀審判的場景。整個作品以紅色為整體色調，以黑色調的寫實手法刻畫的神情各異的1220餘位有名有姓的真實的歷史人物，彷彿是一座由眾多人物畫譜所匯聚而成的血色紀念碑，極具震撼力。歷史的瞬間真實情景與歷史時段中的真實過程被創造性地交織在一起，象徵性的歷史結局與實質性的歷史開端被戲劇性地同時呈現，無數人物命運的吶喊在巨大的畫面上呈現出來。「我在此平台上虛擬了千人與會者，其中的死者遺像由他們的家人、親友或同事手捧。這些虛擬人物的選擇盡可能涵蓋黨、政、軍、工、農、商、學界與文革有直接或間接關係者。」[15] 李斌對自己製造出的虛擬場景所產生的這種真實力量感到滿意：「造出的悲壯感符合歷史的本質。有些歷

15　李斌創作自述，據其文稿。

史照片，看似歷史場景，其實是造假的，而面對這樣的虛擬的畫面，你卻感受到一種真實的力量。畫家要研究歷史，提供經過研究之後的獨特視角。」[16]

　　這是一個具有重大歷史性意義的畫面，它超越了真實歷史瞬間的約束，在藝術創作的層面上揭示和還原了更高層面的歷史真相。在某種意義上說，這幅作品既是一部文革受難史的形象縮影，也是一幅具有類似末日審判的象徵意義的政治鬥爭圖像，是歷史與政治混合的巨大奏鳴曲。無論是在當時還是在今天，不少人都在思考著一種極為弔詭的歷史多重反差：在整個歷史發展譜系中最具關鍵性作用的人物並不在場，而以正義的名義發動和推動的現代政治卻使人目睹了前政治傳統的復活，沉重的、正義的悲情美學以舞台劇的方式實現了華麗轉身—— 所有這一切都使「歷史不能承受之重」變為「歷史不能承受之輕」。簡單地複製這場審判的場面顯然根本無法揭示這種複雜而尖銳的歷史內涵。李斌以創造性的藝術想像，使失去了重量的天平回復過來。

　　從虛擬中揭示真實，在夢境中實現正義，這是藝術向政治致敬的獨特方式。在歷史的虛擬與真實之間，有時候很難進行準確的界定，但是歷史的真實性和尖銳性往往比實錄的瞬間更有力量。《換了人間》(油畫，2006)中的清朝末代皇帝溥儀於1959年獲大赦成為新公民，後曾去天安門瞻仰毛澤東像，不久又獲得毛澤東接見，從個人命運的轉變中折射出時代的巨變。李斌認為，「正是這一歷史時刻使我突發靈感：天安門下的一進一出，是極具象徵性的。再也沒有比溥儀與毛澤東更具有歷史代表性的人物了，也再沒有比這更

16　摘自2012.12.26《深圳商報》記者的報導。

《假如》（油畫，2004）

好的畫面能如此深刻地揭示百年中國兩個時代的交替」[17]。虛擬與
真實是如此緊密地結合在一起，溥儀是否有過這一歷史瞬間並不重
要，重要的是歷史鏡頭的真實轉換。歷史畫創作中的蒙太奇式的剪
接使時代的轉換清晰而尖銳地呈現出來。

　　如果把虛擬的魯迅與胡風在天安門城樓下的《時間開始了》（油
畫，2008）和這幅《換了人間》以及魯迅與毛澤東兩人的虛擬會面《假
如》（油畫，2004）並置在一起的話，我們會看到由歷史蒙太奇連接
起來的心靈之旅：從驕傲到臣服、從讚揚到破裂，這是一組極為真
實的知識分子解放史圖譜。

　　與這些個體命運和民族政治相呼應的，是國際共產主義運動的
聲浪，在那巨幅的《五十年代》（油畫，2009，400×1200公分）中，
紅旗的海洋與共產主義運動領導人的波浪形肖像畫廊展示了冷戰時

　　17　李斌，《我畫〈換了人間〉》，據其文稿。

期的另一種「全球化」，在前景中所繪的馬恩列斯和中國領導人肖像之外，國外領導人頭像有：赫魯雪夫(蘇聯)、日夫科夫(保加利亞)、澤登巴爾(蒙古)、貝魯特(波蘭)、諾沃提尼(捷克)、喬治烏‧德治(羅馬尼亞)、拉克西(匈牙利)、威廉皮克(東德)、霍查(阿爾巴尼亞)、胡志明(越南)、金日成(北朝鮮)、鐵托(南斯拉夫)等。在這之上就是天安門城樓上一字排空的中國領導人，他們在檢閱隊伍，也檢閱著包括他們自己在內的肖像波浪。這幅巨作以視覺氣勢詮釋了豪情是如何自我膨脹、虛幻的世界革命如何成為權力意志宰制下的心靈雞湯。

在《五十年代》之後是《六十年代》(油畫，400×1100公分，未完成)，是毛、林在吉普車上接見幾百萬紅衛兵小將，是「毛主席萬歲！」的滔天聲浪。再往前，歷史終於走進了正義路一號，走進了《夢境》之中。從《時間開始了》到這三幅大畫，赫然就是一部以天安門為中心的共產主義實驗從狂熱到失敗的形象史，也是無數國人生命史上極之虛妄的「紅旗譜」與「青春之歌」的圖像史。在這裡，我們恍然發現，在國家的「歷史畫創作工程」圖譜中竟然很難找到對「紅旗」與「萬歲」的反思，很難看見歷史的真實形象；另外，在那份由專家草擬、權威部門圈點的國家歷史畫重大題材和重點人物的名單上，李斌筆下的這些人物是不可能出現的：胡風、潘漢年、關露、熊向暉、張聞天、張東蓀、饒漱石、高崗、張申府、李立三、陳修良、羅章龍、張志新、林昭、王佩英……。李斌似乎是以一己之力對應著浩大的國家工程，他似乎一心要在不被考慮的名單中開始他的思考，一個個地、一筆一筆地召喚出那些不該被詛咒和遮蔽的好人亡靈。

現在，終於可以談談什麼是「批判的歷史主義繪畫」這個命題了。我在這裡所用的「批判的歷史主義」不是簡單的「歷史主義」

這個概念的延伸，不是對那個自18世紀以後在德國逐步興起的那種
概念的認同。伊格爾斯認爲那是一種「使德國民族主義的反民主特
徵得以合法化的歷史觀」，「這種觀念被稱之爲『歷史主義』
（Historismus），其要旨在於拒斥啓蒙運動的理性和人道主義的觀
念。德國民族的認同是以截然有別於西方民主制的歷史觀來加以界
定的。此種對德國民族性的認同，不僅鼓動家在大加利用，而且很
大一部分歷史學家和其他知識分子也如法炮製，來爲德國在第一次
世界大戰中的所作所爲進行辯護」[18]。伊格爾斯進而認爲，從啓蒙
主義向歷史主義的轉變由三個重要變化構成：一、啓蒙運動關於道
德與政治的普世價值被打碎，認爲「一切價值和權利都是有歷史和
民族根源的，外國制度不能被移植到德國土壤中」；二、狹隘的、
拋棄了世界主義的民族概念；三、國家的地位被提升到更高的位置
[19]。作爲這種變化的產物，美國學者費舍爾（David Hackett Fischer）
對歷史主義的評論會令我們聯想到過去曾經很熟悉的話語「要歷史
地看問題」，儘管語境的區別很大，但是其中明顯有相通的地方：
「歷史主義對於不同的人有著不同的含義，但按一般的理解，它在
認識論上是唯心主義的，在政治上是反民主的，在美學上是浪漫主
義的，在倫理上，它的核心觀念是邪惡的，即無論發生什麼事情都
是正當的。」[20]在我們的經驗中，「歷史地看問題」這一表面上看
非常正確的話語，在某種語境中會遮蔽歷史進程中在倫理上的邪惡
性，其最終目的就是爲從歷史過渡到現實的合法性辯護。

---

18 格奧爾格・G. 伊格爾斯的《德國的歷史觀》，〈中文版前言〉，彭
    剛等譯（南京：譯林出版社，2006年2月）。

19 同上，頁47-49。

20 轉引自安東莞・基揚，《近代德國及其歷史學家》的「譯者的話」，
    黃豔紅譯（北京：北京大學出版社，2010年4月）。

我所提出的「批判的歷史主義」這個概念是指：

第一，它最首要的涵義是，以圍繞著「歷史記憶」的圖像創作抵抗邪惡與遺忘。歷史上的專制主義邪惡總有許多因素爲其鋪路，英國歷史學家Ian Kershaw說：「通往奧茲維辛的道路，爲之開道的是仇恨，爲之鋪路的是冷漠」[21]。當我們今天回首人類政治史上的屠殺、鎮壓、專制等往事的時候，似乎對於當時人們的被動接受甚至互相揭發、爭相向統治者獻媚的行爲感到困惑：難道這些人真的看不出那些倒楣者的今天就是他們自己的明天嗎？自私和冷漠就是這種蠢行的心理動因。因此，當今天的歷史研究書寫著大屠殺、大鎮壓等專制暴行的時候，其最重要的使命就是喚醒人們的記憶，抵抗通過箝制輿論而有意催生的遺忘。我認爲，當代歷史學與人性和政治倫理的重要聯繫，就是對人類苦難和愚昧的記憶，歷史畫創作正是這種聯繫的視覺化呈現。當代羅馬尼亞作家諾曼・馬內阿的《論小丑──獨裁者和藝術家》（評論集）論述了人類在各種政治壓迫中的尷尬與痛苦、在勇敢與懦弱之間的實存狀況，從而提出對歷史人物的關注的一個重要角度：「我們應該關注那些從一開始就了解納粹主義恐怖性質的人。他們在極權統治成爲一個眾所皆知的事實之前，就深知其殘暴的性質。」在歷史畫創作的人物選題中，不也是應該有這樣的特別關注嗎？那麼，誰曾是這樣的人呢？胡適、儲安平這樣的知識分子便是，但是也有像王佩英這樣的普通老百姓，然而後者更容易被遺忘與遭遇冷漠。

第二，具有思想激情與倫理責任的價值選擇和精神氣質，這是「批判的歷史主義繪畫」的自覺認同。在李斌的歷史畫創作狀況中，

---

21 轉引自徐賁，《人以什麼理由記憶》（長春：吉林出版集團，2008
    年10月），〈序〉，頁13。

我深受感動的是他站在反思者與懺悔者的立場上，自覺地激發出思
想激情和倫理的責任。奧地利詩人里爾克有一句話是對我們這一代
人的最大鞭策：「去珍惜重大的任務並努力學會與重大事物交往。」
是啊，什麼是在今天值得我們珍惜的「重大任務」？我們還要努力
學會與之交往的「重大事物」究竟是什麼？愛德華‧薩義德對於我
們的啓示極其重要：他把歷史與現實緊密聯繫起來作爲政治判斷的
基礎，而且以文化作爲「記憶」抵抗「遺忘」的武器。他對歷史記
憶的堅執達到了這種地步：關於巴勒斯坦人的「喪失與剝奪的歷
史」，他說「這是一段必須解救出來的歷史——一分鐘一分鐘、一
個字一個字、一英寸一英寸地解救」[22]。在薩義德看來，解救被遮
蔽、被歪曲、被遺忘的歷史，這就是解救現實的前提、使現在的人
獲得解放和自由的前提。在李斌的歷史畫創作中，則是一筆一筆地
描繪，一筆一筆地把被扭曲、被遮蔽的歷史圖像解救出來。

　　第三，爲了防止在藝術創作中歷史題材、重大題材的書寫與描
繪的抽象化、工具化，「批判的歷史主義繪畫」極力提倡對歷史真
相的關注、對歷史細節的關注，並且以批判的眼光看待人類書寫歷
史文本的動機、選擇原則、書寫方法等等問題。19世紀英國思想家
湯瑪斯‧卡萊爾曾說，「從某種意義上說，所有的人都是歷史學家」。
他所謂的「某種意義」，其實是指一方面人在客觀上無法在生活中
割斷歷史的聯繫，我們的語言、使用的概念、使用的物品無一不是
歷史發展的產物；另一方面，在主觀上，一般而言人也渴望了解自
己的過去、民族的過去。英國學者John H. Arnold的《歷史之源》最
後一章就是「說出真相」，雖然作者說很難同意認爲歷史存在著一

22　愛德華‧薩義德，《文化與抵抗》（上海：上海譯文出版社，2009
　　年5月），頁1。

個「單一的真實故事」，「因為沒有任何『事實』和『真相』可以在意義、解釋、判斷的語境之外被說出」；但他還是認為這些說法「絕不意味著歷史學家應該放棄『真相』，僅僅關注於講『故事』」，他提出應該「嘗試在其偶然的複雜性的意義上說出真相——或者其實是許多個真相。」[23] 這是一個很有啓發意義的說法：在偶然的複雜性中說出真相。這使我們得以暫時繞開宏大敘事所設置的禁區，先在細碎的回憶中積累和保存真相的碎片，在時機成熟的時候再做總體的拼接。這些若隱若現的回憶其實就是對控制記憶的抵抗，是對在那種隱藏在控制背後的力量的抵抗。莫里斯·迪克斯坦曾說，奧威爾「最恐懼的是這樣的體制，它不僅企圖控制公共領域，而且控制私人行為，不僅企圖控制行動，而且控制思想和情感，包括記憶，和對過去的感受」[24]。這些回憶也可以看作是對恐懼的反抗。因此，對真相和細節表示關注的「批判的歷史主義繪畫」，也是對這種令人恐懼的記憶控制的反抗。

　　西方美術史上的歷史畫名作，可以為我們思考「批判的歷史主義繪畫」提供很多有益的啓示。西班牙畫家戈雅(1746-1828)的傳世名作《1808年5月3日》，說明重大歷史題材的藝術創作對於以記憶抵抗遺忘的重大歷史貢獻。1808年5月，拿破崙稱帝以後進軍馬德里，戈雅目睹了西班牙人民的堅強勇敢，更震驚於拿破崙軍隊的兇狠與殘酷——每天夜裡都有幾百個平民被拉去槍殺。六年以後，戈雅創作了《5月2日馬德里巷戰》和《1808年5月3日》，他說：「我要用自己的畫筆，使反抗歐洲暴君的這次偉大而英勇的光榮起義，

23　John H. Arnold，《歷史之源》（南京：譯林出版社，2008年8月）。

24　莫里斯·迪克斯坦，《途中之鏡——文學與現實世界》（上海：上海三聯，2008年4月）。

永垂不朽。」戈雅不僅有親身的生活經歷,更懷有高度的激情。因而《1808年5月3日》堪稱美術史上抗議屠殺人民、控訴鎮壓殘暴的最爲有力的歷史畫作品之一,戈雅以深厚的同情和憤怒,忠實地再現了暗無天日的年代裡那份駭人的暴行。毫無疑問,在一個世紀以來中國人民爭取民主與自由的浴血鬥爭中,同樣需要有戈雅這樣的畫家。

那麼,關於「歷史畫」的概念也應該從西方歷史上進行理解。「在西方美術中,歷史畫應該是一個包容性相當寬泛的概念。1435年,義大利人文主義學者阿爾貝蒂(1402-1472)在他的著作《論繪畫》中,以historia(拉丁文「歷史」)一詞來描繪那些人物眾多的敘事性繪畫,這大概就是『歷史畫』概念的起始。後來在藝術史的理解中,它不僅指那些記錄歷史上發生的重大事件的繪畫,而且包括了所有古典歷史、神話和宗教題材的繪畫。眾多的人物、宏大敘事的風格、壯觀的氣氛和神聖高貴的氣質,是畫家們努力追求的目標,並以此與反映日常生活的風俗畫相區別。歷史畫一般力求表現出比當下生活更高貴、更有價值的主題,借此揭示永恆、崇高等精神價值。到了19世紀,畫家們關注的目光才更多地投向當代的歷史事件。在西方的學院派繪畫中,歷史畫一直是最高貴的藝術樣式。」[25]

從這個角度來看,李斌的歷史畫創作所關注的目光也是同樣投向了當下的生活,或者說是有意識地把歷史與當下聯繫起來,如《世界是你們的》(油畫,2007)、《歡迎毛主席來台灣》(油畫,2009)、《百花圖》(油畫,2011)等作品。今天的「批判的歷史主義繪畫」

---

25 李行遠,《看與思——讀解西方藝術圖像》(北京:中國人民大學出版社,2004年9月),頁2。

《不可饒恕的暴虐‧林昭1949》（油畫，2010）

在歷史與當下連接中所要揭示的精神價值，遠不止於永恆、崇高，
更重要的是要揭示人類反抗專制、追求自由的精神和信念。

　　最後，有一個問題也是應該思考的：「批判的歷史主義繪畫」
的視野和心胸，是否有可能從此岸世界擴大到彼岸世界？是否可以
從當代神學研究中獲得關於中國當代歷史畫創作與研究的有益資
源？其實，李斌以林昭為題材的那幅《不可饒恕的暴虐‧林昭1949》
（油畫，2010)已經透露出些許資訊：從單純的政治反抗走向為人類

救贖的使命之途，不也是批判的歷史主義繪畫的博大精神所應該包
容的嗎？

　　在這裡，我想起了多年前讀過的美國神學家保羅‧蒂裡希的《政
治期望》，一部結合了宗教與政治的視域而關注人類的精神與世俗
命運的宗教政治學著作。蒂裡希以神學家的立場勇敢而艱辛地回答
著社會政治問題和社會運動的嚴酷挑戰，在經歷了「期望」與「幻
滅」之後，他仍說「人懷著期望前行，要超越被給定者而走向未來」。

　　這也是我對於「批判的歷史主義繪畫」的期盼。

2012.3.11初稿，4.5修訂，廣州

　　李公明，廣州美術學院美術史系教授、港台文化藝術研究所所
長。著有《廣東美術史》、《歷史是什麼》、《奴役與抗爭——科
學與藝術的對話》、《在風中流亡的詩與思想史》等。近年主要研
究20紀中國政治與藝術的關係、台灣左翼美術史等。

歷史記憶中的模糊與未知：
二二八死難人數的爭論[*]

吳乃德

　　歷史記憶幾乎是所有民族認同的重要基礎；幾乎所有的民族主義論述也都以民族的歷史爲重要素材。這些歷史記憶可能是真實的，也可能是捏造的；歷史傳統可能延續自真實的歷史，也可能是當代的創造。無論真實或捏造，延續或創造，沒有歷史記憶的民族認同幾乎無法想像。正如捷克作家米蘭‧昆德拉所說，「要消滅一個民族，只須消滅其歷史。」而歷史記憶、或集體記憶則是「懷抱民族意識的個人，組織其歷史的基本原則。」[1]

　　歷史記憶並非「民族主義計畫」的專利。在民族認同早已解決的國家中，歷史仍然是社會和政治符號的重要素材和標的。古蹟、歷史事件、紀念碑、歷史人物，不斷地被保存、複述、教導、豎立和紀念。在「理性」滲透入政治生活每一層面的現代社會中，歷史

＊　「歷史記憶的保存與再現」工作坊，中央研究院社會學研究所、台灣民間真相與和解促進會合辦，台北：中央研究院，2012/3/16。感謝「二二八基金會」熱心在及短時間內提供資料，人口學家楊文山提供諮詢。也感謝陳翠蓮教授則指出原稿中甚多缺漏、及可能造成誤會之處。所有的錯誤和疏忽當然是我自己的。

1　Timothy Snyder, "Memory of Sovereignty and Sovereignty over Memory," ed. J. Muller, *Memory and Power in Post-War Europe* (Cambridge University Press, 2002), 39.

仍然被緬懷和重視。因為，要回答「我們是誰？」正如回答「我是
誰？」一樣，不只需要知道：我目前在做什麼，和什麼人一起生活；
也不只需要知道：我希望將來成為什麼。更為重要的或許是知道：
我過去做了什麼，什麼事情曾經發生在我身上。當我們理解自己的
時候，鮮少只看現在，而未來則幾乎不可知；過去才是自我認同更
重要的部分。現在的努力來自過去的困頓和受難；現在的悔恨來自
過去的錯誤和無知。剝奪了對過去的深刻情感，人、以及民族的生
命，將只是膚淺、世俗的感官和欲望的滿足。

　　同時，歷史記憶超越民族現實中的階級、性別、族群、種族、
甚至世代的差別，創造民族共同的過去。然而不同族群、或種族之
間鮮少能有共同的過去，特別當它們的歷史經驗具有顯著的差異。
歷史記憶因此經常呈現政治優勢團體的觀點。例如美國內戰結束
後，在全國各處廣泛豎立的內戰紀念碑中，只有三個紀念碑提到黑
人的貢獻；華盛頓的林肯紀念堂，甚至小心地避免提到奴隸制度，
完全抹除黑人的歷史記憶。權力的不對等、以及歷史經驗的分野，
正是保存、及呈現歷史記憶的難題之一。這是幾乎所有國家，包括
現時的台灣，面臨的共同問題。

　　保存、再現歷史記憶的另外一個難題是：歷史記憶不只是曾經
發生過的歷史；它也是對過去的闡釋。而這樣的闡釋又經常和現今
的期待互相共鳴。記憶乃成為「一個達成理解、正義和知識的有力
工具。」[2] 歷史記憶因此也經常因為現今的政治需要而被剪裁。以
二二八事件為例，政治學者邱垂亮闡釋的二二八，「是台灣最光明、

2　摘自 Jan-Werner Muller, "Introduction: the Power of Memory, the
　　Memory of Power and the Power over Memory," ed. J. Muller, *Memory
　　and Power in Post-War Europe* (Cambridge University Press., 2002), 1.

悲壯、崇高的日子，因為台灣人民開始站起來，悲情呼喚要出頭天，
要當家作主，要爭取基本人權決定自己的命運，要追求自由民主。
最終，不可避免、沒有選擇餘地、台灣人民走上建立自己主權獨立
國家的艱辛道路。」因此，雖然二二八和台灣獨立運動或台灣民族
認同毫不相干，可是該事件持續成為台灣民族主義運動最重要的歷
史泉源，因為它啟示了重要的歷史教訓：「外來」的政權可能帶來
的災禍，對民族可能造成的巨大傷害。歷史當然不只是過去發生過
的事，不只是民族成員的行動紀錄。歷史如果要有意義，它必須提
供啟發和教訓。民主化之後，兩個政黨的政府在保存歷史記憶上都
漫不經心，可是民間在稀少資源的困頓中仍然努力試圖保存、再現
威權時期的歷史記憶，難道不也是因為白色恐怖歷史能為後代帶來
的啟發和教訓？

　　為了和民族當前的想像和渴望產生共鳴，歷史記憶必須加以剪
裁。「記憶」和「歷史」因此經常不完全重疊。「集體記憶是非歷
史的（ahistorical），甚至是反歷史的（anti-historical），對某一個事件
作歷史性的理解，是了解其複雜性，是從疏離的立場、以不同的角
度加以觀看，是接受其道德的模糊性。集體記憶則將歷史中的模糊
加以簡單化，甚至加以消除。」[3] 可是簡化的、甚至錯誤的歷史記
憶，不論它負載多麼巨大的道德教訓和啟發，顯然違反理性社會對
真實的追求，而且也將不斷受到歷史學者、後代、特別是不同立場
者的挑戰。同時，模糊的歷史記憶或能點燃某些人的熱情，卻必然
失去對其他人的號召。由於不同族群、不同立場的團體具有不同的
歷史經驗，模糊的歷史必然無法成功地營造共同的歷史記憶。而共

3　Peter Novick, *Holocaust in American Life*（Boston: Houghton Mifflin,
　　1990）, 3-4.

同的歷史記憶卻是民族形成的重要條件之一。或許——只是或許——如某些歷史家強調的，「除非歷史記憶以學術標準爲基礎，否則我們對記憶的責任只是一個空殼。」[4]

民主化之後，台灣民眾終於有機會提出對未來的各種不同想像，也終於有機會挖掘久被掩藏的歷史。過去二十多年正是台灣認同快速形塑的階段，雖然我們難以確知其結局。這個階段也是台灣社會再現歷史記憶的階段。認同的形塑和歷史記憶的再現，這兩項政治計畫經常結伴同行。而歷史記憶的呈現，苦難是其中重要的內涵。因爲，「在民族的記憶中，苦難通常比勝利更有價值，因爲苦難要求責任、號召集體的奉獻。」[5]

檢視過去、保存其中苦難的紀錄，不一定非得以形塑認同爲目標。身爲民主公民，即使不懷抱特定的民族認同，仍然會珍視保存歷史記憶中的醜惡和不堪，因爲那是社會創建美好將來的必要基礎。要「讓它不再發生」（Never again!），必須以過去爲警惕，爲反省的教材。歷史記憶因此不必然是認同的基礎和材料，也可以是民主教育的素材。

然而，經過二十多年的努力，我們的歷史記憶仍然充滿諸多模糊和未知。不論是爲了形塑、鞏固認同，或爲了民主教育，這樣的歷史記憶可能無法充分發揮預期的功能。目前我們的歷史記憶中，至少有下列幾個未知和模糊的地帶：二二八未知的死難人數，內戰背景造成的模糊迫害，「官僚化」加害體制中的模糊加害者。

4　摘自 Muller, "Introduction," 23.

5　Ernest Renan, "What Is a Nation? " ed. Homi K. Bhabha, *Nation and Narration*（London: Routledge, 1990）, 19.

歷史記憶中的模糊地區

內戰是白色恐怖的重要背景，卻也造成歷史記憶的「不方便」。
共產黨的滲透經常是國民黨壓制、構陷反對者最便利的藉口，然不
論在中國或台灣，共產黨對國民黨政府和軍隊的積極滲透，卻是不
爭的事實。除了共產黨直接派至台灣的工作人員外，因為軍事進展
迅速，1947年底共產黨指示台灣的省工作委員會次年發展2000名黨
員，組織5萬人的武裝力量，同時逐步展開游擊戰[6]。這個輕率且不
實際的指令，讓許多台灣人遭受不必要的傷害。雖然我們傾向於將
他們稱為受難者，可是其中有些人卻寧願被稱呼為「革命者」，而
非受難者。歷史記憶不只是記憶發生過的事。歷史記憶同時也是一
個具有倫理意涵的故事。及至目前，我們對這段時期的歷史記憶，
似乎經常故意忽略甚至否認部分白色恐怖受難者為中共地下黨員，
故意忽略國共內戰實是白色恐怖的重要成分。更由於中共革命成功
後對人民的殘暴，以及現階段中國共產黨對台灣自主的敵意，讓歷
史記憶更疏於理會這個事實。以現在的歷史情境去評斷過去，當然
不合理。不過，從轉型正義的角度，歷史記憶必須包含歷史的真實
整體，同時也不應規避與現今價值與論述歧異之處。

歷史記憶的另一模糊處來自台灣政治迫害的特性：官僚化。除
了二二八事件以及少數案件(如林義雄家血案、陳文成死亡案、江南
謀殺案等)，所有的政治壓迫都同時以「正規的」體制加以輔助，因
此我們對加害「體制」有較多的了解，如戒嚴法、懲治叛亂條例等

---

6 曾永賢，《從左到右六十年》(台北：國史館，2009)，頁73。

法律，以及各種情治單位和軍事審判等執行法令的機構[7]。可是我們
對加害「者」的面貌，卻非常模糊。由於政治壓迫的官僚化，讓加
害體制中的工作者都成爲國家法律的單純執行者。然而，歷史記憶
同時也是帶有倫理意涵的故事，迫害體制中執行者的倫理色彩和倫
理情境乃成爲重要的記憶元素。他們只是沒有個人意志和好惡的螺
絲釘，還是勉強不情願的執行者，或是熱衷的擁護者？即使體制中
的執行者必須執行不正義的法令和指令，他們在執行過程中有沒有
自由裁量的彈性空間？這是對加害體制中的工作人員，必須提出的
問題。南非的「真相和解委員會」曾經對全國的法官和檢察官發出
一封信，要求他們回答兩個問題：1)爲什麼你當時沒有任何抗議地、
甚至非常熱衷地執行不合乎正義的[種族隔離體制]法律？2)爲什麼
當你對法條的解釋和引用具有裁量空間的時候，你的決定仍然幫助
政府和安全單位？這樣提問的用意不是爲了在道德上加以追訴，而
是促成司法執行人員的反省。然而這兩個問題剛好也能回答體制中
工作者的倫理責任。如果有機會對目前所保存的檔案作深入的研
究，這個問題其實不難回答。可是至目前爲止，我們仍然沒有機會。

歷史記憶中的未知：死難人數

　　二二八是近代台灣最重要的歷史事件。它對後來的台灣政治和
民族認同都有巨大的影響[8]。過去幾年在眾多台灣歷史學者的努力
下，我們對這個事件的了解不斷增加。可是到目前爲止，仍然存在

7　陳翠蓮，〈台灣戒嚴時期的特務統治與白色恐怖氛圍〉，張炎憲、
　　陳美蓉編，《戒嚴時期白色恐怖與轉型正義論文集》（台北：吳三
　　連史料基金會，2009）。

8　吳乃德，〈書寫民族創傷〉，《思想》，No.8（2008年1月），頁39-70。

著某些模糊和未知地帶，其中包括事件中的死難人數。政權如何殘
害生命，它以何種方式對待人民，這些都和人數無關；殘殺一千和
一萬同胞，都不影響我們對政權的道德譴責。可是對於認同政權的
一方，人數代表著政權的殘暴程度；對於受難的一方，人數則代表
著民族的苦難和犧牲的程度。人數因此具有重大的意義。這也是為
何人數的議題在最近引起社會甚為激動的討論。

　　二二八歷史記憶的模糊和未知，唯一的原因是國民黨政府的壓
制。雖然政權在事件之後立即秘密從事死難人數調查，可是卻從未
公布；歷史上從未有獨裁政權曾經公開面對其錯誤。政權更從未撫
卹受害者；因為，根據警備總部的檔案，在政權眼中，參與二二八
事件處理委員會者均屬「叛逆」、「叛徒」，而死難者如王添燈、
廖進平、陳炘、林連宗等人則為「叛亂首要」[9]。緊接的近40年，台
灣社會也不被容許公開討論，或從事客觀的研究。政府的不作為和
民間的無法作為，讓這個重要事件被深埋在歷史中，可是卻沒有成
灰。雖然政權禁止談論和研究，卻無法禁止人民記憶和回憶，可是
其回憶無法以客觀的歷史資料來建構。民間這40年間的私密記憶成
為「弱者的武器」，對政權發動潛藏的控訴和反抗。可是正如前南
斯拉夫的例子所顯示的，共產黨政權對族群衝突之歷史的長久壓
制，非但無法消除各族群的歷史記憶；當壓制的權力崩潰，社會迅
速恢復對族群衝突的記憶，而且經常是激烈的、片面地各取所需的、
有時甚至是扭曲(南斯拉夫的例子)的記憶。

　　雖然國民黨政權沒有透露調查結果，卻曾經提出官方的說法；
只是其死難數字的估計卻和民間的了解有非常極端的差距。1947年4
月楊亮功、何漢文「二二八事件調查報告」所列的死難人數是：軍

9　國史館，《二二八事件檔案彙編》，第16冊(2005)，頁93、289-294。

警及公務員死傷1,391人，民眾死傷614人。警備總部於同年5月記者
會所提出的數字是：軍警死亡90人、失蹤40人，民眾死亡244人、失
蹤24人[10]。官方的調查報告既不可信，卻又禁止公開談論和研究，
人民的記憶(甚至直到現在)只有仰賴事件發生後的媒體報導、以及
政權反對者所提供的數字。這些報導對死難人數的估計有相當大的
差距，從林木順《台灣二月革命》、蘇新《憤怒的台灣》、和王育
德《苦悶的台灣》的一萬人以上，到林啓旭《台灣二二八事件綜合
研究》的五萬多人，到史明《台灣四百年史》的十多萬人。這些數
字雖然差距甚大，卻都構成人民歷史記憶的一部分。

　　除了政權反對者外，當時的媒體亦有若干報導。由於當時媒體
或記者難免有政治立場和政治目的，比較可以仰賴的是相對比較專
業的美國《紐約時報》。該報記者於3月28日從南京發出的新聞說，
「一位從台灣返回中國的外籍人士證實」，「一萬多名台灣人被中
國軍隊屠殺」，而且「有些人的頭被砍斷，身體被支解，婦女則遭
到強暴。」報導中的「砍頭、分屍、強暴」等錯誤資訊，嚴重影響
了其消息來源的可信度。

　　除了國民黨官方、反政權人士、以及新聞媒體，另外一個比較
少為人提及的估計是研究台灣政治的美國學者Douglas Mandel。他
曾經以傅爾布萊特訪問學者身份，在台灣教學和居住過。在由信譽
不錯的加州柏克萊大學出版的台灣政治專著中，他引用喬治‧柯爾
指出有1-2萬人死於於事件中；「而事件之後，某可靠消息來源指出，
超過3萬的地方領袖、知識分子、和學生被逮捕，其中2/3以上未經
審判即消亡。」亦即事件之中及之後，死亡人數總共達3-4萬。作者

_____

10　陳翠蓮，《派系鬥爭與權謀政治》(台北：時報出版公司，1995)，
　　頁372。

並沒有說明其「可靠消息」(a source qualified to know)的詳情。該
書同時也引用海外台灣人社團的資訊(*Formosan Readers Association
Report*)指出，從1949年到1955年，台灣有超過9萬政治犯，其中一
半以上被槍決[11]。如今我們知道這和事實有相當差距。(威權統治期
間政治犯總數約1萬5千人，確實數字和槍決人數至今都未明。)

　　由於各界對死難人數的估計有相當大的差距，而這項數字對加
害和受害雙方都有重大意義，政府在首次公開面對二二八事件的作
為——《『二二八事件』研究報告》中，即以相當篇幅討論死難人
數。除了明列各方不同的估計之外，該報告最受注目、也最常為人
引用的是人口學家陳寬政根據人口資料的推估。該推估的方式簡單
言之為，以1935年人口普查的資料為基礎，運用歷年出生與死亡資
料推計1946、1947年應有的人口。推估發現，「1946至1947年間有
19,297人不知去向。」不同的推計方式所產生的失蹤人口數則為
58,886人。假設事件死難者均為介於15歲至64歲的男性，根據這兩
個變項加以調整，則死難人數應為18000至28000人之間[12]。

　　由於當時戶政仍未上軌道，而且台灣仍為中國的一部分，出境
至內地、甚至移民到日本、東南亞等，並不困難，這樣的推計當然
不準確。正如推估者陳寬政對自己所提報告的結論，「我們並不認
為這些數字會比其他各種估計更確實可靠……如果必須為這些推計
下個結論，我們的結論就是『沒有結論』。」行政院的報告正文同
樣說，「當時適值戰後復員及戶籍制度更替，資料非常紊亂，故使

11　Douglas H. Mandel, *The Politics of Formosan Nationalism* (Berkeley:
　　University of California Press, 1970), 37, 120.

12　陳寬政，「『二二八事件』死亡人數的人口學推計」，行政院研究
　　「二二八事件」小組，《二二八事件研究報告》，附錄5（台北：行
　　政院，1992）。

用人口推估的方法，雖然產生了一些數據，卻不能確定這些數字就是『二二八事件』的死亡人數。」[13]

　　自從民主化以來，二二八事件成為台灣社會最重要的歷史記憶。不但各地廣建紀念碑，2月28日也成為國定假日。可是死於事件的正確人數一直沒有定論。流行的說法是至少一萬人；由於政治敏感性，這個說法一直未有人提出質疑，直到今年的二二八。郝柏村在投稿至聯合報的一篇文章，指出中學地理教科書以「台灣地區」取代「中華民國」是暗藏分離主義，歷史教科書指二二八事件「死亡的民眾超過萬人」，則不合史實。因為，他說，政府調查的數字是500多人，即使放寬撫卹，仍為1000人左右[14]。

　　郝柏村對二二八事件死難人數的質疑，立即引來無數激烈的批評。批評者除了媒體和受難者家屬之外[15]，還有民進黨的政治人物：「扭曲史實」、「為統治者擦脂抹粉」、「在受害者的傷口上撒鹽」，以及「請馬英九總統要節制同黨同志不適當發言」。數位台灣史學者也提出不同的死難數字，然皆不出上面引述之媒體報導；其中多人甚至將陳寬政教授以人口學方法推計的數字，當成歷史事實，雖然陳寬政對自己的推計都極為保留。甚至國史館館長呂芳上都認為，行政院二二八事件的研究報告，「已經確定死難人數逾萬人」（《中國時報》2012/2/28）。台北二二八紀念館也將下列文字，以巨大的尺寸刻在玻璃牆上：「根據行政院的研究報告，二二八事件確定的死亡人數一萬八千人以上。」可是，行政院的研究報告並沒有這樣

13　行政院研究「二二八事件」小組，《二二八事件研究報告》，下冊（台北：行政院，1992），頁236。

14　郝柏村，〈正視中學史地課本〉，《聯合報》，2012/2/21。

15　〈二二八──牢記歷史，抵抗遺忘〉，《自由時報》「社論」，2012/2/22。

的確定結論。

由於二二八事件在台灣歷史及台灣認同上的重要性，以及它在政治立場上的象徵意義，郝柏村的言論引起如此巨大的情感反應，並不難理解。造成強烈情感反應的另一個原因是，郝柏村在威權政體中的重要地位。也因為這樣的地位，讓許多人更是無法接受他對二二八死難人數的質疑。正如林義雄所說，郝柏村是統治團體的代表性人物，由他來質疑受害者的死難規模，確實是「不妥當」（《自由時報》2012/2/29）。這種看法和強烈的情感反應都是非常可以預期，也可以理解的。

其實也有另一種可能的看法：正因為郝柏村先生是加害者的代表，他因此可以對受害者的說詞提出質疑。台灣和許多國家都不像南非那樣，部分加害者有機會面對受害者，對加害者提出說明、道歉，甚至達成和解，或者對受害者的說法或控訴提出答辯。大部分的國家將這個工作交給歷史。這也是我們追求歷史真相的部分原因。我們將歷史記憶當成正義的法庭，以歷史事實來審判加害者，並且加以譴責；我們同時也用苦難的歷史事實，來撫慰受害者，讓他們獲得正義。在這個歷史法庭上，加害者應該有權利為自己辯護。如果以激越的語言禁止被告提出異議或答辯，甚至讓社會中所有不同的意見都噤聲，罪後的判決即使正確無誤，或許也不是我們所追求的民主和正義社會應有的審判方式，而比較類似白色恐怖時期的軍法審判。

不同的資訊

經過這些年台灣史學者以及相關人士的辛苦努力，目前有更多的資訊可以輔助我們對這個議題的理解，雖然仍然無法獲得確定的

結論。然而歷史的真實面貌總是不斷修正、補充來完成的。

　　首先是情治單位的秘密調查。保密局於事件之後，立即要求各地的工作人員調查該地區的死難人數。如今尚可以看到的檔案只有高雄市、台中市兩個地區的報告。高雄市工作站於1947年3月21日發給南京總部的高雄市死傷調查報告，所提出數字是民眾死亡90人[16]。（可是另一份發往南京對事件處置狀況的電文報告卻指出，高雄要塞司令部「計匪擊斃五六百人。」[17]）台中市工作站調查報告所列死亡人數則爲本省籍9人，外省籍7人，不明省籍者2人[18]。如將未明省籍者視爲本省民眾，則總數爲11人。除了情治單位，警務機構在該年4月亦曾經要求地方政府調查死難人數。如今我們只有台中縣政府的調查報告，其中所列的死難人數是：外省人死亡0，本省人18人[19]。

　　政府部門所做的調查、所提供的數字是否可信？我們目前無法得知。光是高雄市就出現不及百人（後來的調查）和五六百人（事件當時的軍情報告）之間的差距。如果我們將當時所做的調查數字，和這些地區民主化之後申請的死難補償人數相較，我們發現：兩者的數字在三個地區中都大致接近。（如下表）

16　國史館，《二二八事件檔案彙編》，第2冊（2002），頁40-62。
17　國史館，《二二八事件檔案彙編》，第2冊（2002），頁30。
18　國史館，《二二八事件檔案彙編》，第1冊（2002），頁450。
19　國史館，《二二八事件檔案彙編》，第14冊（2002），頁160。

	情治調查人數	白色恐怖補償人數[20]	差距
高雄市	90	103-2	-11
台中市	11	21-8	2
台中縣	18	27-12	+3

情治人員調查報告的數字並未包括被「正法」者，台中如林連宗、陳炘等，高雄如黃賜、王石定、涂光明等，以及逃亡被逮捕之後遭槍決者。如果加上被槍決的數字，則當時情治機關調查所提供之數字，和如今申請補償之數字更為接近。可是，這兩份名單包含一個嚴重的問題，因此只能做為參考，不能做為這些地區死難人數之依據。

問題來自：兩份名單中只有大約一半的人重疊。高雄市的情治報告附有死難名單。這份名單中的90名死難者中，只有52人出現在申請補償名單中，其他的死難者則沒有家屬提出申請補償。我們當然不能將兩份名單的人數相加，扣除其中重疊部分，當成高雄市的死難人數。因為，其中只有一半人重疊的事實，恰反映出兩份名單的共同問題。申請補償名單中有一半的人沒有出現在當時情治單位的調查名單中，表示情治單位調查的不完整。而情治單位的名單有一半的人沒有申請補償，則顯示補償數字和實際的死難人數，有所差距。

除了情治單位的調查數字外，另外一個值得參考的數字是林獻堂的理解。當他聽說陳儀被槍斃之後，林獻堂在1949年12月20日的日記中寫下：「儀不反省，藉是[勢]而行虐，殺林茂生、陳炘、施

---

20 獲得補償者包括死亡、失蹤者，以及少數白色恐怖時期遭槍決者。數字由二二八基金會提供，僅此致謝。

江南、林連宗外千餘名。……茂生等有知，當含笑於地下矣。」[21] 我
們不知道林獻堂「千餘名」死難的資訊由何而來。不過，第一，二
二八事件當時以及之後數年，林獻堂都在台灣。第二，林獻堂身為
當時台灣人的領袖，他的接觸面甚廣。第三，林獻堂二二八之後的
日記顯示：他和白崇禧、葛敬恩、柯遠芬、劉雨卿（事件發生後為蔣
介石派來台灣平亂的第21師師長）、張慕陶（憲兵團長）、彭孟緝（高
雄要塞司令）、楊亮功等不只有接觸，而且有甚為頻繁的來往。第四，
林獻堂在全台灣都有友人；來向他求援的家屬也不少，如林連宗、
陳文彬、林德欽、王添灯、施江南、林茂生、陳炘等人的家屬；甚
至張七郎之妻亦遠從花蓮到台北向林獻堂求救，保釋在押的兒子。
這些友人和家屬在求援的同時，或許也會提及所來自的地區的情況。

　　林獻堂的認知顯然和當時媒體的報導有甚大差距。林獻堂當時
人在台灣、全台都有朋友、和統治團體亦保持頻繁的接觸；相對於
當時媒體的報導，他的認知是否較可信賴？在了解林獻堂的資訊來
源以及獲得足夠的資訊以判斷其可靠性之前，我們難以回答這問題。

　　至目前為止，我們有官方的說法、官方的調查報告、媒體的報
導、民間的認知、申請補償的人數，這些數字彼此衝突，甚至官方
的說法和報告都不一致。這些數字都只能做為參考之用。目前我們
仍然無法對任何數字的可信度，提出正確的評價。目前能做的，除
了更努力挖掘真相之外，或許是保持開放的態度。這樣的態度是獲
得歷史真相的必要條件。

結語

21　《灌園日記》，第21冊（台北：中央研究院台灣史研究所，2011），
　　頁456。

　　我們的歷史記憶至目前為止，仍有許多模糊和未知的地帶。其中最重要的應該是二二八的死難人數、白色恐怖的內戰背景、以及官僚化壓迫體制中工作人員的倫理責任。欲對歷史的模糊和未知地帶獲得較清楚的輪廓，並讓它們成為歷史記憶的基礎，我們仍需要使用更多的檔案。可惜的是，雖然目前許多檔案已經出土，並保存在相關機構中，可是我們卻無法使用。尤其是內戰背景和官僚化加害者這兩個模糊地帶，非常需要相關檔案以協助釐清。即使能自由地、充分地使用相關檔案，我們也不一定能還原歷史的全貌，也不一定能回答所有的問題。可是如果沒有檔案，我們的歷史記憶將是殘缺的、甚至是偏頗的。由於檔案的無法使用，對轉型正義的這兩個重大議題(內戰背景和官僚化加害者的責任)，我們並無法做太多的主張和論述。

　　目前比較多的資訊、資料是關於二二八的死難人數，也是比較受到社會關心和討論的議題。目前為止，各方的數字差距甚大，不只官方和民間的數字差距龐大，官方不同機構提出的數字亦有所差距，民間不同消息來源的差距亦甚大。這些不同的數字，每一項數字都需要以開放的態度加以檢視；如今申請死難補償數目和民間認知的巨大差距，也需要嚴肅地加以面對，提出合理的解釋。

　　如同其他所有的獨裁政權一樣，被屠殺人民的正確數字經常很難得知。如今學者對史達林屠殺人數的推估也是差距甚大。一項估計是：1937到1938的大整肅期間，超過一百萬人被槍決，另外兩百萬人死於勞改營。而整個史達林統治期間的死難人數則是兩千萬人。一項由秘密警察機關KGB所提供給赫魯雪夫的文件，推估從1935到1941六年之中，有六百萬人喪生。另一項估計則認為：1930年代十年之間的死難人數是950萬。俄國政府官員在蘇聯帝國垮台之後引用的數據則是：1930年代俄國人口(包括男人、女人、和小孩)

中每8人中有一人被逮捕,其中許多被槍決[22]。而在整個蘇俄共產黨
統治的70年間所死亡的人數是6190多萬。這些不同的估計,彼此的
差距也是頗為巨大。

我們或許也不能排除:提出不同說法或數字的各方,以及對流
行說法提出質疑的人,有各自的政治考慮,甚至有各自的政治日程
表。這是每一個國家的轉型正義工程都必然面對的處境。例如,在
許多新民主國家中,最強烈主張追訴加害者的人,常是威權時期對
政治壓迫袖手旁觀的人;親身受害的人反而主張寬容加害者以成就
社會的和解。我們畢竟是生活在現實的政治競爭中;權力、利益、
道德、情感,經常交錯糾葛。每一個政治人物和政治團體,也都同
時有值得驕傲的成就和不光榮的過去。雖然轉型正義、包括對歷史
真相的追求,容易受短期政治考慮的影響,可是如果歷史記憶是民
族認同的重要基礎,是一個民主社會了解自己、展望將來的藍圖,
我們除了繼續這項工程之外,或許沒有另外的道路。

或許死難人數真的不重要,想到那些死難的台灣菁英,學者、
藝術家、法官、醫生、律師、企業家,以及其中被隨意丟棄、至今
不知所終的屍體,我們內心莫不感受深刻的傷痛。然而「還原歷史
真相,是活著的人對逝去者的責任。」真相或許不只是受難者所受
的傷害,也包括歷史的真相。而對於歷史記憶中的模糊地帶,由於
檔案的無法接近、使用,在可見的未來將持續維持模糊。不論是對
共同歷史記憶的創造,或對後代的民主教育,這都是非常不利的。

吳乃德,中央研究院社會學研究所研究員。

---

22 Adam Hochschild, *The Unquiet Ghost: Russians Remember Stalin*
(New York: Viking, 1996), 128.

德國的建國史家：
《朵伊森傳》評介

胡昌智

一、前言

　　2008年是德國史學家約翰・古斯塔夫・朵伊森(Johann Gustav Droysen, 1808-1884)誕辰200週年，C.H. Beck出版社委託柏林洪堡德大學歷史系教授韋弗德・尼佩爾撰寫的《朵伊森傳》及時出版[1]。同年，另外三本有關朵伊森的書相繼出版：《朵伊森書目》[2]包括他的遺稿、畫像圖錄、自傳稿以及後人有關於他的研究目錄；《耶拿時期的朵伊森，《歷史知識的理論》與《普魯士政治史》的緣起》[3]；以及《約翰・古斯塔夫・朵伊森的歷史協會圖書館》[4]。當年夏天，

1　Nippel, Wilfried (2008), *Johann Gustav Droysen, Ein Leben zwischen Wissenschaft und Politik*(約翰・古斯塔夫・朵伊森，政治與學術間的一生)，München.

2　Leyh, Peter/Blanke, Horst Walter編, *Johann Gustav Droysen, Historik.* 歷史考訂版, Stuttgart-Bad Cannstatt 2008.

3　Paetrow, Stephan, *Johann Gustav Droysen in Jena, Ein Beitrag zur Entstehungsgeschichte von Droysens'Historik' und ,'Geschichte der Preußischen Politik'*, Saarbrücken 2008.

4　Wagner, Wolfgang Eric編, *Die Bibliothek der Historischen Gesellschaft*

柏林洪堡德大學也替這位該校前教授舉辦了朵伊森生平特展[5]。

　　一方面有新的傳記出版，有生平特展及關於他的研究，另方面朵伊森的歷史知識理論文獻考訂版五大冊也就此完備──這樣的兩百週年誕辰紀念，呈現著一個學術傳統被刻意維護著的景象[6]。然而，若進一步觀察，情形並不如其表象。尼佩爾在撰寫《朵伊森傳》過程中，如他自己所說，破解了學界流傳已久有關朵伊森的傳奇與迷思。當然，那些迷思及傳奇的源頭決不是他在研究中不經意發覺出來的。從他全書論述的方式來看，顯然，他完全是刻意要質疑朵伊森在學術史裡的榮耀。在書末，他總結地自問自答：「朵伊森給今人還留下些什麼？」，「不多」，他說。

　　朵伊森在28歲、35歲(1836、1843)分別出版了兩冊《希臘化時代史》[7]，該書在1980年重新刊行；他1853年出版的《歷史知識的理論》[8]也重新印行。相關文獻資料歷史考訂版五冊也新近相繼出版。

(續)────────────────

　　　　von Johann Gustav Droysen 1860-1884, Berlin 2008.

5　為特展也出版有導展專書，該書依展場12個生命階段專區對應撰
　　寫。展出物中包括手稿文件遺物，其中有學生證及點名名冊等。策
　　劃人及專書編輯為：Hackel, Christine編, *Johann Gustav Droysen
　　1808-1884, Philologe-Historiker-Politiker*, Berlin 2008.

6　北萊因西伐利亞邦邦立文化科學中心，耶拿大學也分別舉辦相關研
　　討會。布朗克編輯的《史學創作與史學理論，約翰‧古斯塔夫‧朵
　　伊森200年》接著在次年(2009)出版。Blanke, Horst Walter, *Historie
　　und Historik, 200 Jahre Johann Gustav Droysen*, Köln, Weimar, Wien
　　2009. 尼佩爾也應邀在此書中以"Droysen-Legenden"為題，報告關於
　　朵伊森與史實不符的傳奇故事。

7　中文方面可參考，陳致宏，《德國史家朵伊森(J.G. Droysen)的歷史
　　思想與現實意識──以《希臘化時代史》為研究對象》，國立台灣
　　大學文史叢刊，2002。

8　參見註2。中文譯本摘取1974年校訂版的大綱全文，以此為骨架，
　　再參以演講課相關段落作為大綱條文的說明。胡昌智，《歷史知識

僅以朵伊森致力的這兩個領域而言，前者開啓了一個前所未有的研究斷代，研究至今未歇；後者，也經狄爾泰到伽達瑪延續至今。正因爲朵伊森學術影響昭然若揭，使得尼佩爾質疑百餘年學術史的《朵伊森傳》更引人注目。

二、兩篇書評

2008年出現兩篇書評，分別由瑞士Bern大學歷史系的艾巴哈（Joachim Eibach）教授與德國Herdecke大學余琛（Jörn Rüsen）教授撰寫[9]。

艾巴哈首先指出，19世紀原本是信仰自我、市民自主性高漲的時代；尤其，學者在政治上活動空間很大，他們塑造輿論的領導力，讓今日學者相形見拙。但是新近出版的那個時代人物的傳記，如韋伯傳（2005）、宋巴特傳（1995）以及蒙森傳（2007）卻都呈現他們其實無法主宰身邊的世界。不管是在講堂、在市民沙龍或是在政黨場合皆如此。如傳記所描述，他們都迷陷在日常生活不如意事件之叢林裡，他們神經質，他們與一連串的挫敗、紛雜、錯亂糾纏在一起。《朵伊森傳》也呈現這類矛盾的風格。

（續）───────────────
　　的理論》（台北：聯經，1986）。
9　艾巴哈的書評刊於：H-Soz-u-Kult, 網頁 12.12.2008, 網址 http://hsozkult.geschichte.hu-berlin.de/rezensionen/id=10789&count=9&recno=6&type=rezbuecher&sort=datum&order=down&pubyear=2008&search=Droysen。余琛的書評刊於2008年4月5日的《世界日報》文化版歷史欄，題目是〈權力慾的惡魔朵伊森〉（J.G. Droysen, Dämon der Machtbesessenheit）網址為：http://www.welt.de/kultur/article1872575/J_G_Droysen_Daemon_der_Machtbesessenheit.html

艾巴哈認為尼佩爾在書中提出了兩個清晰的論點。第一，朵伊
森沒有真正的自由主義思想：朵伊森在1848年法蘭克福國會之前的
政治理念，從他對美國建國、法國革命發展的評論來看，雜亂無章；
心中只念著肩負統一德國使命的普魯士。1848年以立憲方式統一德
國的期望破滅之後，朵伊森的政治價值系統裡，國家的權力更是高
於一切[10]。闡揚個人自由的言論幾乎不得而聞。第二，不論朵伊森
在擔任全職國會議員期間，或是在卸下制憲委員會工作之後，回到
大學，作為史學家，他的可信度都飽受個人實際政治取向的侵蝕。
朵伊森的政治活動與學術生涯混合在一起，使得他無法真正成為一
位可信的史學家。

艾巴哈對該書有三點評語。第一，尼佩爾引用的書信、報刊、
文獻極為廣泛，分析細膩；尤其，下筆尖刻的能力，不亞於朵伊森
本人。第二，他認為作者整體的論證具有說服力；但是，他認為作
者對朵伊森的《歷史知識的理論》看法值得商榷。他不相信作者藉
著描述朵伊森終身與蘭克相敵對，以及描述朵伊森史學作品以及史
學理論強調研究要有政治立場，就能否定他《歷史知識的理論》的
價值。他認為即使到今天，朵伊森首先提出的史學研究中無可避免
的立場問題，還蘊含著創造性的潛力。第三，他套用尼佩爾的口氣：
「朵伊森給今人還留下些什麼？」，他也自問自答「尼佩爾的《朵
伊森傳》又給大家留下些什麼？」，他說「這是一本可以激發很多

10 朵伊森生平特展專刊(註5)稱朵伊森沒有民主的思想。該專刊書評
作者巴伐利亞科學院歷史委員會的Stefan Jordan質疑這樣的說法。
因為朵伊森1848年之前有過君主立憲的努力，他建議只能說朵伊森
缺少共和國的思想。Jordan的書評刊於：H-Soz-u-Kult,網頁。參見
註9。有關朵伊森的自由主義思想Robert Southard有最清晰的敘述。
參見註18。

討論的學術史作品」，「能帶動研究」。言下之意，他相信作者極
端挑釁的論點，必然激起反駁。

相形之下，第二篇以〈權力慾的惡魔朵伊森〉為標題的書評蘊
含著更多的感情，也指出這本書論述上「扭曲」之處。作者余琛，
1969年在科隆大學的博士論文就處理了朵伊森的政治取向與歷史思
想之間的關聯。他是1970年代之後，擦亮朵伊森學術光環的代表人
之一[11]。

在書評裡他強調：以歷史敘述替政治立場建立發展上的依據，
這種作法，在今天雖然已經被揚棄，但是，那正是19世紀歷史主義
史學的特色。面對現實中的現象，當時的人，盡情地從發展的脈絡
去了解它；人們把現實中的現象加以「歷史化」。那是歷史化一切
現象的一個時代。在啟蒙時代之後，這是一種全新的思維方式，這
是那時代的政治文化；這種思維方式，當時非常具有說服力。他說，
尼佩爾把朵伊森歷史與政治活動的結合，從整個這樣的時代背景抽
離出來，視之為他個人的個性上及學術上的缺陷。這是扭曲的敘述
法。同樣的，基督新教思想在19世紀的政治文化裡是極重要的成分，
在學術思想裡亦然。尼佩爾處裡朵伊森的史學，完全沒有把它放在
這個大架構之中說明。朵伊森史學思想中，以新教思想為基礎的歷
史目的論，被尼佩爾從時代背景中抽離出來，進而形容為朵伊森「高
度的荒誕」的個人思想。

余琛認為，作者的論述聚焦在失去了時代背景的個人作為，這
樣的論述方式塑造出錯誤的圖像。余琛舉例說，朵伊森在耶拿大學
裡創行的討論實習課（Seminar），那是歷史學走上學科化過程中的重

---

11 出版朵伊森歷史知識理論歷史考訂版的Peter Leyh以及Horst Walter
　 Blanke教授都是他的學生。

要一步。尼佩爾不從19世紀歷史學學術化的觀點陳述其意義；僅推
測說，不知道朵伊森用這種上課的方法，把多少學生整理出的資料
納入了自己的作品中。

余琛感慨尼佩爾辛勤耙梳了朵伊森的書信、同時代人對他的論
述，然而，卻沒有能給一位與蘭克、布爾克哈特與蒙森等齊名的史
家一個適當的歷史位置。

三、《朵伊森傳》的章節及內容

兩篇書評引起我們對該書的好奇。該書的敘述，依循的還是傳
統方式。作者將朵伊森76年的生命史分爲七個階段，按照時間的順
序次第敘述。全書445頁，共分爲七章。每一章之中，作者再依朵伊
森主要的活動，設出幾個小標題。小標題下的內容，類似傳統章回
小說的故事。

七章的標題是：前言(7-13頁)；一、從波門到柏林與基爾：一
位史學家的自我教育(14-61頁)；二、史學家當政治人物：什列斯威—
豪斯敦的特使(62-89頁)；三、史學家當全國代表大會的國會議員
(90-143頁)；四、史學家當文獻發行人以及政論家(144-186頁)；五、
在基爾短暫過渡期間的活動(187-205頁)；六、在耶拿較長過渡期間
的活動(206-259頁)；七、到達目的地：柏林(260-309頁)；後記
(310-311頁)。在我們提出評論之前，先簡要的說明這七章的內容。

第一章：從波門到柏林與基爾，一位史學家的自我教育

朵伊森1808年在東普魯士的波門省出生，父親爲軍中牧師。他
幼年喪父，度過艱苦的中學後，他到了柏林大學，師承伯克修古典
語言學，也上過五年黑格爾的歷史哲學等課。25歲完成博士以及教

授資格兩篇古代史論文。之後,尼佩爾強調他多次寫信給普魯士文化部長毛遂自薦,希望在柏林大學專職,未果。兼課期間,教了雅可布‧布爾克哈特,同時快速研讀了大量的希臘史料,提出「希臘化」的概念,開啓了這個新研究領域,尤其是亞歷山大後的地中海世界的研究。尼佩爾描述該書出版之後,蘭克弟子群批評其史料使用的粗糙與誤謬。1839年,31歲,爲生活所迫,離開柏林到丹麥國王統治下的德語區什列斯威－豪斯敦,在基爾大學任教,除古史之外,也以拿破崙戰爭爲主軸,講授當代、近代史。他鮮明的普魯士政治立場,受學生歡迎。講稿在1846年匯集成兩冊的《解放戰爭史》。送給普魯士國王腓特烈‧威廉四世的兩冊,第二冊被退回,尼佩爾指出,應該是其中夾有求職信。

第二章:史學家當政治人物:什列斯威－豪斯敦的特使

1848年4月朵伊森被什列斯威－豪斯敦大公國臨時政府派遣到法蘭克福的德意志聯邦會議,擔任該大公國特使。進入會議之17人核心組織－制憲委員會。聯邦預定在一個月之後(5月)正式透過民選,選出各邦的全國代表大會議員取代官方特派的聯邦議會。朵伊森努力在這段時間裡盡快制訂出憲法的基本架構,並提出海軍建軍、向美國購艦、武裝商船政策,以防止左派將來在全國代表大會中影響這些構想。

第三章:史學家當全國代表大會的國會議員

新的全國代表大會選出。朵伊森也在豪斯敦邦勝選,繼續在法蘭克福擔任民選的國會議員。他的立場中間偏右,是最大黨團卡西諾(Casino)裡的強人,也是30人制憲委員會的核心,兼任文書長(Schriftführer)。他雖不負責紀錄,但是尼佩爾強調,朵伊森仍親自

筆記所有場次的討論，並於事後自行發表。他對新憲法的選舉權立
場保守，主張25歲以上有資產男子得有選舉權，對廢除貴族特權的
議案表現遲疑，只關心政府組織結構。作者再以「政治獨行者密佈
關係網」為小節標題，描寫他赴柏林遊說普魯士政府把權力轉讓給
位於法蘭克福的全國臨時政府，以及遊說普魯士國王接受國會選他
為德皇。所謂「讓普魯士融入德國，並在德國裡出頭」[12]。為此，
外交次長說他不切實際。蘭克當他面也表示不同意由國會推選德
皇。尼佩爾描述傳說中的朵伊森與蘭克兩人交鋒，朵伊森回以「你
不懂歷史」，「歷史有一天會顯示，誰比較了解它，是我們還是你」。
1849年3月27日，第一部德國憲法經國會認可通過。次日，議會推選
普魯士國王威廉四世為未來的德皇。4月3日，普魯士國王宣布拒絕
接受這個國會獻上來的德國帝國皇位[13]。尼佩爾接著描寫朵伊森無
擔當的個性：朵伊森先鼓吹國會議員集體辭職抗議，又以「傷心到
身體不適」為由，避不露面，請同事Duncker出面擬辭職稿及主持集
體簽字。

第四章：史學家當文獻發行人以及政論家

　　以立憲統一德國的努力失敗後，朵伊森決心當一個比普魯士國
王更普魯士的人。1849年，普魯士與薩克森、漢諾威等兩邦進行合
併，此舉受到奧地利王室激烈反對及威脅。朵伊森出版私人筆錄的
立憲協商記錄，在出版前言中，卻賦予該文件官方色彩，同時他改
動協商文字，把該記錄製造成為不利於奧地利之文獻。尼佩爾再以

---

12 所謂Preußen geht in Deutschland auf 的口號。
13 他著名的話，指民間人士組成的國會推舉他為德皇，是「要用狗鍊
　　子拴住他」。他稱獻上的皇位是「出自陰溝裡的皇冠」(Krone aus der
　　Gosse)。尼佩爾書中沒有描寫及分析威廉四世這方面的決定。

「維繫透過約克將軍建立起的關係」為題,描寫朵伊森撰寫約克將軍傳,表彰他最具有普魯士腓特列大帝以德國為志業的精神。尼佩爾強調,朵伊森藉此要鞏固自己正統普魯士史家的身份與地位。

第五章:在基爾短暫過渡期間的活動

1849年政治上失敗,重回基爾大學,「廟變小了」,但仍然在課堂上為統一繼續奮戰。尼佩爾用「開『實踐政治學』演講課」這樣的小節標題,形容朵伊森此時放棄了一切規範,唯權力是從,並將這種務實的政治主張融入他的歷史知識理論中。在越來越右傾的過程中,1852年他跳槽到耶拿大學,並將跳槽之舉,「表演」成為他是一位丹麥統轄下德語區的政治受難者及抗爭英雄。

第六章:在耶拿較長過渡期間的活動

在耶拿大學,學生300人。尼佩爾說他以巨星身分屈就當地,拒絕其它各大學邀聘,一心待機要回柏林大學。1855年出版第一冊《普魯士政治史》。同時,在「創新式的教學」小節中,尼佩爾描述全校五分之一的學生擠在他的當代史課堂上。朵伊森開創習做、報告與討論合而為一的上課方式(Seminar)。朵伊森說,「要以成功的教學及研究驅散觸目所及的一片苦悶」。尼佩爾揣測說,他不知道朵伊森用這種上課方式,擷取了多少學生報告的成果放進他個人的《普魯士政治史》裡。在「歷史知識理論是純理論嗎?」小節裡,尼佩爾敘述朵伊森在耶拿大學開始講授歷史知識理論及方法學。朵伊森以口號「歷史不是考據,而是解釋」、「真正的史實不存在史料裡」,遙向柏林的蘭克學派喊話。尼佩爾指出《普魯士政治史》與《歷史知識的理論》裡文字相呼應之處,他認為後者是副產品。在耶拿大學期間,朵伊森應當地威瑪大公之邀寫他祖父卡爾‧奧古斯塔傳。

完成後，朵伊森題字送給卡爾的一位孫女艾古斯陀－普魯士王儲威
廉一世之妻。尼佩爾樂於描寫朵伊森此項巴結王室的行為[14]。

第七章：到達目的地：柏林

第五、第六以及第七章的標題充分呈現尼佩爾標準的揶揄用
詞。本章描寫朵伊森的聘任過程，他所用的小節標題是「政治任命」。
柏林大學哲學院以蘭克為首提出的聘任審查結果，朵伊森排列殿
後。之後，在文化部長Hellweg刻意要求重審後的名單裡，朵伊森排
名前挪，但仍非首選。文化部長簽決聘任朵伊森，而財政部長以程
序不合，不同意撥款[15]。最後由剛登基的威廉一世裁決，同意聘朵
伊森。尼佩爾刻薄說，「與普魯士王室關係之維繫，值回了票價」。
尼佩爾又引述柏林報紙反應，認為此項聘任案，顯示普魯士似乎即
將在德意志政策上走強硬路線。在「一個政治化的教席？」小節裡，
尼佩爾描寫朵伊森在課堂上展開對左派的批評，他的立場從懷疑俾
斯麥轉為崇拜俾斯麥。「學術上的亡嬰」是他敘述朵伊森這個階段
史學研究所用的標題。他評論《普魯士政治史》巨著的邏輯沒有學
術性，也引時人的評論佐證。最後一小節標題是「朵伊森留下了什

---

14 歌德晚年替威瑪大公卡爾·奧古斯特擔任部長，卡爾的孫女艾古斯
　陀十歲時，歌德送他一首小詩給她當生日禮物。朵伊森贈書的題詞
　引用這首小詩。朵伊森也以模糊的書寫法，在信中表達祖父卡爾·
　奧古斯特大公對她與普魯士王儲婚禮的祝福，雖然她祖父在他處心
　積慮策劃的這樁與普魯士王室的婚姻成功之前已然過世。
15 據尼佩爾的研究，當時文化部的預算正在審查，多數黨黨鞭Georg
　von Vincke在預算審查中提及朵伊森功在普魯士。因此據以推斷文
　化部長在預算壓立下簽聘朵伊森。就像書中其它的揣測一樣，這裡
　也顯示論證並非十全十美，因為Von Vincke在議會中稱讚的不只是
　朵伊森一人，他也提了Sybel、Duncker等人。

麼?」他很簡短的幫讀者再檢視一遍朵伊森的作品,說:「不多」。

四、評介

　　毫無疑問,資料的豐富與詮釋的細膩顯示出尼佩爾的史學訓練。作者勾畫出了朵伊森鮮明的個性。傳記的重點不在朵伊森思想的一貫性或其淵源變遷。尼佩爾的著眼點在於:每個生命階段裡,朵伊森追求目標時,他的手段與他用的媒介是什麼——不論是追求個人學術生涯的目標、或是德國統一的目標[16]。對讀者而言,19世紀中期德國學界與政界的面貌,因此變得非常生動。我們可以說,尼佩爾不是寫傳統的思想史,他寫出了學界的生態。他是以朵伊森的心理狀態為軸,呈現學界在尚未完全制度化的時代裡,學者的求職、升遷的過程,如何走皇室高層關係、發表政見、投入政治,以及學者在學派之間結黨攻訐。尼佩爾對朵伊森個性負面的描述,事實上,不是讀者最大的收穫,也不會成為讀者主要興趣的焦點。作為一位台灣歷史學背景的讀者,從書中獲得的是19世紀德國學界活鮮的圖像。不論是耳熟能詳的蘭克、蒙森,或似曾相識的Sybel、Duncker等眾多人物,他們的師承譜系與立場都躍然於文字之間。換

16　他在導論第11、12頁裡說,一般寫書大家只注意主角政治理想與學術思想的一體性;而沒有看每個階段,在特定時空背景下,主角分別處理理想的作法,用的手段、藉助的媒介。以前那種的寫作方式,完全把史料上的文字從原作者寫作時的心理狀態與情境剝離開來。尼佩爾書寫方式事實上交待得很明確。余琛書評指出,尼佩爾把主角的學術政治思想從時代脈絡剝離開來,這是尼佩爾自覺到,但自始即無法兼顧、放棄掉的面向。我們看到作者與書評者提出的兩種不同脈絡。任何一種敘述方式,對另一個角度的敘述而言而言,都是「剝離」。

句話說，作者蓄意揭櫫的雖然有其效果；但是，他不經意所鋪陳出
的，更具吸引力。

我們且從三個角度，表達我們對此書的印象。

三之一，舊傳奇去，新傳奇來

尼佩爾蓄意要拆解有關朵伊森的傳奇。他指出了一個傳奇與迷
思的重要源頭：奧圖‧辛策以訛傳訛地表彰朵伊森視野比蘭克遠大
而且謙遜，並且無私的投入理想、追求美與善。後人一方面因為奧
圖‧辛策是成名史家，另方面因為他是朵伊森的親炙弟子，習而不
察，將這個說法世代相傳。事實上，尼佩爾對辛策史學工作不嚴謹
早在他1999年替巴伐利亞科學院編輯韋伯全集《經濟與社會》，負
責《城市》一書時，就充分顯示。他在《城市》校訂本裡（引以為傲
地）指出辛策1926年整理韋伯著作時，所犯的一些錯誤是文義上（而
非文字）的錯誤。讀者可以感覺到，作者在這本傳記裡對朵伊森個性
的負面描述，部分應該是針對奧圖‧辛策而發，而且積之已久[17]。

尼佩爾執意破解朵伊森後世聲譽與傳奇時，不經意地他更鋪陳
出許多新的故事；這些故事非常具有傳奇特性，是他創造出的新傳
奇。作者描述朵伊森在基爾大學的狂熱普魯士立場時，透露出朵伊

---

17 Nippel, Wilfried(1999), Max Weber, *Wirtschaft und Gesellschaft.*
Teilband 5: Die Stadt, Tübingen, 54-56頁編輯報導。此外，在2009年
〈朵伊森的迷思傳奇〉文章（布朗克2009）中，他指出朵伊森離開基
爾赴耶拿大學之前，一方面向耶拿爭取高薪一方面挑釁丹麥政府，
此兩面策略手法卻被辛策在50年後（1902）扭曲成朵伊森在丹麥統
政權下，自由受限並且有即時的人身危險。辛策把跳槽的朵伊森塑
造成為受害者與英雄的形象。尼佩爾對辛策的批評，其語氣較2008
年傳記中更為露骨。參見布朗克2009年編輯的《史學創作與歷史理
論，約翰‧古斯塔夫‧朵伊森200年》，頁169-171。

森深受戰爭歸來的學生所崇拜。在耶拿大學任教時，全校有五分之
一的學生上他的課；同時他能在大熱天中吸引住學生，在悶熱的教
室裡連續上七個小時的課。年邁的時候，在柏林大學的當代史課堂
上說道「左派政黨將其政黨的利益置於國家利益之上」，左派學生
以動亂相威脅，要他更正。次堂課，矮小的他，走上講台，堅決地、
一字不變地複述了上一堂課上所說句子。炯炯目光所及，左派學生
爲其威嚴所懾，一片靜默。尼佩爾爲描寫他政治與學術間的糾葛，
不經意地讓一個有卡里斯瑪特質的朵伊森形象浮現出來。此外，作
者敘述朵伊森1848年4月1日被什列斯威－豪斯敦臨時政府派遣到設
於法蘭克福的德意志聯邦議會擔任代表，那一小節的敘述也具有同
樣效果：因爲臨時政府還未被德意志其它各邦承認，而且，名義上
統轄什列斯威－豪斯敦的丹麥國王早已派有代表在聯邦議會中，所
以朵伊森抵達法蘭克福時，毫無合法身份。德意志聯邦議會是梅特
涅大公1815年所創設的，其中各邦代表盡皆是貴族公侯身份，彼此
往來久矣，朵伊森孑然一身，被拒於議會之外。然而，七天之後，
朵伊森在盤根錯節的關係中，爭出了身份，而且還進入核心的17人
制憲委員會中擔任要職。尼佩爾意圖呈現朵伊森使用手段的個性，
結果，未嘗不是又不經意建立起一個新的、市民階級教授奮戰貴
族權勢的傳奇故事。

　　書中非常多的此類故事，只要我們換一個與作者不同的角度閱
讀，盡皆是正面的傳奇。

三之二，政治與學術合為一體

　　學術與政治的關係在19世紀後半變化很大。如果我們看韋伯費
心在1918/19將學術工作與政治志業清楚的區分開來，他之所爲，當
然是有針對性的。他所針對的，是之前學術與政治合而爲一的狀態。

這種狀態在一般的學術思想史著作提及時，經常讓人只能「知悉」
而不能感受。但是，尼佩爾描寫朵伊森追求職場目標與政治理想時，
凸顯他的手段與策略時，它卻被表現地非常具體，而且可以說是有
血有肉。我覺得，尼佩爾的《朵伊森傳》在不經意之間，提供我們
了解19世紀後半德國思想界變化的一個極佳的初始狀況。

　　作為普魯士軍職牧師之子，朵伊森堅信普魯士肩負有統一德意
志的政治使命。在基爾大學時，他整理出版《腓特列大帝傳》，用
它來證明普魯士統一德意志的責任早已就潛伏在歷史的發展中。歷
史證明，普魯士的霍亨索倫王室肩負有歷史昭示的任務；這是他以
歷史研究與寫作對抗德語區裡強勢的奧地利哈布斯堡王朝以及觀望
的其它德意志小邦的辦法[18]。尼佩爾在書裡做上述的描述引導讀者
時，他真正強調的是，最後朵伊森用這個政治性的歷史研究作品贈
給普魯士王室，以求柏林大學的職位。尼佩爾的目的是在描寫朵伊
森的營求的個性，但是清晰浮現在讀者面前的，卻是朵伊森生涯中
歷史研究與政治活動的依存關係。

　　朵伊森因為撰寫普魯士王儲威廉一世王妃艾古司陀的祖父──
威瑪大公卡爾‧奧古斯特傳，結識了王儲以及其堂兄艾伯特以及夫
人英國維多利亞女王。尼佩爾描寫朵伊森往王室鑽營的同時，也讓
讀者清楚看到，朵伊森深信現實政治事業是歷史的一部分，而且，
政治，尤其是王室，一定要受歷史意識的指導；作為史學家他希望

18　R. Southard說法蘭克福全國代表打會憲法及推舉普魯士國王為德皇
　　失敗之後，朵伊森不再從政，專心「以歷史當武器」為統一而戰。
　　Southard, Robert, *Droysen and the Prussian School of History* (The
　　University Press of Kentucky, 1995). 之後，朵伊森在柏林大學的晚期
　　巨著《德意志政治史》裡更把德國統一的歷史發展方向上推到馬
　　丁‧路德的新教改革時代。

「得君行道」。從朵伊森的格言「政治家即實踐的史家」[19]出發，尼佩爾在進一步描寫朵伊森的權力慾及學術政治活動時，他指出朵伊森的所作所為都基於相信歷史中有神的善意。基於這樣的新教歷史觀的基本信念，作為一個史學家，朵伊森相信一切為自己、為普魯士的營求活動，在意義上它們都彼此關聯，而且都得到最佳的神意保證[20]。歷史與政治的一體性，活躍在《朵伊森傳》裡，雖然這不是尼佩爾的主弦律，但卻給讀者最深刻的印象。

對後來的韋伯而言，歷史本身不蘊含任何意義，更沒有任何神意。歷史的意義是生活中的人替它、也替自己建構而加諸上去的。從韋伯把歷史建構為理性化、官僚化的過程來看，他理解的歷史過程裡，人們自由越來越受侷限如處牢籠。這樣一個悲觀的歷史觀，也只有在朵伊森的歷史主義天真的信念對比之下，才能充分顯出它的特色。義大利史學家若西說韋伯從歷史主義中脫身，說明的正是他失去了之前朵伊森那個時代的矇昧的樂觀，離開了那個有意義保障的世界[21]。我們覺得，尼佩爾的《朵伊森傳》幫我們描繪了那個充滿意義保障的時代。

---

19 關於這點，他在《歷史知識的理論》裡更有理論性的說明。

20 尼佩爾稱這就是朵伊森歷史解釋與政治活動獲有背書保證的空白支票，內容隨他填寫。德文原文是 "Freibrief für gewaltige Interpretation"。

21 義大利史學家Pietro Rossi說韋伯從歷史主義中脫身而出，他敘述的是韋伯針對Schmoller的歷史經濟學派的批判。尼佩爾在書中也描寫了比朵伊森小20歲的Schmoller受朵伊森的巨作《德意志政治史》的指引走上經濟史的研究。同時，透過他的老師普魯士學派史家Duncker，1864年加入了朵伊森歷史協會的圈子。

三之三，講述方法論是朵伊森的策略行為

尼佩爾是柏林大學歷史系古代史教授。他在Jürgen Kocka 1986
年主編的《韋伯——史學家》論文集[22]中受邀討論與撰寫韋伯的古
代史研究。1999年巴伐利亞科學院出版韋伯全集，他受託整理《經
濟與社會》中的《城市》部分。他雖然以古史為專長，但是明顯的，
他是屬於當今德國韋伯研究的核心社群。2008年寫歷史知識理論家
朵伊森時，德國20世紀初與韋伯相關的方法論的轉折，必然瞭然於
胸。但是，尼佩爾處理朵伊森知識理論時，基本上他還是從企圖呈
現朵伊森充滿策略的個性出發。他無意寫方法論爭辯的歷史。

朵伊森在耶拿大學任教時，1857 年開始講授歷史知識的理論。
尼佩爾將朵伊森的這一段生涯用「歷史知識理論演講課是純粹的理
論嗎？」作為內容的小標題。尼佩爾的標題暗示朵伊森的這個理論
課，事實上是他的策略之一。作者認為，朵伊森一方面需要理論來
支持他《德意志政治史》裡的歷史解釋方式。另一方面，朵伊森急
需建立起他在德國學界裡對抗Henry Thomas Buckle的實證主義的龍
頭地位。更重要的是，朵伊森想要藉此抨擊蘭克專事考據的歷史研
究，抨擊蘭克沒有勇氣站在普魯士立場上解釋歷史，抨擊他有如宦
官之中性，缺乏倫理之怒[23]。尼佩爾以一石三鳥的企圖來形容朵伊

---

22 Kocka, Jürgen編, *Max Weber, der Historiker*. Göttingen 1986.
23 朵伊森在基爾大學時，稱蘭克「柏林那個稟賦甚佳，但不是個漢子
的蘭克」。他也以沒有一黨之見就是沒有榮譽感來形容蘭克。政治
與學術的關係在黑格爾學生朵伊森身上，當然與蘭克大不相同。這
也是朵伊森比傳統考據、語言學研究者的歷史方法更傾向多歷史理
論的原因之一。

森的歷史知識理論演講課，說他的目的不是要建構理論[24]。

我們知道朵伊森說明歷史研究的對象與活在歷史中的研究者之間的關係，具有開創性，並提出了解（Verstehen）作為相對應的方法學。尼佩爾在書中強調朵伊森對了解的方法學解釋不清，用許多隱喻說明它，越隱喻越令人糊塗。尼佩爾沒有指出朵伊森了解的方法，只是要建立歷史過程中既存的意義與個別歷史事件的關聯；個別的事件可以藉著歷史過程中所蘊含的一致性來被了解，它也同時可以幫助史家進一步更清楚的認識歷史中潛藏的一致性。今天，我們可以不接受歷史過程中有其內在一致性這種出自基督教思想的信念，我們可以轉而接受一個邏輯嚴謹的「理想型」的理論架構，作為了解歷史個別事件的依據；但是，了解作為方法，依然被承續著，它在朵伊森之後成了文化科學研究的基本要素，至今猶然。同時，朵伊森提出的歷史知識與現實生活之間豐富的關係，始終還在激發思想界從不同的角度，譬如語言學，去詮釋它。百年前德國大規模的方法論辯論，它所釐清與承續的，必須要回顧朵伊森的「歷史知識的理論」才能得到更清新的圖像。我們覺得，尼佩爾太執著於彰顯朵伊森生活中當下的意圖，以及太強調他權力慾的個性，必然有所失。他忽略了朵伊森的理論建構在長期學術發展脈絡中的意義[25]。

---

24 曼乃克（Friedrich Meinecke）1907年說朵伊森的「歷史知識理論」是純知識理論的作品，同時強調（1915）朵伊森最吸引他的就是他的歷史知識理論。尼佩爾也視此說為朵伊森名不符實傳奇的另一個源頭。該章節的論述針對此說而展開。相關的論述也見於一年之後的短文"Droysen-Legenden"刊於前引布朗克（2009）的《史學創作與史學理論，約翰‧古斯塔夫‧朵伊森200年》，朵伊森的歷史知識理論在後世的盛名，尤其是在1920與1960年代他的理論被炒熱，尼佩爾說，實出於時人對馬克思史學及社會科學史學的反抗。

25 前面簡述兩篇書評，都共同提到這一點。顯然尼佩爾輕忽了歷史知

五、結語

　　尼佩爾檢視朵伊森在每個生命階段裡追求理想時所採取的辦法，由此著手，他重建朵伊森的生命史。他比對朵伊森的自白與事實間的差距，也比對當時不同人的論述，揭示朵伊森作爲裡隱含的企圖。他的研究顯示出他有非常敏銳的文字感受能力。他對朵伊森生命史確實提出極多的發現，令人再度深信，史料真是藏有無限秘密的寶盒。他完全拋棄傳統式的思想體系分析與變遷說明的研究取向。他著眼的只是朵伊森行動當下的動機策略手段與媒介；對他而言，朵伊森的學術著作、政論都只是朵伊森追求現實目標的策略工具；思想更只是手段，它本身不值得分析。從思想脈絡出發所做的書評，因此基本上與該書論述擦肩而過[26]。因爲手段與策略都是在人際之間與時事發展中施展，這本書就自然地呈現出朵伊森時代極其豐富的學界政界人物交錯的生態背景。

　　尼佩爾認爲朵伊森的史學作品只爲了宣揚普魯士對德意志所肩負的使命，史學家朵伊森的客觀可信度是尼佩爾直接並且公然質疑的。在他強調朵伊森狂熱的政治態度及揭露朵伊森追求它使用的手段的同時，事實上，尼佩爾也充分批判地描繪了這位在國家未成立之前就已經塑造出建國英雄的史學家。朵伊森晚年，德國在普魯士的領導下，如他的歷史作品所預言，完成了德意志的統一，建立了民族國家。百餘年之後，德國國家再度統一；在尼佩爾出書時，新

(續)────────────────
　　識理論的課題。
26　朵伊森的史學思想當然有他學術傳承的脈絡，也有他內在的邏輯及
　　時代的一致性。兩篇書評對讀者的貢獻也在於提醒這個面向在此書
　　中被排擠掉了。

的民族國家成立又將屆20週年。然而,值此之際,朵伊森卻在這本傳記中被尼佩爾作負面的描述。我們相信尼佩爾有意如此作。明顯的,這本書挪揄著傳統的德國民族國家的思想[27]。

　　但筆者認為,這本書活化了世人對朵伊森個人的認識,豐富了世人對那個時代的了解。

　　這本書對朵伊森兩百週年誕辰紀念的貢獻是:它把朵伊森從各種偉大思想的雲端帶回到我們日常的生活中,讓他更接近了我們。

　　胡昌智,曾於東海大學教學以及在波恩與倫敦從事學術交流工作。德國浪漫主義對歐洲啟蒙運動的反思是主要研究興趣。目前從事譯著。

---

27 這也是余琛書評中不能諒解尼佩爾之處。對待德國民族國家建國及發展的態度,兩人有極大的歧異。參見註9。

哲人的面具：
評劉小楓的施特勞斯轉向

蘇光恩

　　自世紀之交以來，中國知識界最引人注目的變化莫過於施特勞斯熱的興起，它很大程度上改變了此前「左」「右」之爭的格局和視域。若以「啓蒙」的視角來看，左右之爭依然是現代性內部的衝突，各自所秉承的依然是啓蒙的理念，所不同者不過是現代性目標上的差異[1]。施學的興起則標誌著啓蒙理想的真正瓦解，在它這裡，「啓蒙」變成了被詛咒的對象，它作爲現代性危機的肇始者遭到全盤清算，現代在古典面前近乎喪失了全部尊嚴。儘管施學的宣導者們以超逾左右，化中西之爭爲古今之爭自居，但依知識界的「政治」現狀而言，施派倒大有與左派聯手對自由主義形成合圍之勢。甚而有自由主義學人驚呼，「自由主義已經到了置死地而後生的時刻」[2]。

1　對於知識界論爭的更爲詳細的介紹可參見許紀霖等著的《啓蒙的自我瓦解：1990年代以來的中國思想文化界重大論爭研究》（長春：吉林出版集團有限責任公司，2007）。該書以「啓蒙」爲線索，對1990年代以來思想家的重大論爭進行了全面細緻地梳理，勾勒出一幅知識界的分化圖譜，爲我們提供了施學進入中國時的意識形態背景，這對於理解施學在當前的盛行不無裨益。略爲遺憾的是，該書終於自由主義與「新左派」的論爭，對於緊隨其後興起的施學幾無所及。

2　許紀霖，〈政治自由主義，還是整全性自由主義？〉，見《現代性

216　　　　　　　　　　　　　　　　　　　　　　　　思想　第21期

在自由主義學人看來，施派並非如其宣導者所宣揚的那樣，只是專注於古典學問，而更有其自身的政治訴求。陳冠中的小說《盛世》便塑造了一群因服膺施米特、施特勞斯學說而納粹化的青年，體現了自由主義者對施派的國家主義取向的擔憂[3]。

在這場方興未艾的施學熱的背後，劉小楓無疑是最主要的推動者，也是無數服膺古典學問的青年學生的精神導師。審理劉小楓自身在引介施特勞斯上的意圖，也許有助於我們看清這場中國式的古今之爭的特質。如其自身所言，中國學人在引介西方學問時，心中所想的無不是如何型塑中國[4]。而這也提醒我們必須回到事態的源頭——劉小楓個人的施特勞斯轉向，或者更明確地說，劉小楓從自由主義向施特勞斯的轉向。這篇論文便是理解劉小楓這一轉向的一次小小的嘗試。

就這一問題而言，劉小楓出版於2002年的文集《刺蝟的溫順》具有特殊的重要性。書中所收五篇文章均成文於1998年到2000年之間，這正是他的轉型期。比較這幾篇文章，我們可以清楚地看到他前後思想的變化，以及他經由施米特而轉向施特勞斯的因由。如劉小楓自身明言，這些文章「留下了行路的痕跡」[5]。對照劉小楓同一時期寫下的另一篇介紹施特勞斯的文章〈施特勞斯的路標〉，可以說《刺蝟的溫順》正是劉小楓自身的路標。我們可將這五篇文章劃

(續)————————————

　　的多元反思(知識分子論叢第7輯)》，許紀霖主編(南京：江蘇人民出版社，2008)，頁22。

3　陳冠中，《盛世：中國2013》(香港：牛津大學出版社，2009)。

4　見劉小楓，〈施特勞斯與中國：古典心性的相逢〉，收於氏著《施特勞斯的路標》(北京：華夏出版社，2011)，頁336。

5　劉小楓，《刺蝟的溫順：講演及其相關論文集》(上海：上海文藝出版社，2002)，弁言，頁2，以下引自該書內容均隨文標注頁碼。

分爲兩個階段：批駁查理斯・泰勒社群主義觀的〈平等地重新分配真理？〉和紀念西美爾的〈金錢 性別 生活感覺〉這兩篇文章寫在轉向之前，尙處在現代性自身的視域之內；而〈尼采的微言大義〉、〈現代政治思想紛爭中的施米特〉和〈刺蝟的溫順〉這三篇文章則算轉向之作。本文將聚焦於〈平等地重新分配真理？〉、〈刺蝟的溫順〉和〈尼采的微言大義〉這三篇文章，它們鮮明地呈現了劉小楓在自由主義立場上天翻地覆的變化。在〈平等地重新分配真理？〉中，劉小楓站在自由主義的立場上抨擊社群主義，是一篇明顯的自由主義辯護詞；在〈刺蝟的溫順〉一文中，劉小楓則以施特勞斯爲追慕的對象，而將自由主義的代表伯林作爲攻擊的靶子；〈尼采的微言大義〉處在五篇文章的中間，由於劉小楓自己格外強調施特勞斯所挖掘的隱微—顯白的寫作技藝，他的意圖可能在這裡吐露得最爲明確。

爲自由主義聲辯

早在轉向施特勞斯之前，劉小楓的學術旨趣便一直漂浮不定，從哲學、神學，再到社會學。但無論其著述在學科上如何分類，在政治譜系上稱之爲自由主義者大體不會有錯；儘管他的這一立場本身充滿著曖昧，也暗示了他後來對自由主義的背離。但最爲直接地爲自由主義聲辯的恐怕唯有〈平等地重新分配真理？〉一文，這也許可以讓我們理解，爲什麼在最近幾年陸續出版的劉小楓集裡，早先發表的作品經過或多或少的修改，幾乎均收錄在內[6]，唯獨不見〈平

---

6 改動最大的莫過於〈儒家革命精神源流考〉一文，同是引用莊子的「世俗之所謂至知者，有不爲大盜積者乎？所謂至聖者，有不爲大

等地重新分配真理？〉一文。可以想見，對一個徹底告別自由主義
的人而言，他定是對這篇最爲明確地爲自由主義張目的文章懊悔不
已。

　　在這篇文章中，儘管劉小楓有意地將「平等」一詞的外延擴大，
但在文中主要指的是不同文化之間不存在高下優劣之分，劉小楓稱
之爲多元價值觀的平等主義，在他看來，泰勒正是這一主張的宣導
者。劉小楓對他的反駁主要基於兩點：如果將多元價值觀作爲政治
秩序的基本原則，1. 它會「把不可避免的價值觀衝突引入政治秩
序，……從而使政治秩序的穩定性不復可能」；2. 它與「思想和信
仰自由的原則相抵牾」，而變成了一種價值強制（頁10）。在劉小楓
看來，自由主義並不否認差異，他自己也相信，「人類在價值偏好
的真理問題上永不可能達成一致」（頁23）。但自由主義的好處在於，
它提供了一個基礎性的政治框架，它把「機會均等運用於公共領域，
讓多元文化的理想保持在私人和社會之間」，這就容忍甚至鼓勵了
文化差異。而泰勒的多元平等主義卻是要否定這最低限度的公共理
性，但一個社會若是取消了這樣一個底線性的政治框架，是十分危
險的。就此而言，劉小楓對自由主義的辯護完全是《政治自由主義》
之後的羅爾斯或哈貝馬斯式的。同樣，在他看來，泰勒所捍衛的不
是個體的差異，而是集體的差異。以多元主義爲名，集體可以堂而
皇之地藏在文化特殊性的背後而對個人施以壓制（頁20-21）。劉小楓
對自由主義的辯護始終隱含著一種普遍主義的立場。

　　但他對自由主義的辯護也並不是毫無保留的，他認爲自由主義

（續）—————————————————

　　盜守者乎？……聖人不死，大盜不止」，前後立意已截然相反。對
　　比《儒家革命精神源流考》（上海：上海三聯書店，2000）；《儒教
　　與民族國家》（北京：華夏出版社，2007），頁85-194。

有其內在的困難，他稱之爲「自由主義柔軟的下腹部」：個體自由
如何與社會共契相平衡。對此他認爲存在兩種對自由主義的批判方
式，一種是內在批判，即「通過批判自由主義來推進、完善自由主
義政治理想，其前提是認可自由主義基本原則」；另一種是外在批
判，即「否棄自由主義基本原則，爲社會生活的政治秩序另立價值
基礎」。（頁34）

　　儘管劉小楓認爲對自由主義的外部批判也是可能的，但他並未
看到一種可以接受的外部批判，這在很大程度上出於他拒絕集體主
義。在他看來，從盧梭到黑格爾，再到泰勒，這些自由主義的外部
批判，究其實質是集體主義，他們的主張必然會導致犧牲個體（頁
37）。由此可見，他是先在地站在自由主義的立場上對這些批判表示
拒斥。不是對自由主義的外部批判不可能，而是他不可能接受一種
否棄個人的思想和言論自由的主張。他是徹底地站在自由主義的視
域之內思考自由主義的，他對自由主義的信念全然維繫在自由主義
對個人思想和言論自由的保護上。一旦這一點被駁斥，那麼他的自
由主義立場便搖搖欲墜了。

　　〈現代政治思想紛爭中的施米特〉中的一段話，可作爲理解劉
小楓的施特勞斯轉向的一個注腳：「施特勞斯的評注提出了一個相
當重要的問題：批判施米特的政治哲學，必須『超逾自由主義視域』，
從自由主義出發克服自由主義的困難是不可能的。要『超逾自由主
義視域』，也就意味著同時要超逾自由主義的敵人，因爲，自由主
義的敵人與自由主義一起站在現代性政治理解的地平線」（頁165）。
正是施特勞斯讓他走出了這一「魔障」，使他相信，沒有一種制度
可以保護哲人，而在任何一種制度下哲人都仍有可能保有思想自
由，這就使他有足夠的理由放棄自由主義。他在〈平等地重新分配
真理？〉中尚未找到的外部批判在施特勞斯那裡找到了。在該篇文

章中他將現代性視爲非西方社會不可逃脫的宿命(頁39)，而在施特勞斯那裡他看到了對現代性予以拒斥的可能。問題是一以貫之的，但對問題的回答已全然兩樣，施特勞斯堪謂劉小楓的「啓蒙人」。

諸神之爭與美好生活

〈刺蝟的溫順〉將伯林的價值多元論作爲攻擊的靶子，若我們回過頭來看〈平等地重新分配真理？〉，泰勒的多元平等主義不過是伯林這一立場的極端化。但在這篇文章中，劉小楓對價值多元論的批評與對伯林的消極自由觀的批評是一致的，因爲在他看來，消極自由正以價值多元論爲支撐(頁171)。

〈刺蝟的溫順〉極盡誇張地演繹了施特勞斯與伯林之爭的思想史意義，而爲了讓施特勞斯在這場虛構的論爭中占全面優勢，他不惜以扭曲伯林本意的方式來貶低伯林。但劉小楓自己又說，「對於伯林，施特勞斯不過順便糾彈而已」(頁188)。因此我們可以說，伯林的重要性不是對施特勞斯而言，而是對劉小楓自己而言的；他事實上是通過對伯林的攻擊完成自己對自由主義的告別[7]。在最根本的判斷上，他與伯林是一致的：價值之間存在著永恆衝突。他在《沉重的肉身》中所著意渲染的倫理困境亦是對這一原則的體現。即便在他皈依施特勞斯之後，他也未放棄這一判斷，並將價值衝突論也作爲施特勞斯的根本判斷，甚至認爲施特勞斯對自由主義的批判正

7　也許值得一提的是萊辛在劉小楓心中的地位，劉小楓濃墨重彩地描述前者由普世的啓蒙立場轉回真理秘傳之道，頗有自況之味。見劉小楓，〈密……不透風〉，收於氏著《儒教與民族國家》(北京：華夏出版社，2007)，頁245-282；〈學人的德性：施特勞斯與萊辛〉，收於氏著《施特勞斯的路標》，頁240-334。

在於自由主義「想掩蓋人類不同生活理想之間不可調和的衝突」(頁
175)。劉小楓未對施特勞斯的這一論斷加以說明,我們很難判斷這
是真實的還是劉小楓自己的臆造。就字面而言,施特勞斯與伯林關
於價值永恆衝突這一判斷的表面一致背後,存在著根本的分歧。在
施特勞斯那裡,所謂的衝突更多是現實性的,不同意見之間的衝突
恰恰指向了真理。而在伯林那裡,價值的永恆衝突首先是本體論上
的:我們無法為不同價值找到一個可以公度的永恆不變的尺度,價
值與價值之間也是互不相容的,對一方的選擇便是對另一方的喪
失。就此而言,施特勞斯算不得真正的價值衝突論者,除非劉小楓
另有所指。但施特勞斯那裡也不是沒有伯林意義上的根本衝突,這
便是〈刺蝟的溫順〉所極力淡化的哲學與神學之爭。憑藉理性探詢
還是憑藉信仰來生活,這是兩種完全不同的生活方式,儘管它們各
自預設了什麼是好的生活的重要性,但所遵循的卻是兩種不同的尺
度。但在對這兩者的態度上,施特勞斯從根本上還是一元論式的,
雖然哲學與神學均無法駁倒對方,但這並不意味著他相信兩者都是
同等正確的[8]。

在劉小楓看來,伯林和施特勞斯都接受價值衝突這一事實,但
所不同者在於,伯林認為哲學家的職責僅在於呈現不同價值之間無
可避免的衝突,人們不應試圖從哲學中尋找「我們應該怎麼做的答
案」;而在施特勞斯那裡,價值的衝突並不意味著我們不應探詢什
麼是好的生活,即便哲學並不占有真理,而只是尋求真理,這種探
詢本身仍然是重要的(頁182-184)。當劉小楓指責伯林認為哲學不應

---

8 施特勞斯關於哲學與神學關係的論述可見〈耶路撒冷與雅典:一些
初步的思考〉和〈神學與哲學的相互影響〉這兩篇文章,它們同收
於恩伯萊、寇普編《信仰與政治哲學:施特勞斯與沃格林通信集》,
謝華育、張新樟等譯(上海:華東師範大學出版社,2007)。

回答什麼是好的生活時，他回避甚至是有意地混淆了伯林對哲學思考與政治行動所做的界分。伯林說哲學家的職責僅在於呈現不同價值之間的衝突，而不應試圖替人做出選擇。他或許對柏拉圖這些哲學家的一元論持保留態度，但他並不認為這些思考本身都是不應當的。他所反對的是：如果讓某一種學說成為支配一切的準則，必然會帶來政治上的壓制，而且也會取消了哲學；因為當目標已完全確立之時，所需的不過是手段這一技術性問題[9]。的確，價值衝突必然牽涉到價值選擇，但這應由面臨價值衝突的個人來選擇，而不是由哲學來承擔。劉小楓將施米特式的「哲學必然是政治的」這一論斷套在伯林頭上，混淆了在伯林那裡哲學與政治的界線（頁178）。而且劉小楓也刻意地製造了自由主義可怕的政治後果。比如他指控，根據伯林的價值多元論，只要「民族社會主義」不把自己變成普世的絕對價值，那麼它也是正當的（頁184）。但劉小楓完全沉默的是，納粹對世界的災難主要不在其價值本身，而是它根據這一價值而展開的政治行動，是其對無辜者的屠殺。伯林對一元論的控訴也主要不在其哲學思考上，而是它要將哲學轉變為行動。只要我們考慮到這一點，就絕不會認為納粹也能在伯林的價值多元論中正當化。同樣，在劉小楓對施特勞斯關於猶太人問題的重述中，施特勞斯所認為的自由民主制無法解決猶太人問題，在他這裡變成了是自由民主制導致了猶太人受到歧視和迫害，猶太人問題的出現也只是現代民族國家興起之後的事情（頁173-174）。施特勞斯很確鑿地寫下的是：「最具中世紀特色的行動十字軍運動；可以說，它以對整個猶太社區的

9	伯林，〈政治理論還存在嗎？〉，收於古爾德、瑟斯比編，《現代政治思想：關於領域、價值和趨向的問題》，楊淮生譯（北京：商務印書館，1985），頁404-441。

謀殺作爲頂點不是偶然的」[10]。在劉小楓這裡,中世紀卻變得充滿
著人道和溫情,神聖羅馬帝國的法律「對猶太人身分既沒有特別的
規定、也沒有歧視」(頁173)。

　　伯林與施特勞斯的根本分歧在於,是否存在著一個對價值進行
排序的永恆的尺度。伯林承認存在著普遍的人類問題,但他否認對
這些問題的解答是永恆不變的。施特勞斯則雖然承認歷史情境對思
考的一些限制,但他相信對根本問題的回答不受歷史的限制。但哲
學本質上是探詢式的,它只是朝向真理而不占有真理,這也就意味
著永恆尺度本身是否存在其實是一個信仰問題。施特勞斯對伯林的
批判至多是,價值之間的衝突並不意味著我們無法在衝突的價值之
中找到一個衡量的尺度。但伯林同樣可以如此反駁:如果存在這麼
一個永恆普遍的尺度的話,那麼請告訴我這一尺度是什麼,而且它
能經受一切理性和經驗的詰問;至少我目前仍未看到這樣的尺度存
在。就此而言,伯林與施特勞斯的對立絕非如劉小楓表面上所宣稱
的那樣,施氏輕而易舉地就駁倒了伯林。

　　劉小楓通過層層的扭曲造僞,製造了施特勞斯毫無懸念的勝
利。但這種扭曲本身說明他放棄了對這一問題的理性探討,我們甚
至可以猜測他從根本上拒斥了理性這一論辯方式。

世界的本質虛無

　　讀過劉小楓近幾年文字的人,定然對他過度渲染的「秘傳真
理」、「隱微—顯白雙重真理」之說並不陌生。在與〈刺蝟的溫順〉

10　施特勞斯,「《斯賓諾莎宗教批判》英譯本導言」,收於賀照田編,
　　《西方現代性的曲折與展開》,頁229。

同時期寫就的另一篇介紹施特勞斯的長文中，劉小楓引了一段施特
勞斯的學生羅森的話作為對「金蘋果」這一著名比喻的解釋：

> 在施特勞斯看來，柏拉圖對話的表面意義和深層意義的區別，
> 可以用邁蒙尼德《迷途指津》中的意象來解釋；一個覆蓋有一
> 層帶有小眼的銀箔的金蘋果。銀箔本身值得一看；對於目光能
> 夠穿透銀箔的人來說，銀箔覆蓋下的東西尤為可觀。在此需要
> 深度觀察。[11]

但就在對邁蒙尼德的引用之後，羅森緊接著說的是，「施特勞
斯的令人困惑之處在於，他引導我們的目光透過銀絲網的網眼去看
它下面的東西，但卻是以這樣一種奇怪的方式引導我們，使我們發
自內心地感到下面並沒有什麼金蘋果。在銀之下，彷彿是更多的銀，
也許比外層的成色更高一點，但是絕對不是什麼金蘋果。……施特
勞斯用一個看起來更嚴厲的論題，即哲學從來沒有誕生過，來教導
他的學生捍衛古典時代的真理。」[12] 劉小楓的引用同樣令人困惑，
他對羅森後面這一說法的沉默究竟是表示拒絕還是默認？如果是後
者的話，那麼金蘋果比喻便是一個謊言，也並沒有什麼所謂的秘傳
的真理。

〈尼采的微言大義〉或許提供了更為直接的答案。該文的第二
節以「沒有真理，只有解釋？」為題，意在駁斥福柯、德勒茲和德
里達等後現代思想家的尼采解釋。尤其是德里達，在劉小楓看來，
他將尼采塑造成一個採用多聲風格發言的人，而沒有了自己的聲

---

11 劉小楓，〈施特勞斯的『路標』〉，收於賀照田編，《西方現代性
的曲折與展開》（吉林：吉林人民出版社，2002），頁12。

12 斯坦利·羅森，〈金蘋果〉，收於賀照田編，《西方現代性的曲折
與展開》（吉林：吉林人民出版社，2002），頁276-277。

音,尼采的文章「有無限制的解釋可能性,哲學在他那裡成了無限的解釋」(頁74-75)。但一節之後,劉小楓卻明確地說,「『這個世界沒有真理,只有解釋』,可謂對哲學本質的精闢說明:哲人沉思什麼,並不頭等重要,而是知道對誰說,如何說(今人倒過來問:誰在說)」(頁90)。在這篇文章中,我們同樣可以看到羅森對劉小楓的巨大影響,他大量借用了羅森的尼采解釋,包括最關鍵的一點:在尼采那裡,所謂的真理是世界的本質混亂,即虛無[13]。但不同於德里達這樣的後現代論者,劉小楓並不認為多聲風格意味著沒有尼采自己的聲音。在他看來,多聲風格不過是尼采的面具,面具所發出的仍然是尼采的聲音(頁75-76)。對誰說、如何說取代了沉思什麼,成為哲學的首要問題。

　　稱尼采為虛無主義者並不奇怪,施特勞斯也將尼采作為現代性第三次浪潮的代表,正是通過他,最徹底的虛無主義得以展開[14]。但尼采畢竟不同於施特勞斯,劉小楓對羅森的施特勞斯解釋的態度仍有待進一步確證。在〈學人的德性〉這篇文章的一個注釋中,劉小楓提到阿爾特曼對施特勞斯的指控:「施特勞斯骨子裡是個無神論者,這等於說施特勞斯是個虛無主義者」。劉小楓承認了這一指控,在他看來,「哲學搞到盡頭,一定會撞上虛無」,他正是以尼采作為這一觀點的佐證:「尼采深知何謂虛無,而且正是尼采公開說出了哲學與虛無的內在聯繫」。由此我們可以說,虛無是劉小楓對這個世界的根本判斷,在這一點上,施特勞斯與尼采有著相似的

13　羅森,〈尼采的『柏拉圖主義』評述〉,見氏著《詩與哲學之爭》,張輝譯(北京:華夏出版社,2004),頁190-209。

14　施特勞斯,〈現代性的三次浪潮〉,〈德意志虛無主義〉,均收於施特勞斯《蘇格拉底問題與現代性》,彭磊、丁耘等譯(2008),頁43-46、128-129。

面孔。但是他認為，糾執於哲人的虛無主義是不必要的，只要哲人不讓「這個世界的虛無本相大白於天下」，他便是「一個卓絕的反虛無主義者」[15]。

但對於嚴肅地思考諸神之爭與美好生活的人來說，強調這一點並不過分，它有助於我們更清晰地理解劉小楓對伯林價值多元論的批評的實質。如果世界的本質是虛無，那麼指責伯林的多元主義實質上是相對主義，這是說不通的，因為恰恰是他本人走得比伯林更為極端，從根本上否認了真正的美好生活的可能性。反倒是伯林明確地拒絕將多元主義等同於相對主義或虛無主義，價值的相互衝突並不意味著這些價值不可以是絕對的。如果說在這一點上他能夠指責伯林的話，那僅說明他在邁向虛無主義之路上的不徹底。

哲人的面具

顯然，劉小楓對伯林的批評並非指向伯林個人的多元主義立場，而是他將價值的永恆衝突這一觀點公之於眾，宣稱在什麼是好的生活上，哲學無法替他人做出選擇──他沒有持守「虛無主義屬於少數人」的戒條。也正是在這裡，我們得以看清劉小楓的施特勞斯轉向的確切所指。問題的關鍵不是世界的本質是虛無，而是該不該將這一真相告之於眾。哲學的首要問題不是真理，而是解釋，是哲學與人民的關係，也就是說政治哲學不再是在政治面前為哲學辯護，而是哲學的實質。就像羅森對金蘋果的解釋：在銀箔之下只是更多的銀，並沒有什麼金蘋果，在這裡，面具便是本質。由此我們

15 劉小楓，〈學人的德性〉，見氏著《施特勞斯的路標》，頁330-331。

可以知道，無論是尼采還是施特勞斯，乃至司馬遷[16]、鄒讜[17]，都
是劉小楓的面具，重要的不是這些人本來的說法是什麼，而是劉小
楓透過這些面具想要說什麼。而所謂的美好生活便純粹成了謊
言——儘管是「高貴的謊言」，哲人與民眾的衝突也不再是基於真
理與意見的衝突，而是虛無主義與賴信仰生活的衝突。

　　在劉小楓看來，哲學與人民的關係成為哲學的第一要務。「關
係」一詞尤值玩味。哲人與民眾的衝突容易理解，因為兩者的生活
方式全然不同，後者依信仰而生活，但前者卻是拒斥信仰的無神論
者。但「關係」一詞卻不局限於這層衝突，甚至這種衝突也並不是
至關重要的，它所指向的是一種明顯的權力關係：哲人的面具是他
對民眾所撒下的謊言。哲人與民眾的衝突背後所隱含的是，哲人應
該統治人民，它從根本而言是政治性的。這也鮮明體現在劉小楓對
尼采「權力意志」的解釋上，他把它簡單地歸結為統治欲，哲人與
民眾各有其權力意志，這兩種權力意志「明明說的是統治和被統治
的政治關係」（頁77）。

　　值得追問的是，哲人進行統治的正當理由是什麼？劉小楓先後
給出了兩個表面相似但實為不同的理由：1. 統治的正當性基於高低
有序的價值秩序，而唯有具有求真意志的哲人才能「辨別價值的真
偽、排列價值的高低秩序」（頁77-78）；2. 人的資質高下有別，「一
個國家的良好公正的秩序基於人按其資質的高低被安排成一個等級
秩序」（頁98-99），資質最高的哲人顯然應該在統治序列的頂端。第
一個理由與哲學對真理的探詢密切相關，但既然哲學所洞悉到的本

16　劉小楓，〈司馬遷屬什麼『家』〉，見氏著《重啟古典詩學》，頁
　　297-306。

17　劉小楓，〈誰能使中國恢復『大國』地位：《美國在中國的失敗》
　　三思〉，見http://wen.org.cn/modules/article/view.article.php?2282/c4

質是混亂與虛無，那麼所謂的價值秩序便是謊言。對劉小楓而言，第二個理由可能更為真實些，因為他的精英主義立場是一以貫之的。〈平等地重新分配真理？〉和〈金錢 性別 生活感覺〉這兩篇文章都可算作對平等主義的抨擊。只是在這兩篇文章中，他的精英主義立場都受到自由主義的牽制，它是被動的、抗拒性的，他反對一切將人夷平的行為。而在施特勞斯轉向之後，他的精英主義立場則變得主動和帶有攻擊性，他得以更為直率地宣揚精英的統治。人的資質各有高下，這無可疑議，一個理想的秩序可能正是每個人從事合乎個人資質的職業，但這不足以成為哲人統治的現實理由。如休謨所言，要保證每個人各安其序，除非存在著一個全知全能者，而在自負的人類中間，我們絕難找到一個明確的尺度來劃定彼此資質的高低，它所引發的不過是數不盡的衝突[18]。要求哲人的統治，所出現的局面便很有可能是許多自稱有哲人資質的人相互打架。不過無論如何，有一點很清楚，劉小楓對政治哲學的考慮全然是政治性的。

　　讓人困惑的是，劉小楓卻又一再地強調哲人的本分是過沉思生活，而非為人民服務，而後者正是現代知識分子在幹的事情（頁104-105）；這一點與他之前所說的哲學的首要問題是哲人與人民的關係明顯矛盾。而如果世界的本質混亂便是哲學所發現的唯一真理，那麼可以說沉思生活也是哲人的一副面具。如果哲人「高貴的謊言」僅在於隱瞞世界的虛無本相，那麼他大可保持沉默；他選擇說謊，這本身說明了他在有意地施行教化。哲人的統治並不必然要求現實的政治權力，哲人以其言談傳世，本身便對民眾的生活信念

18　休謨，《道德原則研究》，曾曉平譯（北京：商務印書館，2001），頁44-45。

構成影響。劉小楓自己也明言，唯有哲人才有資格擔當社會的道德
立法者(104頁)。哲人與民眾的關係類似於牧人與羊群的關係，哲人
以其雙重說辭克服了兩者之間的必然衝突。這不由讓人想起劉小楓
在〈平等地重新分配真理？〉中所提到的自由主義的內在矛盾：個
人與社會的共契問題。哲人與民眾的共契在很大程度上只是這一問
題的某種變型：在前者那裡，自由屬於所有人；而在後者這裡，自
由屬於少數人。自由主義自身無法克服的欠缺通過這樣的變型得到
了解決，它所倚靠的不是自由主義制度（「沒有一種制度能保護哲
人」），而是哲人的審慎[19]。另外，劉小楓也明確地說，哲人的「高
貴的謊言」不僅針對民眾，也針對君王，「哲人對國家的責任是，
儘量使得人民與君王和諧相處」（頁86）。由此我們是否可以猜測，
劉小楓近幾年越來越向國家主義靠近，這一點可作為解釋的理由之
一？但對這一問題的完整回答顯然非本文力所能及。

　　有趣的是，當劉小楓說哲人應該首先過沉思生活時，他一再地
提到所沉思的是「何為高貴」，也就是我們前面所說的按資質劃分
的等級秩序。但我們知道高貴的未必是真理，比如「高貴的謊言」，
哲人對高貴的沉思毋寧說是對哲人統治的正當理由的沉思，哲人的
統治以哲人與大眾的區別——資質上的高下之分——為前提。在劉
小楓看來，正是堅持這一差別構成了古典哲學與啟蒙思想的根本分
歧。由此我們可以理解，劉小楓對現代知識分子的主要反對，不是
因為他們「為人民服務」，而是因為他們宣揚的自由平等學說顛覆

19　劉小楓自己在〈刺蝟的溫順〉中也提到了這一問題（頁222），但所
　　涉及到的背景是哲學在共同體面前為自己辯護，哲人的權力意志被
　　有意地遮蔽了。我們可以說，「溫順」本身便是一種溫順的表達，
　　在哲人與民眾的共契中，哲人所隱藏的只是他的瘋狂，並沒有拒絕
　　其統治欲。

了人因資質劃分等級的「自然秩序」。正是在這一點上他將真正的矛頭對準了「現代自由知識人」，而哲人與民眾的衝突反倒是次要的。

為了貶低「現代自由知識人」，他篡改了尼采對「高貴的謊言」和「頹廢的真理」所做的區分[20]，而變成了「高貴的謊言」和「頹廢的謊言」：「『高貴的謊言』並不迎合人民，而僅是不說穿真理。頹廢的謊言則是：哲人明明知道人民不關心真理，卻違背自己的本分，講迎合民眾信仰的話，甚至賣身為人民、充當人民的代言人，把『求真』的權力交給了人民」（頁102）。這裡頗值玩味的是他將「真哲人」的「謊言」打上了引號，而「偽哲人」的「頹廢的謊言」卻沒有。通過這樣巧意的置換，「頹廢的真理」變成了真實的謊言，而「高貴的謊言」似乎反倒成了真理。通過這樣的篡改，自由平等學說便成了低劣的謊言。

根據上述所言，我們可以理解，為什麼哲人與人民的關係是哲學的首要問題，對這一關係的不同態度構成了古今之間的核心衝突。但古今之爭並非這一問題的實質；對這一問題理解上的衝突由來已久。現代哲人的真實名字其實是智術師，古今之爭不過是柏拉圖這樣的「真哲人」與智術師這類「偽哲人」之爭的歷史餘緒。於是在劉小楓的敍述之下，這場論爭就不僅僅是歷史性的，它更像是善惡之間的永恆爭鬥。在〈尼采的微言大義〉中，他借尼采之口，以先知的口吻宣示：「現代知識分子已經淪為真正的畜群，『必須一掃而光』」，他稱之為尼采的微言（頁116）。如果說在最初寫作〈尼采的微言大義〉之時，他還不加區別地將現代作為一個整體與古典對立，那麼從劉小楓後來對原有文本的改動可以看出，他越來越將

---

20 參見羅森，〈尼采的『柏拉圖主義』述評〉，前引書，頁205。

矛頭指向了自由主義。比如同樣這句話,在新版中「現代知識分子」
被換爲「現代自由知識人」[21]。古今之爭,哲人與民眾之爭,最終
全部轉變爲與自由主義之爭。由此我們可以看到,劉小楓完成了一
個從自由主義的衛道士到自由主義最徹底的敵對者的改變。

蘇光恩,浙江大學公共管理學院博士研究生。

---

21 劉小楓,〈刺蝟的溫順〉,見氏著《重啟古典詩學》(北京:華夏
 出版社,2010),頁285。

《四書》應該必讀嗎？

《四書》應該必讀嗎？
——又一次爭議

台哲會論壇

前言

民國100年10月22及23兩日，台灣哲學學會假台北醫學大學舉辦2011年度會員大會暨學術研討會。除發表六十餘篇專業論文之外，大會也特別設立了「四書納入高中必選教材是否合宜？」哲學論壇，邀請各界賢達各抒己見，並與在場學界人士切磋琢磨，共同探究其中所涉及的議題。

台哲會之所以主辦爭議這麼高、政治性這麼強的論壇，有基本的理念。其一，是相信爭議的背後常有深刻的問題等待探索，其二，是相信不同意見各方之間理性而互相尊重的對話有助於深入問題，甚或尋得共識、得到解決問題的辦法。台哲會無意辯論分出勝負，也不是要在政治或政策上動員或策動哪一方。我們只是相信：帶著理性、開放態度來與會的成員，經過不同意見的激盪之後，能夠形成自己的判斷，在不壓迫對方的前提外，逐步尋得建立共識的可能。

受邀參與論壇的與談人，各有獨特的專業訓練與背景。佛光大學謝大寧教授在中文學界夙享盛名，也是四書納入高中必選教材的重要推動者之一。清華大學祝平次教授同樣來自中文學界，　對此

一政策期期以為不可。中正大學謝世民教授專精法律與政治哲學，從自由主義的立場反對國家違反中立原則。台灣大學范雲教授，長期耕耘社會學領域，從多元文化、民主程序及女性主義看待此事。嘉義女中卓翠鑾老師是第一線國文教師，大學主修哲學的她，從高中教育現場及自身教學專業，提出精闢見解。東海大學蔡家和教授與台灣大學杜保瑞教授都在哲學系教授中國哲學，對於四書納入高中必選教材，基本上抱持樂觀其成的態度。同樣在哲學系任教，曾受中國哲學吸引的中正大學陳瑞麟教授，則從親身經歷及其他角度持反對立場。透過多樣的背景與不同的立場，我們希望盡可能引發豐富多元的思考。

　　因為時間有限，論壇設計採書面與會議現場兩者並行。在會議舉辦之前，祝平次與陳瑞麟兩位書面與談人已經先寫好全文，供其他與會者參考。謝大寧、范雲、卓翠鑾與謝世民諸位，則在會議現場陳述主張並回應問題。杜保瑞與蔡家和兩位，是在聽過論壇錄音並讀過逐字紀錄之後，提出會後書面回應文。收錄在此的文字，因此分為**會前**、**現場**與**會後**三部分。若算上現場10位提問者，一共有18人留下思考與對話中的足跡。四書納入高中必選教材是否合宜，我們或許並未找到足以讓各方信服與接受的結論，但對於此一問題所涉及的各個面相，這一論壇相信至少有探賾索隱之功！

台灣哲學學會第六屆祕書長 張忠宏

會前書面與談文

清華大學中文系祝平次教授

各位親愛的與會者：

　　很感謝台哲會費心安排，讓我有機會以這樣的方式參與這場論壇。這樣的方式，讓我覺得與陌生的你們親近不少。這種親近感，讓我決定寫一封信給你們，來表達我的意見。這種親近的陌生也讓我覺得興奮，類似於一個高中生對於即將面臨與置身其中的世界感到興奮一樣。他即將成為這個世界的一部分，嘗試這個世界所能夠提供給他的苦楚辛酸與快樂，然而他對這個世界，卻沒有多少的認識，只感覺到陌生，乃至於對於要進入這個世界的事實，一無所覺。但不管有無所覺，卻有一項人生的大事，將使他大大震驚，而這項大事，卻是他花一輩子時間也無法完全掌握的事。

　　也許我現在講的是我自己的經驗。但就像中國先秦的孔丘、孟軻一樣，他們總是從自己的經驗去推知別人的經驗，總是把辯論的基礎建立在共同的經驗之上，這也是我今天嘗試進行的方式。畢竟對於異見的討論，如果不能有一個可以共同衡量的標準，那這樣的討論注定流於各說各話，雙方無法從這樣的討論得到什麼益處。建立共同的基礎有不同的方式和方法，我也歡迎執持相反意見的學者，能夠提出他們所偏好的共同基礎。不要像教育部的說帖，理由變來變去的，好像不知道自己在做什麼，像把《四書》說成是什麼都可以醫治的萬靈丹，等別人一質疑，他們又問東答西，使用閃躲戰術。最後終於在總統選舉階段，露出廬山真面目，說是為了「強調台灣是中華文化領航者的優勢地位」，甚至要進一步為台灣的讀經班拍廣告片。這種無益於討論而有益於達成既定政策的作法，對

於問題的理解與決定沒有什麼幫助，只是展現出政治權力擁有者的粗暴而已。以下，我就依著自身的經驗、我對於儒學歷史構成的認知、以及我對儒學思想倫理內涵的了解，申論反對在高中教《四書》的理由。

讓我從個人的經驗說起。高中生階段的大事，就是生理上的性成熟。尤其對於男同學來講，性生理要比女同學成熟得晚。在這段時期，他們的身體發生種種的變化。他們開始經歷擬真的夢中性經驗，會因為無法控制的勃起而感覺到尷尬。他們渴求親密關係，發現無法滿足於自身，必須和這個世界有所聯結來達到自己的滿足；即使這樣的滿足已經被實現，也無法預測還有什麼會等在前方。他們的身體跟他們講，從此之後，世界不會再是原來的樣子。對於這樣的高中生，教育可以提供什麼資源去面對未來的一切？所謂的教育他們是怎麼一回事？把他們困在兩千多年前寫成的文字當中，告訴他們自己身體的變化不重要？告訴他們世界的未來其實在兩千多年前就已經被決定，因為最重要的真理已經被揭示，而他們即將被告知，並且被要求遵守或信仰？告訴他們當自己的身體與這些語言無法連結接觸時，有適當的老師會幫他們引渡，讓他們也成為禁欲淨身朝聖的一員？告訴他們，聖境崇高，身體生理的需求是一種低劣的衝動？或是像某位引用經典的「搶救國文聯盟」的女性成員，要告訴他們「小不忍則亂大謀」？中國清代寫成的《紅樓夢》的第五回，就寫入了賈寶玉的夢中性經驗，做為全書討論性、情、欲的起點。《紅樓夢》寫的，就是要說關於身體的事忍也忍不住，那是男性性成熟的事實。文學可以如是坦白、誠實，哲學呢？儒學呢？

做為儒學源頭的開創者，中國先秦的孔丘與孟軻，怎麼解決這問題？他們解決的方式，就如孟軻所謂的「君子遠庖廚」一般，讓社會制度去解決這種人生的急迫性，讓他們所需要的伴侶消失在他

們的論述之中，讓他們的學說加入父權社會的一支而使得另一性永遠無法成爲文化上的重點。當他們侃侃而談男性士人怎麼在當時的封建貴族政治文化建立自我的時候，他們的性需求早就藉著指定婚配加以解決。更不用說，遠古《詩經》裡，儒家傳統的三代聖人的祖先，也都是與動物交合或是夢中受孕而來，其間充滿了各種神奇鬼怪之事，而孔丘的學生卻記載他「不語怪力亂神」，而且高聲頌揚堯舜三代之治。這種輕忽事實的傳統，下面會提到，現在還是讓我回到性需求的這個重要的人生大事上。關於這件人生大事，在孔、孟弟子所編纂的《論語》與《孟子》裡，只有一句「知好色而慕少艾，有妻子則慕妻子」講出了實情。其它，就如孟軻所說的，肉可以吃，不過最好自己不要殺生一樣；性可以愛，但最好閉口不談。

　　就歷史來看，中國古代先秦封建制度下，這些男性貴族有實際性經驗的時期和他們的性生理成熟時期是互相重疊的。現在台灣的社會，在初高中時期，兩性的交往普遍被壓抑，更不用說性、情、愛在很晚近才被導入教育系統；形成台灣嚴重的遲滯青春期現象。（日前，教育部花了一大筆錢要教導兩性情愛關係，而其鎖定對象年齡是25歲。25歲吧？！有這樣的教育部，難怪會有這樣的高中教育政策！）在實際社會制度不支持解決性情愛問題的情況下，還要利用這些避「欲」唯恐不及的中國儒家文本來達成推崇文化象徵的權威、達成政治意識型態的目的，個人當然是極力反對的。亞里斯多德早就說過，對於性成熟所帶來的身體變化，及其產生的生命力，若不好好引導，將引起個人生命的不良後果。他的建議，其實也是經由家庭的安排，進行早婚。但早婚，在現代社會，對大部分的人來講已經不可能。這也形成了生育率下降、然而教育文化又是極度禁欲的詭異現象。但亞里斯多德至少直面這個問題，儒學呢？

　　在這種情況之下，我們不能爲性成熟期的高中生提出什麼協

助，還要在這邊討論要不要把兩千多年以前的文本以原封不動的的型態逼它們接受。這是什麼樣的教育？這種不面對人生重大問題的哲學，從一開始就帶有不誠實的特質。或說，它的不誠實的特質其實是它在歷史脈絡裡慢慢形成的；因爲把它歷史脈絡裡的「食色性也」之社會背景割除後，再加上後世理學家「存理去欲」的閹割炮製，儒學的倫理思想成爲一種極端的道德主義，就使得它更加地不誠實。這些中國宋明時代的士人，披著道德論述的外衣，儼然成爲聖人的化身，替聖人立言，但就如宋明時代的帝制歷史所顯現的一樣，那時候的中國並沒有因此而有什麼令我們今天覺得偉大的變化。倒是稱皇帝都要稱「聖」，而精英階級不誠實的程度倒是增加不少；或是讓我們淡化這樣的不誠實，而將之稱爲理論與實踐之間的落差。

就集體現象而言，自從朱熹編訂的《四書》在帝制中國的元代成爲最重要的科考內容之後，它一直是帝制中國在廢除科舉前的意識型態。這些士人一方面高談存理去欲，一方面努力用功想要擠過科舉的窄門、一舉成名天下知；當然，雖然他們不說，我們都知道他們也是要一方面解決自己的性需求，所以中國唐代崔鶯鶯的故事才會成爲士人間流傳的故事，形成中國文學中的才子佳人傳統，更不用說在中國明代的章回小說裡士人與性的關係更是無所不有。今天在台灣，這些中國文化民族主義者不管意欲如何，他們驅動教育部逼高中生要念《四書》；而教育部因爲國民黨政府的統治意識型態，也樂於與之媒合。造成的結果和帝制中國的科舉不會有太大的差別。只是大家爲了考試，都把《四書》知乎也者一番；而且由於沒有政治、社會體制的配合，可以想像就像現在大部分的大學生一樣，一入大學，不用拋棄，就自然而然地置諸腦後。置諸腦後，也許不會造成什麼傷害，但爲什麼要讓性成熟期的高中生花那麼多的

時間在這種徒然上，只為了證明現在政權可以讓台灣占住中華文化領航者的優勢地位。畢竟，這種抽象的優勢是什麼優勢？和高中生的教育又有什麼關係？當高中生因為生理的關係，亟欲了解自我與世界，卻要他們在考試的威逼之下被鎖進部分人所認定的傳統，這是什麼樣的教育者態度？高中生的時間，難道沒有更好的使用方式嗎？為什麼不讓他們有多一點的時間去認識自身、認識自身所處的世界，以及他們自身與這個現實世界的關係？

就個人的虛偽層次而言，朱熹一方面認為科舉之學不是聖人之學，卻又把自己的長子送給呂祖謙去補習，呂祖謙亦即當時的科舉補習班的補習達人。朱熹再怎麼樣還是希望兒子能夠通過科舉求得一官半職、維持家族是官戶的士人身分。這雖然是人之常情，但對照他所提倡的聖人之學，難免讓人有言行不一的感覺。另外，明代的王守仁（號陽明），一方面講「以天地萬物為一體」之仁，卻在一夜之間坑殺了幾千名投降的民間起義士兵。當然，在台灣實施集權統治的蔣介石也自認為是王守仁的信徒，還把草山改成陽明山。而他的政權，就是一方面搞政治鬥爭、奪人性命，一方面又以儒家式的中華文化宣揚者自居。這種種不誠實，在他們現在的追隨者完全以闡揚為詮釋的方法與方向，當然無法提出來反省批判。但難道我們就要讓高中生在這樣的文化之中，消磨掉他們原來充滿活力的青春嗎？難怪魯迅要說，這樣的文化，是一種吃人的文化，把人的生理事實還有一些重要的面向都吃掉了。而魯迅對於要把孩子推入這種文化的火坑中，只有一個呼籲：「救救孩子！」

魯迅做為一個中國人在中華民國的初年，就已經覺得陳腐的儒家文化不但不合時宜，而且造成人性重大的扭曲與傷害。在今天已然民主化的台灣，我們對於他的批評不但未加以適切的理解，想出對策，反而要把小孩再推入這種吃人的文化裡。這是什麼樣的教育？

爲什麼要生理上正在經歷重大變化而心理上有著無數困惑的高中學
生學習在中國南宋帝制王朝被集結而成的科舉考試內容？《四書》
做爲一整套的文本，有什麼其它文本所不能取代的地位？而教育部
爲什麼要違反程序，不敢名正言順地列爲必修，在原來的必修與選
修之外又創造一個出換湯不換藥的「必選」？又《四書》到底是什
麼東西？將之列入高中必選課程，到底是爲了語文教育？文化教
育？還是品格教育？還是它是全科教育？（在帝制中國，它的確扮演
這個角色，而從部分支持者的發言來看，它們也還的確有這樣的信
仰。）教育部的說帖一直將重點放在品格教育，但品格教育爲什麼用
的是語文教育的選修時數？語文比較好的人，道德就比較高嗎？回
顧台灣的歷史，有哪位中文系的教授或在中文造詣有公認地位的
人，品格真的爲眾人所肯定嗎？

　　尼采對於傳統的保守主義者有如下的批判：他們只是禁欲的祭
司，自己已經遠離生活，卻還要把所有的人變成聽話的羊群之中的
一個，他們口口聲聲宣稱傳統的重要，而自己就是這種重要性的具
體代表。他們揮舞著法杖，領導羊群，成爲群羊的守護者，卻也隨
時準備把任何一隻不聽話的羊送上祭壇，做爲違逆傳統的代價。當
然尼采的批判是一種外部的批判，但這種外部批判指出的就是內部
人渾然不覺的權力關係，很容易被外部的人一眼看穿。在西方倫理
學兩千多年的傳統，到了尼采才把「道德論述」本身視爲一種權力
的形式加以揭露。接著這樣的揭露，西方20世紀的下半，可以說是
批判的半世紀。各式各樣的理論，試著揭露各式各樣權力與論述的
關係。當然，今天自內於儒家傳統的現代學者對於此點避而不談，
這樣一方面不會擾動他們的信仰，也讓他們更加安心地繼續享有自
己的地位。但當代的倫理學家Agnes Heller就對這個倫理學的後設問
題有所警覺。她問：誰有權力去對另一個人做出道德判斷？

今天在這裡談論高中生的教育問題遠遠超過道德判斷的問題。而是比道德判斷遠為嚴重的、透過體制進行道德灌輸的問題。難道不該問問，這樣的權力是什麼樣的權力？我們有什麼立場、教育部有什麼立場、教育部所特聘的課程委員有什麼立場去使用這樣的權力？根據新儒家對於孔孟學說的宣揚，儒學的基礎就是天生、主觀的道德主體性。請問在做這個決定的時候，這些高中生的道德主體性又被置於何種考慮的位置？為什麼它們必須被當做客體來對待？這難道不是理論與實踐差距所形成的虛偽的另一例嗎？權力與權利問題是儒家倫理學沒有反省過的問題，但在今天民主的台灣，這兩者都和現實的倫理情境有著緊密的關係。前面提到的蔣介石就是一個好的例證。由此，也可以見出儒家倫理學不合時宜的一面。他們以為不談論權力就是一種道德，卻不惜在不討論權力與權利的情況之下為所欲為，大動其所能動用的權力而完全不顧及別人的權利。這種儒家式的父權管理，西方學者已多所批評。大家看看新加坡片《小孩不笨》，就可以了解這種父權管理的體系。簡單來講，這種父權邏輯，就是大人怎麼樣處置小孩子都是為了小孩子好。亦即自己的道德信心，就是使用權力、不顧他者權利而對他者進行處置的理由。而這樣的邏輯和中國先秦時代做為法家總結的韓非子一模一樣，也在漢代被漢宣帝一句「雜用儒、法」一語道破儒法之間的正面關係。而中國清末民初的「萬惡孝為首」的口號，可以說就是對於這種過去中國政教合一體制最直接的抗議。

1949年中國共產黨打敗國民黨建立新中國的時候將儒家這套棄置不用。一直到今天，不管是中國還是台灣的大學裡的中文系，能持續提供完整《四書》課程的，個人聽都沒聽過。今年5月，我詢問一個中國的同行，他也說在中國沒有大學在教《四書》。（《論語》、《孟子》的情況不一樣。）這位中國同行，一聽我講台灣的高中課程

要植入《四書》時，他馬上說：「要怎麼教？要怎麼考？」連大學都無法教的課程，我們卻要高中生去學習。我們的課綱委員，只顧植入意識型態、文化立場，不顧教學現場要怎麼進行；這也是當代新儒家在詮釋儒學時表現出的重「道德」、輕事實的態度。

在這次的《四書》事件當中，這種態度表現為把很多社會現象連接到缺乏《四書》教育，例如學童不讓座、學校發生霸凌事件。對於這些事件，他們並沒有進行進一步的理解，就以缺乏修讀《四書》做為原因，向社會宣傳。以「霸凌」為例，只要多讀一點台灣的小說，就知道學校霸凌事件一直存在。也許，因為現在社會變動加劇、速度加快，霸凌事件的確比以前未工業化、未商業化的社會來得頻繁。然而，這個現象也是全球化的現象。忽視這種時空的特質，未加以適切的理解，就把閱讀兩千年以前的文本做為解決之道，實在很難看出其中的關聯性是什麼。但只要了解這些提議之人後面的文化信仰，則這種難以了解一下子就變得不解自明。這些人和教育部的政治合拍，也就不是那麼難以理解的事。但真得要為了部分人的文化信仰、政治目的，就葬送高中生的青春嗎？

這種輕忽事實而注重自己理念也是儒學的傳統。從孔丘開始就編造堯舜三代理想之治的傳說，而不管實際上的三代歷史是怎麼樣發生的。孟軻更在他的學生根據《詩經》的記載，質疑他所描述的武王伐紂的情況時，就說出了「盡信書不如無書」這樣的辯解。就連現在討論的《四書》，也是中國南宋的朱熹為了宣揚儒家傳承的道統而編造出來的，他把《大學》的作者指認為曾參，把《中庸》的作者指認為孔汲，同時代的葉適就已經指出這種說法違反歷史事實。

歷史可以任意變造，無怪乎帝制中國的皇帝喜歡這一套，在台灣遂行集權統治的蔣介石也喜歡這一套。之後國民黨還要燒掉雷震

的獄中日記，將雷先生處決兩次，以滅口來維持政治神話的持續。
而這種以主觀詮釋「道德」、「倫理」，不容他人根據事實置喙、
質疑正是傳統儒學政教合一的特徵。當代新儒家在挖掘儒家的深
意，當然都是把這樣的儒家思想與它們的時代割離，不考慮它們與
時代的一致性。解放以後的新中國則把它們與時代緊密結合，將之
視爲封建遺毒，大加批評聲伐。開放後的新中國則把它當做國家軟
實力，打著孔丘的招牌廣設孔子學院，試圖影響全球的中國論述。
但也還沒頭腦不清楚到把它引進到教育系統；畢竟，共產黨在〈東
方紅〉裡的豪氣還是在的。這種豪氣，簡單來講就是破除舊傳統儒
家士人的精英文化，而訴諸大眾的力量。不用說，這在中國的歷史
上是一豪舉，而且是成功的豪舉。這只要證諸共產黨成功之後所重
述的中國史就可以知道。敗落到台灣的國民黨採取的政治文化路
線，卻還是帝制中國孕育下的儒家士人的傳統精英社會的那種體
制，亦即與士人和地主結合的體制，在明清時代再加入無法被忽視
的商人和後來的企業家以及清末民初所形成的軍閥。當然，掌權後
的共產黨很快就發現大眾的政治力量對集權統治的不利影響，想方
設法加以控制。之後，毛澤東在內部鬥爭時又應用了一次，那就是
近代中國的悲劇之一文化大革命。可以說「民主」在共產黨的歷史
裡，後來不幸只成爲一種奪權的手段。而逃到台灣的蔣介石繼續他
的剷除異己、製造自己的聖王崇拜、並以中華文化的復興者自居，
在這個小島上繼續複製儒家政教合一的傳統。這和建立新中國之後
的中國共產黨一樣，只是共產黨宣傳的政教和國民黨不一樣。但一
向畏懼羣眾力量的國民黨，在這點上也彰顯出儒家精英統治的政治
意識型態。這只要比較〈東方紅〉的「東方紅，太陽昇，中國出了
個毛澤東」，和〈蔣公紀念歌〉的「繫惟總統，武嶺蔣公，巍巍蕩
蕩，民無能名」，就可以知道原來中國共產黨的精神是與民同治而

蔣政權是傳統儒家型態的延續。儒家文化這種士人精英文化，和民主並不一致，這也是我們動不動就會在台灣聽到有些人把「民粹」當做一種貶詞使用的原因。

前幾年當杜維明先生在中央大學宣揚儒學之後，一位哲學系博士班修習政治哲學的同學舉手發問：為什麼在台灣民主化的過程裡，沒有聽說那位儒者拋頭顱、灑熱血的，卻在台灣民主化之後，不斷地利用民主所賦予的權利來批評民選政府？杜先生當然沒有辦法直接而具體的回答，畢竟他長年旅居國外。但縱觀中國儒家的歷史，當代新儒家會討論的儒者，為了抗爭體制的合理性而下獄或被殺頭的，大概是零吧。被皇帝看不順眼而下獄的有一些；為了皇帝而死而不管它是不是好皇帝的而出名的，則有宋代的文天祥與明代的劉宗周等人。大家都知道，金庸《鹿鼎記》裡的韋小寶就是在諷刺這樣的倫理觀。只有為皇帝死的儒者，沒有為民主賣命的儒者，過去的台灣如此，過去的中國也如此，至於現在的中國呢？一樣的，恐怕那位質問杜先生的學生的問題，也可以適用於現在的中國。從六四到現在，在中國提倡儒學的人數非常多，但在中國爭取民主的，就我所知，一位也沒有。

如果歷史所顯示的是如此，那我們不禁要問：中國儒學裡這種和民主相異的倫理觀，適合在今天的民主台灣教導給高中生嗎？儒家倫理觀與民主相異的部分，對我而言，最重要的有兩點。第一點是儒家所提倡的道德，如前所說，是一種極端人格倫理學，這種倫理學重視自我，而忽視倫理或道德的外在處境；第二點，也就是第一點的外顯結果，就是對於制度的倫理的忽視。而這兩點和我們如何定位儒家倫理學，以及在今天的民主台灣需要什麼樣的倫理／道德視野密切相關。

就儒家的極端人格倫理學而言，不管是勞思光先生還是牟宗三

先生都同樣以康德倫理學來重新衡定儒學。先不論這樣的詮釋合不合理，但有兩件事卻必須特別注意。第一件就是，儒學並沒有所謂的普遍性格準(universal maxim)的問題；第二件就是麥金太爾認為康德倫理學其實是一種「個人主義」倫理的批評。先就第二件來講，康德假設理性的普遍性，因而也就假設個人理性的普遍性，亦即對於倫理性的判斷只要訴諸於個人理性即可。這點麥金太爾認為西方的歷史已經證明為一種失敗的提議。但這樣的假設還有他的普遍性格準對於個人普遍理性所形成的義務動機論的平衡，即使如此，道德／倫理行為做為一種社會活動的面向，在康德的道德形上學系統還是比較不受到強調和重視，這也引來很多的批評。就中國明代王守仁主張的「良知即天理」來講，雖然「良知」不能說就是康德的理性，但兩者的理論形構的確有類似之處，尤其是因為假設個人良知即具天理的普遍性而可能形成主觀獨斷的傾向。儒學缺乏康德的理性概念，可以從缺乏普遍性格準這點來看；既缺乏普遍性格準，則獨斷的情形就更加嚴重。這點我們只要比較王守仁死前所說「此心光明，夫復何言」與中國先秦時代的曾參死前所說的「啓予足，啓予手，……而今而後，吾知免夫」(打開被子看看我的腳，打開被子看看我的手。【因為我沒有犯法，它們都還完好如初。】……今天以後，我知道可以免除它們被傷害的憂慮了)就可以知道，對於自己是否良善，一個訴諸自己的內心，一個訴諸可以被他人檢視的行為。而當代新儒家所背書的，其實是王守仁的哲學。

王守仁哲學的發展後來成了極端的人格倫理學，亦即以成為聖人的正確方法為第一義，不對的方法或認為自己無法成為聖人都是被指斥的。這樣的倫理學，一方面沒有相對應的外在事實可以做為討論的基礎，亦即我們無法判斷另一個人的內心光不光明？乃至於另一個人是不是聖人？宋明理學雖被認為是成聖之學，但從中國宋

代以降一千年之內，沒有出現那一位真正被公認的聖人。這就說明
宋明理學這種訴諸個人格物窮理或現在良知的內在能力，無法和客
觀現實做有效的聯結，基本上不是一種社會倫理。另一方面這種哲
學則會讓一個人以爲了解或掌握了這樣的倫理原理，自己的道德地
位就高人一等（或好幾等）。例如熊十力就認爲自己的存活與「道」
有著密切的關係，而妻女的則否，所以在危困的時候，自己應該有
吃雞肉的優先權。這樣的觀念，在講究平權的民主時代，也應該被
棄置。關於這兩點，前者和民主政治所要求的外在規範並不一致，
後者則讓人常以道德爲名而蔑視制度的重要性；例如很容易形成沒
有道德的人就沒有人權的想法，而因爲沒有相對應的外在事實，有
沒有道德也是出於個人判斷，而這和民主普遍人權、以明文規範共
同生活的原則也是相違背的。

　　當代新儒家強調的宋明理學，只強調個人內在的主觀道德，也
就輕忽了制度倫理性的重要性。現在的台灣政壇喜歡對個人進行道
德指控，而不重視制度的改革，就是最好的表徵。而在中國南宋時
代的朱熹，也是動不動就指責別人討論外在事務爲「事功」、「功
利」之說；而他自己對於外在事物的關心，則是另一回事，也彰顯
出對於自己認定的道德的自信與對他人的貶抑。然而，這種注重內
心、不重視制度改革的特質正是爲什麼今天儒學可以在中國興盛的
原因，因爲它絕對不會對中國共產黨的集權統治產生任何威脅，就
中國民主化而言，直到今天，我們可以說儒家的貢獻遠遠不及法輪
功；或說根本沒法比，因爲儒家是零。

　　就當代新儒家對於儒學的詮釋，他們承接宋明理學的傳統，把
儒家倫理學的詮釋方向導向內在心性，而不是外在制度性的思考。
內在自我的道德性，和自我的認同密切相關，不管是在個人的倫理
成長，或個人對於自我的道德存在都很重要。這樣的關懷，也是泰

勒的《自我的根源》全書的主題。泰勒的書也是從思想史的角度來寫，可見這樣的關懷並不是宋明理學所獨有，然而把對這個問題的關心放大成人生唯一一件大事的，可能是宋明理學的特點。

這裡可以簡單比較一下中西「道德自我」的構設。就亞里斯多德而言，自己和自己的關係就像是把自己當做一個朋友；而藉由這種類比，自我和自我的關係可以和外在的友誼產生對應和關聯，自我對於自我的審視也得以和外在世界產生關聯。而友誼又和共同參與社會的成員的關係可以類比。這也是亞里斯多德對於自我、朋友、政治之間關聯的構想。但18世紀康德的構想，則顯示出一種理性的嚴酷，它把理性放在道德生活最重要的地位，從而讓道德自我只和理性發生關聯，自我其它的部分則和道德沒有什麼太密切的關係，這是康德受到批評的一點，卻也是牟、勞選擇以康德詮釋儒學的原因。就儒學來講，在孔丘的時代，其貴族政治的背景和亞里斯多德類似，故兩人也有相同的提議。孔丘也以人己關係定義「仁」，也說「君子以友輔仁」。然而，自我的概念還未產生明顯的分化或被清楚地分析。整體而言，孔丘還是比較注重對於自我的審視，而沒有作為「另外的自我」的朋友概念。然而這種對於自我的省視是以「君子」為自我的人格理想，而「君子」並不是極端的概念。到了孟軻「人人皆可以為堯舜」，荀況「塗之人可以為禹」，這種人格倫理學開始極端化，亦即每個人都應該以「聖人」為自己生命歷程的目標。雖然這是戰國時期的用語和普遍思想，不同的學派都以「聖人」來稱謂自己心目中的理想人格，但是因為儒學和後來帝制中國統治階層的士人關係密切，也就有不同的歷史意義。孟、荀雖然強調終極目標，但至少肯定到終極目標還有一些正面的階段。到了宋明理學，講究「所欲不必沉溺，只有所向便是欲」的去欲思想，要每個人都有「學為聖人之志」。一方面對於心性工夫越來越沉溺，

一方面又把這種沈溺和「為聖」連結起來。這種型態的極端人格倫理學，加上其後設的道德形上學，使得個人的成聖在理論上並不必與外在的世界或其它人有所連結。（雖然在實際上，他們形成了內聚力很強的師生關係與學術群體。）所以劉子健先生寫了一本書，就叫《中國向內轉》來描述理學的思想特性。問題是，在一個人在追求自己的成聖過程當中，他怎麼樣看待其它的人？在這樣不需外在世界涉入即可以成聖的理論裡，他又是怎麼看待制度的問題？反過來，在一個民主的社會裡，我們又應該怎麼看待他？道德自我的形成真得可以在閱讀聖人的典籍中就形成嗎？經過閱讀、被教導，人就可以站在道德的頂峰、下視人群嗎？或是我們真得要激勵高中生透過儒家文本而有成聖之心嗎？

　　道德自我的問題雖然重要，但如前面所說，不同的文化傳統有不同方式提供資源給予其群體的成員。多元的社會應該尊重各個不同傳統所能給予的資源，不應該透過制度的安排獨尊儒家。民主的社會也不應該去監控、操縱個人內在的生活，而應注重大家是否遵行可以共同生存的外在規範。儒家的極端人格倫理學所能提供的就是不斷加強一個人對於自己成為極端人格的信念，卻不關心這種信念和外在現實的關係，以及和外在世界怎麼協調合作的問題。它主張只要能確定自己的理想人格，自己的外在作為就不會有問題；不只這樣，它還主張要「明明德於天下」，亦即推擴自我道德的信念於他人。這樣的「聖人」性格，就像羅蒂已經指出的：歷史上凡是要把自己的終極敘述強加到世界加以實施的，最後總是造成人類的悲劇。簡單來講，這就是一種法西斯性格，共產黨如是、法西斯、納粹亦如是。這次《四書》事件，雖然教育部行禮如儀地部分遵照民主制度的程序來走，但從其對課程委員的安排、從其決定的時程以及和上次歷史課綱事件的對照來看，我們都可以確定這次也只是

以部分民主的程序來表面合理化其獨斷的決定。而這樣的方式，也和儒家道德自我的外顯有關，因為只要自己的道德動機純正，自己要做的事的道德性也就不用懷疑。不但自己不用懷疑，別人也不應該置喙。這種推理，完全不符合民主制度重視程序的精神，可以說就是以獨斷的道德自我合理化外在行為最好的例子。然而，這種儒家式的道德自我的外在化，是民主台灣所需要的嗎？

民主的台灣所最需要的，不就是對於民主程序的尊重、對於民主社會其它成員的尊重嗎？至於各人的道德自我，國家不應該過問，不管是種族、家庭、宗教、文化，不同的群體自有其提供資源的內容與方向，這些不同的內容與方向應該在民主的程序之下，一方面有自己發展的方向，一方面也必須遵守共同生活的規範。現在的政府卻獨尊儒家，利用教育來達到其政教合一的目的。但我們真得要提倡儒家的道德自我的構想、和這種道德自我外顯的結果嗎？可以想像這樣的道德自我不會重視與尊重外在的制度規範。雖然聽起來，這和孔丘一開始以禮著稱的現象對比有點反諷，但儒學史的發展事實就是如此。

今天民主的台灣所需要的，絕對不是儒家的聖人，而是能夠籌畫自己的未來、籌畫台灣作為一個未來生存之地的公民。對於儒學極度重視內在心性而輕乎外在制度的情形，西方20世紀的倫理學學者對與儒學類似的康德哲學有很多的反省。羅蒂認為傳統倫理語彙已經無法再提供新的突破，所以他一方面劃開公、私做為倫理的界線，不願意以倫理、道德為名來破壞個人的創造力，另一方面則提倡以「團結」來取代傳統的善、倫理、道德。他所謂的「團結」，和麥金太爾想要藉由亞里斯多德的社會性「美德」來重新確定倫理學可以做出的貢獻一樣。即使兩個人的構想內容有所不同，但同樣認為道德／倫理必須以與外在社會的連結作為基礎。這也和我們生

活在民主制度下，不再把內在道德做為生活、學術的重點有很大的
關係。因為只要制度是道德的、符合倫理的，個人即不用整天活在
自己是否是道德的心理疑慮之下，我們可以把大部分的判斷交由制
度的安排去進行。當制度出了問題，就加以改變。而民主的實質內
含，也就是經由制度的參與去展現共同生存的意志。尤其要確保制
度不會發生問題，更應該把參與社會視為是公民道德的重點。這也
和亞里斯多德的想法一樣。而真正道德自我的形塑，其實就是在不
斷地和社會接觸之中，慢慢形成。這樣當然也不會像中國宋明理學
家一樣，老是活在一種不能成為聖人的內在緊張裡，而可以把更多
的精力、時間花在豐富自己的生活、和參與大眾的事務上。更不用
說，這種內在的緊張，在一個被性欲所驅迫的高中生身上會是如何
地巨大。而在看網路色情影像已成半公開的高中文化之時，這種不
必要的緊張無疑也是一種形成內心極大反差的殘酷。

　　相較於內在自我的道德，就民主生活而言，進步制度的重要性
才是我們應該向高中生說明以供採擇、思考的重點。亞里斯多德忽
視奴隸問題、孔丘孟軻都是男性沙豬，這樣批評他們自然是有點超
脫歷史脈絡，但這正顯示我們價值觀的改變，而這種改變就植基在
我們的制度裡。現在的一個小學生，可能在奴隸問題、性別問題兩
方面都比亞里斯多德、孔丘、孟軻來得進步，這當然不是說它們比
亞里斯多德、孔丘、孟軻來得聰明、偉大，而是拜制度之賜；但即
使是拜制度之賜，我們還是應該肯定它們的性別視野、平等觀比亞
里斯多德、孔丘孟軻來得高明。藉由這種肯定，同時讓他們肯定自
己，也讓他們了解自己生活於其中的制度是怎麼一回事。高中生即
將參與這個社會，我們要向他們說明的，不是我們這個制度因何可
以如此進步、這個制度的正面價值是什麼、在過去實施時出現過什
麼缺點，將來可能出現的缺點是什麼。民主難道不是居住在台灣的

人共同擁有的資產嗎？如果，有一種急需建立、分享、檢討的倫理制度，那不就是關於民主生活各個層面的倫理與道德嗎？爲什麼要教他們學古代的中國士人不斷地省視自己的內心，用兩千年之久的古老語彙系統去格義現實生活？太過彰顯過去就是否定現在，太過突顯理想就是否定現實。爲什麼不能讓高中生先肯定它們自己，而要用一種不存在的理想來否定它們？爲什麼我們不能讓他們先肯定自己目前的生活基礎，再在這個基礎上去比較、批評、吸納現在和過去的異同與長短？這種先否定他們，肯定某些人所認定的傳統，不就是一種違背生活而教育的作法嗎？對於這樣的教育，我當然是持反對的態度。

總之，我覺得問題的癥結就是：是要高中學生去護衛過去某些人的傳統，還是面向他們自己的未來而活著？帝制中國《四書》成立的歷史背景和目前民主的台灣很不一樣，其內容與高中生生活的現實落差很大、而困難度連大學中文系都不教了還要教高中生，最後中國儒家的倫理觀也和現在台灣的民主理念不一致。除了一些中國文化傳統保守主義者護衛傳統的意志和教育部的政治目的之外，我實在很難想像，這種集權時代的文化教育政策爲什麼會出現在今日的台灣。

以上，就是我從經驗、歷史事實與思想理論三方面，反對在高中階段強迫學生修習《四書》的意見；若是把它當做真正的選修，在學生自由意志和考慮自己的狀況之下加以選擇，並不列入學測範圍，則我並不反對。祝大家與會愉快。

中正大學哲學系陳瑞麟教授

儒殤

　　如果可以，我寧願不要有這場論壇，我也不必寫這篇文章。但是我不得不提筆爲文，因爲我有一個小孩，他未來「必選」四書。他還小，雖然我預期這個課程政策將曇花一現，但是仍然憂心忡忡。理論上他可以不選四書，但是學測必考，他不得不讀，否則競爭力不足。結果，必選形同必修。他將重蹈他父親渾渾噩噩的舊路。一百年了，從民初魯迅吶喊到今天，一代又一代地走回頭路，漢語族群似乎陷於永劫循環的惡夢？

悼念我已逝的空白青春

　　我們這一代台灣人國中高中必修「中國文化基本教材」，一共讀了六年。我從未萌生任何反抗意識，行禮如儀地死記孔子言論，雖然今天我也忘了一大半。《孟子》太長了，背不起來，不過梁惠王章的「利義之辨」論證，倒是被我用爲大學《邏輯與思考》教科書的習題。《中庸》幾乎沒有印象，只記得「天命之謂性，率性之謂道，修道之謂教」，這三句話大概是日後讀中國哲學時不斷看到的。《大學》的「格物致知，誠意正心，修身齊家治國平天下」，這些咒語似的格言國中就記住了，因爲寫作文常常引用。但是我記憶最深的仍然是國文與歷史教科書不斷強調中華文化一脈相承的道統：從黃帝、堯、舜、禹、湯、文、武、周公、孔子、顏回、曾子、孟子⋯⋯一直到(空一格)國父孫中山先生、「永恆的」(空一格)先總統蔣公(最好不必講他的名諱「中正」，更不能叫「介石」)、蔣總統(空一格)經國先生，「吾道一以貫之」。

　　國小已讓我接受了六年黨化教育。我是喜歡閱讀的人，12歲前就讀過不少人物傳記，崇景國父、蔣公等「偉人」，感嘆自己生不

逢時，不能追隨他們投入動盪的大時代。我曾立志當飛行員，躋身反攻大陸的第一線，消滅萬惡共匪。

拜中國文化基本教材之賜，中學開始孺慕「偉大」的中國文化，為「中華民族花果飄零」感傷，立志成為道統的繼承者，復興中華文化，自然也是不折不扣儒家和三民主義的信徒。（那個年代，哪個中學生誰能區分中華文化、儒家和三民主義？）一個乖乖牌的小孩，沒有青春騷動、常常憂國憂民，黑框眼鏡中的稚嫩面容，卻散發老學究的氣息，隨時隨地「三省吾身」，省察自己的內心。

高中時曾一度政治「越軌」，「偷看」黨外雜誌，深受震撼，真的嗎？我看到一個和教育完全不同的世界。很深的罪惡感再次襲擊我。後來說服自己，黨外雜誌講的都是假的，他們是陰謀的暴力分子，我回到了自己安穩的信念世界中。1988年蔣經國去世，我在一個思想性社團留下哀傷悼念的文字，不料被學長和學姊狠狠嘲笑。我很難堪，足足有一年不再進入該社團。天佑台灣！天佑我！台灣很快地朝向民主的道路大步前進，大環境資訊一點一滴地滲入我的眼簾鼓膜，我不能再假裝鴕鳥。鼓起勇氣回到社團並投入校園民主運動，參與1990年3月學運──台灣民主化啓蒙了我的心智。

回想這一段難堪的過去：我究竟接受的是什麼樣的教育啊？一個中華文化、儒家思想、民族主義、黨國意識型態（國民黨〔Chinese Nationalist Party〕──中國民族主義黨）四合一的威權結構，鋪天漫地籠罩，令人無所逃於天地之間。幸運地，我走出來了。這當然不是我自己的能力，是民主化的台灣（以及為民主化奮鬥的前輩）救了我。我猜想自己的經驗是我們四、五十歲這一代人的共同記憶。

今天我成為一個哲學教授，鑽研各種思想與理論，也作過許多系統之間的反思與比較，我的哲學判斷告訴我：即使儒家思想沒有與現代不相容，也無法成為民主社會和文化的基石──所以，當然

不能成為「文化基本教材」（稍後我會再回來談這一點）。對照於此時強推四書為高中「中華文化基本教材必選課程」，三點教訓歷歷在目：

第一、從我們這一代人過去的經驗可知，在一個多元社會中，強推四書為必選教材，即使形式上達陣（今年國三生下年度升上高中就要必選了），終歸要失敗，無法達到推動者假想的目標（即使他們的目標是理想的），反而強烈偏離高中教育的目的。那麼，為什麼要讓下一代的高中生浪費青春去學習日後終究會拋諸腦後的東西？我敢斷言，這個政策推行之後，只會增加學生負擔，強化記誦教育，妨礙現代公民的培養，延遲台灣社會的民主進程！這是推動者想要的？還是這的確是推動者想要的？

第二、強推四書為高中必選教材，其實在傷害儒家！因為一來它製造對立與對抗，強化廣大學術界對儒家思想的父權與威權印象，看看我們的強烈反彈可知。推動越急越強，反彈力道越大。所以，這個政策再度為儒家思想塗上反民主的脂粉，破壞當代新儒家把儒學與民主連結的努力。任何真心愛護儒家的人都應該站出來反對這項政策。

第三、如果在如此強烈高漲的異議和反對聲音中，推動者仍不為所動，堅持到底，我們只好合理懷疑這個政策是「中華文化、儒家思想、民族主義、黨國意識型態」四合一結構的復辟，是出於政治動機而非教育動機。這個動機如此頑固，是因為強制性的灌輸仍然部分有效，它可以在高中生思想未定時期培養一些四合一威權結構的信徒，因為不是所有人都能幸運地接觸其它思想並加以比較，「沒有比較，就沒有判斷」。在缺乏比較之下，仍然可以把一些生活與思想較封閉的年輕世代成功洗腦！

請停止傷害儒家

1991年，我就讀於台大哲研所碩士班。剛受哲學啓蒙不久，仍然徘徊在五花八門的哲學思想中，不知何處是歸宿。一日在校園裡，我看到清癯的牟宗三先生，一襲長袍，在他人的陪伴下，於醉月湖畔散步。我很興奮，趕快跑回研究室，拿出他翻譯的德國大哲康德的《純粹理性批判》，一路上很擔心他走了。幸好他仍留在原地，我向前自我介紹，希望他爲我題字勉勵。他很爽快地同意，拿筆在扉頁上題辭，並問我那是何人所言。我答不出來，有點尷尬。他沒有爲難我，很快地解圍：孟子！他的題辭是：

日月有明，容光必照焉！

是啊，如果儒家思想是大智慧、真智慧，如日月昭昭般，不必強推也能普照大地；不必強推，也能讓許多人「雖不能至，心嚮往焉」。需要政治力和政策強推的思想與信仰就不會是好思想與真智慧，例如納粹思想、種族主義、史達林主義、毛主義、各種宗教的基本教義派……儒家過去已有許多被利用的不良記錄，儒家學者希望它繼續依附政治力，被工具化，然後被列入上一串低劣思想的名單嗎？

在我的哲學追尋過程中，牟宗三先生曾是我的啓蒙人之一，我一度很受他的思想文字吸引。雖然日後我沒有成爲儒家信徒、儒家學者，也沒有成爲儒家思想研究者，但是情感上我仍感念牟先生的啓蒙之功。雖然我無法同意他的論點，我總是十分敬佩他整合康德哲學與中國哲學並構造大系統的成就，他的「新外王論」努力在哲學根基上連結儒家與民主和科學，爲其在現代社會的生存保住了一線生機。

　　如果在實踐上，儒家思想真要相容於民主社會，請信仰者根據
民主的價值、原理和制度行事，否則新儒家的一切努力終究只是理
論高空。具體言之，不管儒家思想再怎樣有價值，也不適合在高中
必選並納入學測的範圍——這種政策違反民主社會的多元文化價
值：試想，如果釋昭慧教授和其他佛教高僧教授可以被邀請進入國
文課綱委員，她們可以強推在高中必選《金剛經》、《阿含經》、
《大藏經》嗎？如果天主教的于斌樞機主教和基督教長老教會牧師
教授們被邀請進入國文課綱委員，他們可以強推在高中必選《新舊
約聖經》嗎？儒家思想對於信仰者很有價值沒錯，努力推廣儒家智
慧也體現「推己及人」的教誨，但是推己及人要服從民主原則，不
是強制推行。孔子說得好：「遠人不服，修文德以來之」，請倡議
者先修文德，讓人們自動景仰，例如學習證嚴法師的宏願志業，讓
人們自動投入慈濟志業、自動讀佛經和《靜思語》。

　　或許應該質問教育部：為何獨尊儒家和四書？佛經、基督教思
想對於佛教、基督教的信仰者同樣也是無上智慧，他們同樣也有普
渡眾生和博愛世人的胸懷。佛經、聖經、古蘭經、道德經……等台
灣社會中被閱讀的經典，為什麼就不可以納入高中必選文化教材？
撇開聖經和古蘭經不講，佛教和道教不是中華文化嗎？墨家呢？法
家呢？為什麼「獨尊儒家」、「獨尊四書」？

　　身為一個哲學教授，儒家哲學對我來說，是一個有缺陷的思想
和信仰體系（當然，沒有思想體系是完美的，因為沒有人是完美的）。
這並不代表它全無價值，但是它的價值也不能太過高估。儒家思想
提供一些人安身立命的根基，猶如佛教徒在佛經與佛陀信仰中找到
安慰、基督徒在聖經與耶穌懷中得到救贖。儒家是一個信仰，但是
信仰不能越界成為民主社會高中教育的「文化基本教材」，正如佛
經、聖經、古蘭經、道德經不能成為高中教材一樣。請不必再為儒

家思想不是宗教辯護——雖然從教主、聖徒、護教者、經典、信徒、教團各個判準來看，儒家都是不折不扣的宗教，但我不想在這兒糾纏，就算儒家不是宗教吧！即使不是宗教，它仍然是一個信仰體系，最重要的是，現代社會的儒家信徒已經很少了。把少數人的信仰經典當成公民教育的基本文化教材，這是多元的民主社會該做的事嗎？

要推廣儒家的價值理念，現行選修課程「論孟選讀」已經足夠了，而且這已經是儒家的特權了，這個民主社會給予儒家思想的優惠。如果真的「日月有明，容光必照焉」，儒者根本不必擔心「論孟選讀」乏人問津，正如許多家長送子女去「讀經班」，也會有許多家長老師鼓勵子女學生修習。然後，留下非儒家信徒、甚至反儒家者（民主社會必須容忍和接受反儒家的思想與言論）不必選修的自由。皆大歡喜！教育部和推動者卻逆其道而行，違反社會共識，強推儒家信仰，把「論孟」擴大為四書，把不知云何的《大學》、《中庸》納入，甚至宣稱它們都是學測必考範圍，掀起社會軒然大波。

《論語》和《孟子》雖有傳達道德常識的價值，但並非無可替代，更不必一定要讀過它們才能變成儒家型的君子。對我一生影響至深的人之中，就有一位是真正儒家型的君子：我的爺爺——一位儒醫。我的性格仍然深受他的教誨的塑造。他深惕自抑、不苟言笑，對子孫管教嚴厲，但不失寬厚。他總是要求我們時時反省自己，不能占人便宜。他教我明哲保身、謙沖自抑、不要強出頭（遺憾的是，我從來沒有做到）。他賣中藥並幫人開藥，只賺取五角一毛的微薄利潤。有人告訴他可以多賺一點，他答說：有賺就好、錢夠用就好，何必讓別人花太多。他當然不可能是有錢人，卻樂善好施。然而，他一生從未讀過論語孟子。他是中國舊社會培養出來的謙謙君子？不。他前半生是日本帝國的公民，只有日本公學校小學畢業的學歷，

他只會說日語和台語。他是吳念真筆下的「多桑」世代。

　　相反地，我受過十二年的四合一結構之教育，讀過四書，甚至更多中國儒家經典，但是我從來沒有、也不想變成一位儒家型的君子。儘管我感念爺爺，但他是舊時代的人格典型，不是現代社會的模範，那典型已隨著他、隨著舊時代而消逝了。我們的民主社會也許歡迎少數人是這樣的君子，但是不能期待滿街望之儼然的聖人。這不是說要我們變成貪婪的商人，而是我們應該培養下一代成爲創意十足、勇於表現並關心社會正義的現代公民。

　　走筆至此，我鄭重呼籲教育部和推動者懸崖勒馬，回到正軌，恢復現行「論孟選讀」的選修課程，而且不可將之納入學測範圍內。如同前述，這已是我們這多元民主社會，相對於其它思想和信仰體系，給予儒家思想的特權了。雖然我不是儒家信奉者，也在理性上批判它，但對它仍懷有情感，實在不願看到有人「愛之適足以害之」地傷害它、看到它一步一步走向墮落。

狹隘的「文化基本教材」與「品格教育」

　　教育部宣布「四書必選」的政策時，適逢新聞媒體炒作「蹺腿姐」事件(一位女生在公車上不讓座，還與老先生對嗆)，那一陣子，「校園霸凌」事件也沸沸揚揚。在出面說明教育部新政策的記者會中，有國文課綱委員董金裕、謝大寧等出席。其中一位課綱委員搭順風車，宣稱青少年禮儀品格漸淡、不尊重師長，並以「蹺腿姐」爲例[1]。請問：一個蹺腿姐的個案能證明什麼？就算再加上擋救護車的「中指蕭」，又能證明多少？躁鬱、緊張、壓力都有可能使修養之士突發反常行爲，有哪個人青春年少時期沒有一時失控、忤逆父

1　《自由時報》6月17日，網頁 http://www.libertytimes.com.tw/2011/new/jun/17/today-t3.htm；另6月17日各報皆有相關報導。

母、頂撞師長、與陌生人衝突？課綱委員避而不談的是，當「蹺腿姐」、「中指蕭」的事件被披露時，有多少網友發動網路搜索，要找出這些行為失當的年輕人，施予強大的公共輿論譴責——這樣的行為不正是體現出道德義憤——一種強烈的道德感嗎？那些展現道德義憤的網友，不也同樣是青少年、青年嗎？為什麼只因為要推動一個自知會引發反對的政策時，就貶抑當今青少年的道德水準，再為他們添加課業上的負擔？

無怪乎，全國家長團體憂心忡忡，很多有識的高中教師也群起反對，特別是藝能科教師，因為他們已經預見此舉勢必將排擠到其他課程的正常教學。面對家長團體擔心增加學生考試負擔的質疑時，報載教育部中教司長張明文宣稱：「**中華文化基本教材不單獨列為大考考試科目，四書內容原本就是國文科考試範圍，不會加重學生負擔。**」最後兩句話非但不能釋疑，還明明白白地使四書成為必修！因為台灣的現實是考試領導教學，如果四書全部是考試範圍，對於分數斤斤計較的家長，誰敢讓子弟不修四書？為考試而被迫去記誦四書課文，又能達成什麼樣的品格和道德教育？

事實上，迫使高中生去強記那些孔孟言論，違反孔子本人的觀察和初衷。孔子也是古代偉大的人類生涯發展觀察家，「吾十有五而志於學，三十而立，四十而不惑……」大家耳熟能詳（也不必讀論語就可學到）。孔子知道人類在十五歲到三十歲的階段應該多方學習、追求事業、成家立業，才能進入四十不惑的階段。不惑什麼？當然是不惑於道德。一個人在而立之年前後，進入社會歷練，從社會互動中學到為人處事的道德圭臬，經歷十年光陰才能臻於不惑之境。換言之，道德人格只有在四十歲之後才能養成。如果孔子是對的，那麼要高中生「必選」四書，究竟是為了什麼？

道德品格或人格的塑造從來無法依靠閱讀像《論語》、《孟子》

裡那種直截了當的道德箴言就能達成的。因為它是家庭、社會制度、
文化環境、國家政治、經濟狀況的共同產物。納粹德國的制度讓許
多一般好人變成殘害猶太人的幫凶,今天霸氣十足的中國政客成長
於文化大革命時期,明朝是儒學發達的朝代、以四書為科舉考科,
卻也是中國歷朝產生宦官特務(東西廠)亂政、官箴敗壞最嚴重的黑
暗朝代。任何人只要真誠面對歷史,就可以知道要提升道德品格的
方向是什麼:朝向更民主、更平等、更正義、更富足、分配更平均、
更法制化(相同的行為會有相同的獎懲)、容許更多自我實現的空
間、更寬廣的政治參與權利和機會。我敢肯定地說:生活在民主制
度與社會下的一般人民,其道德品格是人類歷史上水準最高的一
群。這不是說民主社會沒有作姦犯科的人,也不是我們已處在理想
社會中,而是不道德的行為在民主社會發生的機率,是人類各種制
度的社會中最低的。我們所需要的是永遠地監控統治者,因為他們
面對最大的金權誘惑,最有可能墮落。

　　同樣在宣達教育部四書必選政策的課綱委員記者會中,報載有
課綱委員宣稱「四書教法將不重記誦,強調的是『時代性、在地性、
實踐性』,例如提到典範人物時,可舉林懷民或陳樹菊。」[2] 林懷
民是懷有儒家情懷的藝術工作者,在舞蹈上成就非凡。但是陳樹菊
與儒家有什麼關係?以她為例反而顯出強烈的反諷:陳樹菊也沒有
讀過四書,仍然可以成就長期施與、行善不欲人知的道德人格,那
為什麼實行品格教育,卻要在語文課程裡讀四書?更重要的是,支
持陳樹菊善行的信念,恐怕是台灣民間佛教的「施捨福報」而不是

2　《自由時報》6月17日,網頁 http://www.libertytimes.com.tw/2011
　/new/jun/17/today-t3.htm;謝大寧教授澄清這不是他的言論。另參看
　當天《國語日報》相關報導指出其為另一委員的談話。

儒家教條。提到佛教，我們就不能不談到證嚴法師與慈濟現象。如果要高中生認識當代台灣道德人格高尚的典範人物，如何能不提證嚴法師？但是，證嚴法師又要如何與儒家和四書扯上關係？

　　如果林懷民這位藝術家可以成為高中生需要認識的道德典範人物，台灣歷史上有過之而無不及的藝術家可能更多，過去有228事件中為民請願而被國民黨政府處決的畫家陳澄波和許多台灣士紳，最近則有拍出台灣第一部史詩電影《賽德克·巴萊》的魏德聖導演，他的逐夢、他的堅持以及窮困下仍不改其志的品格，不正是青少年最佳的勵志模範？最重要的是他透過《賽德克·巴萊》而呈現的文化與道德理念：他讓我們發現了原住民文化與典範人物：莫那魯道、花岡一郎與花岡二郎。電影中令人熱血沸騰的台詞：「如果文明是要我們卑躬曲膝，那麼我就讓你們看到野蠻的驕傲。」這當然是魏德聖導演對於莫那魯道和原住民文化的「現代詮釋」。請問四書如何被詮釋以涵蓋這樣的理念？（對照儒家強烈的中原正統觀，孔子的「微管仲，吾其披髮左衽矣！」）這樣的文化又要如何被納入「中華文化」內？還是說這些例子注定要被排除？

　　上述討論顯示出「中華文化」與「儒家思想」（四書）這看似理所當然的組合是多麼地狹隘，多麼局限了當代台灣人的視野。這組合也顯示出中華文化是多麼狹隘地被理解與被定義，以及把「中華文化」套用在當代台灣活生生的文化創造中，是多麼地格格不入。更重要的是，「文化基本教材」被簡化成「道德與品格教育」，又是多麼地窄化了「文化」的寬廣意義。

　　道德教育不是只有高尚的典範人物就夠了。一些在道德兩難中掙扎的悲劇英雄人物可能更具啟發性。在《賽德克·巴萊》之前我只能想到金庸武俠小說《天龍八部》的契丹人蕭峰（喬峰），在胡漢恩仇之間難以抉擇。蕭峰是虛構人物，契丹也可以算「中華文化」？

《賽德克‧巴萊》讓我們發現了花岡一郎和花岡二郎——他們是真實的歷史人物。他們是賽德克族,從小被日本人收養並受日本教育,認識了「文明」,當莫那魯道要舉事時,花岡一郎和花岡二郎夾在賽德克族身分與日本人的養育和文明兩難之中,選擇結束全家生命。寫到這裡,我感到很慚愧,居然活到不惑與知天命的中點時,才能認識台灣歷史上真實的悲劇英雄。但是,這也讓我們進一步反省,過去教育所談的文化是多麼地偏狹。

如果高中生需要某種道德教育,什麼樣的形式才能幫助他們?首先,我們不是應該先了解高中時期的青少年會面對什麼樣的道德問題嗎?15歲的青少女受到至親或長輩的性侵害時,或者學校師長的性騷擾時,她如何判斷和決定應該採取什麼適當行為?血氣方剛的男生該如何面對同儕好友混黑幫的引誘?友情義氣與陌生人的權利熟重?情竇初開的少男少女要如何面對異性?又該對性採取什麼樣的道德態度?對於劈腿、一夜情這些常見的社會現象該有什麼正確認識?在尊敬師長的原則與師長的不當管教之間,高中生該採取什麼樣的態度?如何認識情境並作正確判斷?當發現自己的性傾向與他人不同時,該如何面對?如何形成正面態度?

孔孟言論與儒家典範人物能幫助他們面對與解決這些日常生活會萌生的問題嗎?儒家學者如何對「四書」作現代詮釋,以解決上述高中生的道德問題?我們不能「先驗地」斷言說不能,但是,請支持四書必選的朋友,先展示儒家和四書確實可以提供資源以啟發高中生的道德推理和判斷能力。請先寫出這樣的論著或教科書,說服社會大眾,平息疑慮,再來推動必選還不遲。不圖此舉,政策先訂,再宣稱要編寫合於現代社會的教科書,違反合理程序,引發社會不安,「不教而殺謂之虐」,你們真的是孔子信徒嗎?

錯亂的「中華文化」

一位朋友一再地勸告我不要輕易談及政治動機，如此將陷於無生產力的政治對抗之中，我接受他的勸告，不在此深入分析動機。但是「中華文化基本教材」與「四書」這樣的配套，仍然指向「中華文化、儒家思想、中華民族主義、黨國意識型態」這四合一結構──一個「文化大違建」，現在是著手拆除它的時候了。這個工程浩大，非一篇文章能竟其功，可能需要幾代人的集體努力，才能把我們（台灣）從這個文化桎梏中解放出來。我在此能作的，只是稍微鬆動它的根基，讓大家了解它盤根錯節的複雜性，以及此拆解工程的困難度。

在這四合一的文化大違建中，儒家思想是被綁架的，前文已經述及。討伐「黨國意識型態」必談及政治動機，有違上述自我設限，因此存而不論。「中華民族主義」牽涉困難的族群認同，也無法在短短篇幅內談清楚，剩下就是「中華文化」的問題。關鍵是：什麼是中華文化？誰來、誰能定義中華文化？這又預設一個先行問題：什麼是文化？

教育部在說帖中宣稱要「建立包容、開放、深邃、豐富的臺灣主體意識」，又說要「落實中華文化傳承的精髓……透過中華文化基本教材強調個人與自己、個人與社會及個人與自然等內涵，可奠定實踐生活素養、生涯發展及生命價值的普通高級中學課程目標的基礎。」做為推動四書必選為「中華文化基本教材」的說帖，這裡隱藏著許多嚴重的缺失：

第一、化窄化成道德。

第二、把中華文化窄化成儒家道德思想。

第三、錯誤地假定台灣主體意識要透過中華文化傳承來達成。

第四、錯誤地以為中華文化基本教材可以奠定普通高級中學課程目

標的基礎。(此點前文已多所論述,此處不贅。)

第五、錯誤地以為「中華文化」是「五千年」歷史的傳承,或者錯
　　　誤地以為他們定義的「中華文化」是真正的中華文化。

什麼是中華文化?文化是處在某個時空下的某個社會人們的生活整體表現,因此文化包括思想、藝術表現、器物、典章制度、生活風格等等,我們很難羅列出一張完整的清單,因為文化不斷地被創造,不斷地有新型態元素產生。簡言之,文化是一個社會人群的集體創作。然而,社會會變遷,世代會交替,舊世代消逝、新世代誕生,新的文化產物不斷地被創造出來,使得文化的形貌總是不斷地在改變。當然文化會傳承,但不能把被傳承的東西當成全部。讓學生認識文化,是讓他們認識當代的、正在發生的、活生生的創造,不是把他們鎖入古老塵封的舊紙堆中。認識文化更不能簡化成認識「道德」。

支持者會辯護,重點是「基本」與「精髓」,道德是文化、四書是中華文化的精髓和基本元素。但是,誰來定義文化或中華文化的基本和精髓是什麼?儒家是中華文化的核心、精髓、骨幹、基本等等這種宣稱本身,就是儒家典型的偏見、一種儒家沙文主義。為什麼佛家和道家就不是中華文化的基本和精髓?為什麼器物和藝術不是文化的基本和精髓?如果它們不是的話,那麼西方人到故宮博物院領略「博大精深的中華文化」又是指什麼?

透過四書來「建立包容、開放、深邃、豐富的台灣主體意識」更令人匪夷所思。是的,可以了解說帖的執筆人預設了「台灣文化是中華文化的一部分」,因此台灣文化要有主體意識只能透過中華文化來展現——又是一種「中華文化的沙文主義」。姑且不談認同問題,這樣的觀點完全漠視台灣自己的歷史經驗,排除了五十年的日本統治影響(例如日本統治培養了我祖父那種典型的儒家君子)、

原住民文化(例如莫那魯道)、戰後的自由主義和反傳統思想、持續影響台灣的日本與歐美流行文化，以及1980年代後在台灣生根的各種西方思潮。漠視自己的歷史經驗，何能夸言建立「包容和豐富」的台灣主體意識？

我不是在否認台灣擁有中華文化的傳承，但是「認識文化」不應該只引導學生認識一小部分的「文化傳承」，而忽略活生生的當代創造。最重要的是，那種說法預設了「一脈相承的中華文化道統」這個錯誤的文化觀、這個被蔣介石威權統治下黨國意識型態定義的「中華文化」。究竟什麼是中華文化？如果沒有釐清這個概念，獲得共識，奢言要「落實中華文化傳承的精髓」注定要失敗。

「中華文化」和「中華民族」的概念相關，它們其實都是晚清的創造，更精確地說，是被梁啓超創造出來的。在晚清之前，壓根兒沒有「中華民族」和「中華文化」的概念。當然，有人會說，即使名詞和概念是後來創造的，但是不能否認在中國大地上，一個文化實體傳承了幾千年，「中華文化」和「中華民族」就是指涉這個連續不斷的文化實體，這一點也可以由二十五(或二十六)史的傳承來證明。沒有錯，一直有很多人生活在中國大地上(他們是否世世代代延續則是可疑的)，但是，何以見得這幾千年的人們構成「一個文化實體」？二十五史的保存不過證明幾千年人們的活動在相近範圍的土地，以及後來的王朝宣稱它繼承了前朝的「天命」與「正統」，又如何能證明存在一個文化連續實體？如果文化是動態的、持續演變的，如果文化是某一時空人們生活的整體，是人們創造的產物，則不同世代會創造不同的文化，如此何來源遠流長的連續不斷？

雖然文化有傳承，但是也有變遷。制度變革、動亂、新器物發明、異族入侵、生活方式變動、革命與改朝換代、甚至自然災害(大饑荒或大瘟疫)，都會造成文化變遷，打斷傳承與連續。清末民初的

中國革命，難道沒有讓中國大地上的人們從此生活在截然不同的文化中？難道沒有讓「共和中國的文化」與「清帝國的文化」明顯有別？共產革命難道沒有讓「共產中國文化」與「共和中國文化」天差地遠？當然更不必說清帝國、明帝國…等等歷朝。如果中華文化是所謂的二十五朝一脈相承的道統，那麼和這個道統徹底絕裂的「共產中國文化」不是「中國(華)文化」？

　　共和中國在清末民初產生了一個文化實體，雖然時間上仍連續著清帝國文化，也傳承許多清帝國以及歷朝的文化要素，沒有一個明確的時間點可以一刀兩斷，但是它的整體明顯不同於清帝國盛世與衰敗時期的形貌。「中華文化」被創造出來，不管它原初意圖指涉的是什麼，它總是名正言順地配合由「中華民國」的締造而自動形成的文化。這個文化實體只在中國大地上生存了四五十年，1949年被共產革命終結，流亡到台灣，也把「中華文化」的傳承帶來，改變了台灣文化，並與台灣其它文化傳承，共同創造一個台灣文化的新實體。所以，我們應該視中華文化是當代台灣文化實體的一部分，而不是反過來把台灣文化塞入中華文化的籠框下。

　　雖然思想不是一個文化唯一的基本和精髓，我們卻可以談及一個文化的思想基本與精髓。「中華文化」的思想精髓是什麼？「中華文化」其實誕生於動盪與革命之際，夾雜在傳統與現代、古老帝國與西方帝國之間，傳統與反傳統並行，然而，它是中國大地上的人們擺脫舊帝國傳統束縛，走向民主新時代的關鍵時期，最重要的文化印記無疑是白話文學運動和五四運動！因此，「中華文化」的思想精髓當然是孕育民主種子的白話文學、自由主義和反傳統思潮！這些思潮隨著胡適、張佛泉、夏道平、殷海光而被播遷到台灣來，也是當代台灣文化中的「五四遺產」。如果我們真的需要「文化基本教材」來告訴高中生「中華文化的思想精髓」的話，其主角

人物絕不會是春秋戰國的孔孟和宋明四書,而是五四時期的胡適、魯迅、陳獨秀、蔡元培、羅家倫、傅斯年等,以及五四後期的胡適、張佛泉、夏道平、殷海光。當然我同意努力把儒學民主化的徐復觀和牟宗三等新儒家,也應該在這文化教材中占有一席之地(學生可以透過他們認識儒家思想)。然而,即使名正言順,這樣的「民主中華文化基本教材」仍然不該是必選課程和考試範圍,否則就違背了「民主中華」的基本信念。

「中華文化傳承」終究只是台灣文化的一部分,學生更有必要認識的是當代活生生的台灣文化創造。我們需要的文化基本教材(暫時仍然只是選修),必須能夠培養民主社會下具備基本文化認識的現代公民,它必須完整反映台灣的歷史經驗,容納各式各樣的多元文化要素,體現真正包容、開放、豐富、活潑的台灣主體意識,涵養公民的文化創造能力。它需要長期構想、集思廣益、多方溝通,這是我們未來的挑戰。

論壇會議紀錄

主席成功大學人文社會科學中心主任戴華教授

歡迎各位參與這次的論壇,這次的題目是「《四書》納入高中必選教材是否合宜?」,想必大家都很關切,我們希望能夠提供這樣的一個論壇,讓不同的見解能夠給大家作參考。這個論壇很榮幸地請到了台大社會系的范雲老師,佛光大學文學系的謝大寧教授,他同時也代表中研院文哲所李明輝老師。另外,在我右手邊是中正哲學系謝世民教授,以及嘉義女中的國文老師卓翠鑾。我們發言的次序由謝大寧教授開始,讓我們歡迎他。

佛光大學文學系謝大寧教授

今天我帶著沉重的心情來到這個地方，來談這樣子的一個主題。這是一個高度爭議性的話題，我個人因為一些因緣，有機會參與教育部這個政策形成的過程，主辦單位希望我來代表這個問題的正方立場。不過我想事先說明一下，我來到這裡，不代表任何官方，更不代表我一定認同官方在訂定這個政策的時候的觀點以及思維。官方怎麼思考這個政策，我不知道；我是基於自己的理念參與這件工作，所以我今天只代表我個人的立場。剛剛戴老師也提到，李明輝老師今天沒有辦法出席，他有一些觀點，希望我能夠在這個地方代他稍微陳述一下。至於我能不能陳述準確，當然還是由我來負責，在此先跟各位作簡短的說明。

在我進入論點之前，請先容我在這邊引述一大段話。我引述的是一位美國影評人大衛‧鄧比，他寫了一部書叫做《華麗的探險：西方經典的當代閱讀》，裡頭講說他在1961年進入哥倫比亞大學，當時哥大有一類課程是經典閱讀，後來他在1991年的時候重新進入了哥倫比亞大學，再去上了一遍這個課，而有一些感想。鄧比提到，他早年念大學時，完全沒有想到這些課程後來會忽而被譴責為不公的壓迫，忽而被崇敬為西方文化的堡壘。而我們今天好像在複製同樣的過程，容我在這邊先讀一大段給各位聽，因為我覺得今天有很多論點在這一大段當中已經出現了：

> 在一個文明不僅來自歐洲、更來自世界其他各地（例如非洲奴隸的後代、印地安人等等）的國家裡，西方的經典作品和歐洲中心的課程安排扮演著什麼樣的角色？是否應該要求過去基於弱勢的團體，如女性和少數民族，去讀遍由死掉的歐洲白種男人所

寫的東西？這些問題本身並非不合理，但現在看來委實難以相信的是，任何十六歲以上的人居然會用『死掉的歐洲白種男人』一詞來表達責怪之意。這些怨言通常來自學院內的左派，尤其是一些女性主義、馬克思主義、非洲裔美國人的學者們，而回應他們的則是保守派的人士，理直氣壯、冠冕堂皇地指出西方傳統對於美國國家精神的重要性。那麼在這些討論當中，我們會看到一些保守主義者，他們把這些東西說成神聖的不可言傳，而且是根本上固定的一套價值，可以而且也應該將之灌輸到每一代的美國學生腦袋裡。

接下來鄧比講到：「越深入這場辯論，我就越來越苦於一種不真實感。這些人，他們在討論這些書本身的方式，不管是文學、哲學、政治理論的作品，都是面目模糊、虛無飄渺的，把書僅僅當成了一場意識型態之爭裡頭的兵器。」他問：「莎士比亞為殖民主義的喉舌嗎？盧梭是霸權論述的一分子嗎？希臘經典是民主的堡壘嗎？人們用這些字詞討論的，真的是文學和哲學嗎？如此的經典作品，真的可能會像右派說的那麼有趣，或是像左派說的那麼邪惡嗎？」

這些話，也適用於我們今天這個辯論中的一些分歧觀點。在我個人參與這個政策形成的過程當中，的確看到了報載記者會中某些教育官員推動這個課程時所持的理由。這些理由在今天在場的很多位大概都有強烈的批判，比如說有人把文化基本教材宣傳的好像無所不能，說有了它我們的道德教育就有救了，這當然是一個非常誇張的論述。有人說它可以反霸凌，我想在座的一些朋友，都會對這種論點嗤之以鼻。這固然是我們一部分官員的觀點，但當初我們在政策討論過程的當中，也曾在會議當中對這些觀點作了強烈的批

駁。所以在我提交給這個論壇的一份呈給教育部課發會參考的說帖中，並沒有採取這些觀點；一些部會官員對外宣稱某觀點時，他們所持的立場，或許沒有經過一個比較詳細的討論過程。至少我們小組內部的共識，是不把這一門課程定位在道德教育，也不僅僅將之當作語文教育的附屬品。

我們看到，行之有年的「文化基本教材」，在實踐過程當中可以說成效不彰，基本上是失敗的課程設計。我記得有一次在會議裡頭，台灣大學的黃俊傑教授曾經開過一個很有趣的玩笑，他說「文化基本教材在台灣的教育裡頭只達成了一個功能──讓反對孔子的年齡降低到十五歲。」那時候全場大笑，很多人頻頻點頭。在文化基本教材的實踐過程當中，曾經出現過非常大的逆流：民國五十幾年時，突然出現以陳立夫先生的《四書道貫》作為背景的文化基本教材的教本。那個教材很顯然就是今天在座各位很多人批判的，是一種「黨國的意識型態」、一種「官方的介入」。所有對經典有點了解的人，包括我在內，大概全部都會反對這一套。果然，過不兩年，這套教材就消失了。

文化基本教材過去是以什麼樣的方式呈現呢？過去呈現的方式，其實跟國文教育沒有什麼兩樣。它被拿來當作語文教育，一樣講文本、講解釋、講翻譯。這樣矮化的作法，當然沒有思想教育的成分在其中。我覺得這是對基本文化教材過去在台灣教育的發展過程當中所做的客觀描述。它所扮演的角色，除了《四書道貫》這段很短時間內是標準的政治運作之外，其實只是一個語文教育的附屬品而已。如果大家把這樣子的文化基本教材形容為一種黨國體制，我認為過於誇張了。

以上是我對於這個課程在之前歷史發展當中的一些描述，底下就要進入到我們今天要討論的主題。首先，是李明輝教授希望我帶

來的一個觀點。在他看來，祝平次教授與陳瑞麟教授所呈現的看起
來最強的論點，在於主張儒學基本上有一個反民主的本質。此外，
一般常見的反對論點，則是主張國家這個機器在文化的議題上應該
採取中立的立場，不應該介入任何特定文化思想的立場去作傳播。
我相信今天在座很多朋友，大概都基於這兩點，認為教育部不應該
介入這次的課程設計。

這樣的立論是不是一個顛撲不破的真理？李明輝教授與我都同
樣認為，這樣的觀點其實是建立在一個比較純粹的自由主義的立場
之上。依照這樣的自由主義的觀點，在儒學當中我們不容易發現純
自由主義式的自我，也就是祝平次教授一再提起的，這些新儒家對
於國家權力的警覺不夠、敏感度不夠。但問題是，我們是不是只有
按照這種自由主義式的「對權力的敏感度」才能稱作對權力的敏感
度呢？這裡頭有沒有其他的可能的思考觀點？

李明輝老師特別要我在這邊代他陳述兩位外國學者的講法。一
個是狄百瑞先生在一篇談到儒家思想跟社群主義的文章裡頭提到，
在近年來有關亞洲價值的爭論當中，出現了一種以亞洲社群主義來
對比西方個人主義的趨勢。狄百瑞認為，就儒家思想中並無一種完
全獨立而自主的個人概念而言，儒家思想被當做亞洲社群主義代表
的說法好像不無道理。然而，狄百瑞先生反對將儒家的社群主義傳
統理解為一種重群體而輕個人的集體主義傳統；他認為儒家的社群
主義傳統是在承認個人與群體相互依賴的前提下，肯定個人的真正
尊嚴。因此，他把儒家的這種立場稱為一種人格主義，以別於現代
西方自由主義的個人主義。另外，德國的卜松山（Karl-Heinz Pohl）
教授，也注意到儒家對於個人的看法跟西方社群主義的觀點有些一
致的地方。他認為：「如果我們從現代人類原子觀的意義上將『個
人』理解為一個自治的實體，作為其標誌，這個實體具有對同等對

象自由選擇的能力和權利,以及不受限制地實現自我的潛力,那麼,我們在儒家學說中則找不到與現代西方個性觀念之對等之處。但我們發現在儒家思想中個人其實站在所有社會和道德考慮的最前端;儒家的自我不是一個『無負荷的自我』,而比較確切地說,是由他所身處的並賴以形成其個性的社會機制及社會關係來定義。同時,它也被視為一種傳遞公共利益之觀念的敘述連續性——即活傳統——的一部分。」這是李明輝先生希望我在這邊引述的兩段話。他認為,從自由主義的觀點來看,儒學的的確確不太容易發現西方這種個人主義,但是這是否就表示儒學是所謂的(如祝平次教授所講的)「反自由民主」?同樣地,西方也有批判這種自由主義式的民主的說法,一種社群主義式的民主,就不認為國家一定非要在這個問題上頭採取一種中立的立場不可。如此,國家在四書納入高中必選這個問題上真的要持守中立嗎?國家真的在這個地方不可以有任何形式的介入嗎?這樣的論證一定是必然的真理嗎?

反對者似乎很喜歡沿襲某一些從五四以來就被用來批判儒學的觀點,簡單把儒學跟真實的人性對立起來。各位如果讀到祝平次先生那篇大作的話,就可以看到他在某種意味上象徵式地把儒學跟真實的人性對立起來。這樣子的批判,放到今天的中國哲學的研究傳統裡頭來,願意接受的人恐怕不會太多。以一般人最喜歡講的宋明理學的「存天理,去人欲」為例。這句話從字面上理解好像把人欲視為洪水猛獸,但是即使是在宋明理學當中,對於人欲的講法,也是非常豐富而多元的。你可以說,也許在傳統宋明理學的相關討論當中,某些東西說得不夠,它的知識語言不足等等。這些我都承認,但是如果要說儒學違反人性,就不能光引朱熹作例子,至少跟朱熹同時代的胡五峰,當他在講「天理人欲,同體而異用」的時候,這裡頭就可能存在豐富的理解空間。我們能夠輕易地下「儒學跟人性

是相對立的」的結論嗎？

　　時間不夠，但以上的說明還沒有真正進入我自己的觀點。我自己一個很重要的觀點是：很多人把「經典」跟「儒學」這兩個概念混在一起。這當然因爲是《四書》所承擔的特殊色彩，但到底反對者是在攻擊儒學還是在攻擊經典？在我看來這是不同的兩個概念。在小組討論的時候，如同在給教育部的那份說帖裡頭所呈現的，我們其實是把它放到「經典教育」的脈絡裡頭，而不是儒學思想傳承。我知道這裡頭的挑戰非常多，以現在來講，它要面對的不只是各位從許多政治觀點來作的質疑，也包括今天在整個教育體制裡頭升學主義的抵抗。想要在當前環境中推動真正的「經典教育」，其實有相當的困難度，這是一個現實的問題。我們當時看到了文化基本教材這一門課以前在實踐上頭失敗的經驗，認爲應該給它作一個明確的定位，把它放回「經典教育」的脈絡裡頭來。從這個脈絡來說，經典是一個文本，文本意義的展開不見得是通過思想體系的展開那樣的模式。文本意義的展開可以非常靈活，甚至不必然通過一個詮釋的過程。舉一個簡單的例子來說，我有一個朋友，不是學界中人，是一個基督徒，他每天早上起來會作禱告，然後讀一段經，在信教的人來說這是「晨更」。然後他每天把他自己行程表上頭的重要事情拿出來，跟他今天早上所讀的這一段經文構成一種聯繫，他試著用這一段經文來理解他今天所要做的事情。我想這是一個非常漂亮的經典教育的過程，這個過程是個純粹生命的一個過程，這裡頭不一定涉及到「權力的反省」、「權力的敏感度」，不見得是這些問題啊！我們的生命怎麼跟一個意義的來源相勾連，我覺得也是一個很重要的問題。我們在教育裡頭把這個關懷放進去有什麼不對呢？時間的關係，我先講到這裡。

主席戴華教授

感謝謝教授的陳述，因為時間的關係，無法讓謝教授暢所欲言，
等下確實還會有機會補充。接下來請范雲范老師發言。

台灣大學社會系范雲教授

大家好，我沒有哲學的背景，《四書》也讀得不太好，也許我
可以嘗試從社會學的訓練提出看法。

這個新政策出來時就有許多反對聲浪。第一是民主程序的問
題，大家的質疑是，前一個政權才剛定案的綱要，在理論上不應在
那個時間點改變；為什麼教育部在中學老師普遍抱怨時數不夠時，
可以用這樣的方式通過，還創造出新的「必選」課程？我們在大學
教書，知道必選事實上形同必修。關於這個問題，因為謝世民將會
針對民主程序與必選討論，我就先不處理。

我所參與的民間組織「民主平台」對此事很關切，我之前從公
民教育與性別的角度，曾寫了一篇文章刊登於蘋果日報。剛聽了謝
大寧老師的觀點，我想提醒的是，教育部公文「普通高級中學中華
文化基本教材理念與特色」中詳細地說明了為什麼教育部在這個時
間點上要強化這個課程、為什麼要作這個修正，它的確是從「經典
教育」的角度來談，這公文中講的四個訴求是：第一個，「經典教
育」的不可或缺性；第二個，「經典」是所有學科的基礎；第三個，
「經典」的理念要融入生活實踐；第四個，「經典」是文化創新的
源頭。我要提醒的是，這個經典教育關切的並不是語文的問題，它
有兩個重要的東西，一個是品格教育，一個是民族主義的教育，這
個公文在第四點「經典」是文化創新的源頭中，白紙黑字地說：「台
灣如果真想做為中華文化的領航者，經典教育就絕對是不可或缺的

一環」。

　　如果教育部要學生必讀四書是爲了品格教育以及民族主義的教育，我的疑問是爲什麼這只是少數幾位中文系教授決定？如果經典教育爲的是品格教育，爲什麼哲學系的老師卻幾乎缺席？如果經典爲的是民族主義的教育，社會學及政治學者研究民族主義的很多，爲什麼都沒有在政策過程中被諮詢呢？

　　就民族主義作爲經典教育的目的來說，我沒有要論斷當前的台灣需要哪一種民族主義教育。從我們由小到大的成長過程來理解，民族主義的現實內涵其實是與時俱進的。只是，許多國家的經驗與政治哲學都提醒我們，如果沒有民主價值作爲上位價值，任何一種民族主義的教育都是危險的。因此，我覺得民主教育必需是民族主義教育的前提。

　　非常遺憾地，「四書」成爲必修的過程在民主程序上就沒有被尊重。更根本的問題是，即使四書可能與民主理念並容，卻也沒有人可以說服我們，高中老師能否從民主的價值帶領學生解讀《四書》。也因此，在台灣公民與民主教育都仍未打下基礎的條件下，我個人相當懷疑，也反對貿然地以民族主義爲目的，要全國所有的高中生必讀《四書》。

　　回到品格教育。作爲一個社會學者，我相當懷疑，有什麼經驗證據可以知道，人們品格淪喪是因爲不讀《四書》？如果中學生讀了《四書》，是否有助於品格提升？教育部宣揚政策的記者會上是以校園霸凌頻繁作爲學生品格不佳的表徵，我個人對霸凌現象的解讀是，我們的文化中缺乏對弱勢者的尊重。台灣其實只有選舉的民主，並沒有尊重弱勢的民主。我們的文化傳統中一直缺乏對正義的反省。剛剛謝教授談到西方從女性主義與種族提出的對經典的批判以及那本《華麗的探險》所提出的「批判的批判」，我想，如果我

們對西方經典辯論理解就會知道，在台灣，我們所謂的「經典」，從來就不曾被真正挑戰過，更遑論多元對話。

如果我們同意，可以用「經典」來解決品格問題的話，我的疑問是，所謂經典是由誰定義才算，以及什麼樣的經典可以有助於涵養品格？

我個人主張，如果只讀《四書》，還不如讀女書。為什麼我要說讀《四書》不如讀女書呢？

我高中剛好讀的就是《四書道貫》，我後來回想，為什麼我這麼不喜歡它，很可能是因為它讓我覺得是一個很疏離的思想體系。四書的理想世界是一個「君子」的世界，但這個君子的典範，總是以男性作為想像，對一個中學女生而言，那是一個非常疏離的倫理世界。雖然考大學時我的中文可以考高分，可是這些所謂「經典」，很快就被我丟棄，真正對我思辨與品格具有啟蒙意涵是大學時所讀的社會學與女性主義的經典。

中學生裡面有一半是女生，她們正處於人生與性別經驗成長的關鍵徬徨期，除非教育部可以告訴我們，所有的高中老師都能以性別與多元的視角教育高中生。調查一下，在座聽過「女書」的人是否可以舉一下手？很高興還有一些人有聽過。

根據中研院學者的研究，「女書」是大陸學者宮哲兵1982年時在湖南江永所發現的書寫系統（後來由女書研究者鄭至慧引介到台灣）。它字體像菱形，與漢字不同，寫在布面上，字跡娟秀、筆觸纖細，當地人說那是女書，因為是由女子專用，男人看不懂。女書研究者認為，這套語言是百年來當地被拒絕在學堂外的農村婦女，用來紀載女性生命歷程，並得以互訴悲苦、締結姊妹情衷的文字記錄。在女書裡，我們看到漢人社會以男性為中心的秩序下，貞節牌坊背後的苦情與女性連結。

女書呈現的世界，是一個被「君君、臣臣、父父、子子」的四書倫理秩序所排除並遺忘的世界。用社會學的語言來說，閱讀女書，是去理解一個被系統性壓迫的受壓迫者的空間與情感經驗。為什麼我說只讀《四書》倒不如讀女書？因為我們的社會所缺乏的是對正義的理解。要學習思辨正義，必須先學習如何聽到弱勢者的聲音。

如果各位對女性主義哲學有些理解的話，女書的世界，就像Nancy Fraser所說的，是一個"subaltern counterpublic"（賤民的反公共）。如果我們的中學生真能有機會閱讀這樣的經典，他們或許更能更能思辨，從家國民族主義到父權體制，到底是誰的秩序？又排除了誰？日常生活的秩序裡，擱置了哪些不平等？以及，如何對待一個真實世界中的人？所以，如果教育部真得要做好品格教育，不如把這樣一個華人文化裡的重要資產，重新帶回我們的視野。

其實我的主要目的，倒不是倡議女書成為唯一必讀經典。我還說的是，與其辯論哪些經典必讀必修，我想丟給在座朋友的一個根本的問題是———「《四書》事件如果有什麼值得反思的話，應該是，我們到底要給年輕人什麼樣的公民與哲學教育？」

我並不反對道德教育，也不反對教育部政策背後想要尋找基本價值與世界觀的苦心。當中華文化跟台灣文化在政治選舉上還在競逐霸權，當年輕世代頻頻在網路上以自己的正義觀代行公理的時候，我覺得最遺憾的問題是，作為教育者的我們（我在社會學、各位在是哲學），能不能夠提出在這個時代，在下一代的教育中，需要什麼樣的公民跟哲學教育？

在場各位都是哲學家，沙特跟西蒙・波娃在中學的時候就開始他們的哲學課程。我記得在沙特傳記中讀到，他是因為中學學校裡的哲學課而從文學走向哲學，之後，當代有了一位重要的哲學家。《四書》事件反映出，這是一個社會學家跟哲學家都嚴重缺席的時

代。這讓人憂慮。

很高興台灣哲學學會舉辦了這樣的論壇，在這之後，我們可以一起思考，如果必選《四書》不好或不夠好，那，我們想要給高中生什麼樣的哲學教育？

主席戴華教授

感謝范雲教授，從一個帶有女性主義敏感度的社會學家的觀點，對於今天的議題提出對照的立場。接下來要轉到卓翠鑾老師，她是實際在高中教授中文課程的老師，我們來聽聽她的觀點，歡迎她。

嘉義女中國文科卓翠鑾老師

有一次學生問我：「老師，如果顏回活在今天這個時代，他會不會加入占領華爾街或包圍台北101的行列？」我說：「如果他真心安貧樂道，應該不會。」學生說：「哪是安貧樂道？他明明『宅』慣了，根本不知有101，遑論華爾街。……」這段「學貫中西」的對話，正好凸顯四書教育所面臨新世紀學子的質疑與挑戰。在這段對話裡，我用「如果……應該」語帶保留的方式來陳述，某種程度是不想抽離儒家信仰的價值，而學生的「顏回、101、華爾街」則是跨時空的思想跳躍、甚至是斷裂，這是目前高中生普遍的思考型態。假使古代的顏回今日現身，要加入占領華爾街的行列，他必須先被新時代改變，且將原先的價值信仰全盤摧毀。

我多數的學生認為顏回是「大宅男」，安貧樂道，只是自我美化的修辭而已，無能兼善天下，「宅在家」也是「獨善其身」，無所謂的道德修養或價值信仰。學生詮釋的觀點之所以另類，關鍵在於時代氛圍的改變，以及新舊時代價值認知的差異。今日學生所處

的時空環境與儒家思想「產出」的時代、甚至《四書》獨尊的時代已全然不同，因此，大人、小孩對於「經典」、「主流」的認定自難劃一。如果《四書》的主流價值可以被顛覆，如果《四書》的經典地位容受質疑，那麼，教育部還會不會將它納入高中必選教材呢？

我的論題分二部分：其一是必選政策合宜性的反省；其二是教材合宜性的反省。

一、必選政策合宜性的反省

人終其一生為維護自己的信仰或信念而活，理當獲得尊重。但將個人或名義上的多數人的信仰或信念，透過政治力納入教育體制，企圖轉化為集體的信念、信仰，這樣的作為，我認為是非常不好的教育示範。如果尊重、維護個人思想信仰是普世的價值，那麼高舉民主人權的國家，就不應框限所謂的「主流」而排他，若要將「文化思想」納入教育體制，則應以尊重多元為前提，「獨尊」顯然不恰當。

今日的高中生未來必要迎向世界，那麼中國崛起，他們要不要面對？當中國大陸的孔子學院在歐美世界普遍設立的時候，當「華文熱」是一種世界潮流的時候，他們要不要迎合？我個人認為：他們一旦迎合，必然會在一個共同基礎之上，才能與國際社會包括中國大陸展開對話，而這基礎之一就是中國文化。現在問題來了，我今天教導學生讀《四書》、認識中國文化，算不算是「中國化」？我今天不教學生認識中國文化，是不是叫「去中國化」？常有人問「中華文化是誰的文化」，其實我更想問的是「即便民主或共產兩個不同的政治實體，不管彼此相互承認與否，有沒有可能根源於同一個文化？」「文化的認同」是否就相等於「國家認同」？這是我今天到底在教「中國文化思想教材」或「中華文化思想教材」講不清楚說不明白的夢魘。甚至懷疑自己，能否如教育部所期待，透過

《四書》教學，肩負起確保台灣爲「中華文化正統、領航地位」的
重責大任。

　　此外，《四書》課程屬性的認定也可關乎政策的合宜性：如果
它是道德倫理教材，是否因爲今天台灣社會道德淪喪？所以才要積
極提倡。依老子的說法「失道而後德，失德而後仁，失仁而後義……」
那麼，今日道德仁義淪喪，該負責的是大人還是小孩？如果它是語
文教材，將與國文科重疊，豈不欲蓋彌彰地變相提高文言文的比例？
同樣是語文詞章之學，卻又獨立一門，或有疊床架屋之嫌。如果它
屬文化思想教材，孔子強調「有教無類」，意思是什麼樣的學生都
要教，那麼不同天賦秉性、思想信仰的學生也應有平等的受教權。
換句話說，要尊重學生的多元思想、性向發展並予以教導，那麼各
家思想理當兼容才對。嚴格說來，儒家學說適合作官階級，也適合
向這些官人叩頭的庶民階級，但是也有人不作官，不向人叩頭，而
獨與天地精神相往來，如道家信徒，自創一種獨特的生命價值取向。
古代中國，九流思想各自分立，卻彼此辯證性地相互滲透，因而構
成文化精深搏大的底蘊，因此，「獨尊一家」的文化教育政策，顯
然有所偏頗。

　　再者，學界與社會大眾反對《四書》必選的理由，除了政治立
場、意識型態、法理爭辯、文白之爭、學生壓力之外，還有部分因
素是個人國文學習經驗不佳。這也說明一般對於國文教學的刻板印
象，對於高中國文教師能否勝任四書教學，有相當程度的不信任。
誠如筆者對敝校三、四十歲以上的教師所做的抽樣問卷結果，除了
對於「必選」贊成與否有任教科別差異之外，極大多數老師對於台
灣《四書》教學「得以取得中華文化的正統地位」、或將《四書》
作爲高中學生必讀的唯一經典，都不表贊同，甚且對自己過去學習
中國文化基本教材的印象，多半仍以「字詞章句的解釋與背誦」爲

主。坦白說，身在教育現場，如果傳統記問背誦的教材教法不改變，對於「必選」的《四書》教學，我也不樂觀。因爲時數有限，因爲不是所有老師都認同《四書》是「唯一的經典」，也不是所有的學生，都能迅速有效地學習這套文言文的教材，（尤其《孟子》、《大學》、《中庸》），這樣的師生共同進入《四書》教學現場，很容易兩敗俱傷。甚且一週一節課，能教的分量有限，遑論教學的深度與質感？如此的經典教育政策，宣示的意義遠大於實質效益，這也是我不贊成「必選」的理由。

二、教材合宜性的反省

信仰儒家教義者，若違反儒家教義，其將四書納入教育政策，也沒有說服力。我無意衝撞課綱委員的儒家信仰，我也尊重積極維護、發揚儒家文化思想的人，但是此次改變課綱，在程序或技術層面，給人觀感不佳，朝令夕改既粗糙又無禮，豈是克己復禮之儒者所應爲？

再就教材核心來談，董金裕老師說：教材編選與教學方式要顧及在地性、時代性及實踐性，他說：「講解不是重點，實踐才是」謝大寧老師也說：「經典理念皆融入生活實踐中……經典是放在生活實踐中才成爲其經典的……」那我們就來檢視一下當前信仰《四書》的社會精英的實踐的狀況如何？有人說「社會精英的人格感召力，遠大於他的知識、理論的感召力」因此，要說服這一代年輕人讀《四書》有魅力，就必然要檢驗讀過《四書》的社會精英的人格有否這種魅力。那精英中的精英，就是我們的中央、地方的執政者了。儒家強調「修身正己」才能正人、才能「上行下效」、「風行草偃」。遺憾的是我們今天的國家領導人或地方政府官員，甚至是教育工作者，大部分都讀過文化基本教材，有因貪腐坐牢的、有收學童營養午餐賄賂而吃官司的、有欠健保費不還的、還有在媒體面

前流利地背誦「不違農時，穀不可勝食也；數罟不入洿池，魚鼈不
可勝食也；斧斤以時入山林，林木不可勝用也」的執政者，卻全然
無視於苗栗大埔農地被地方政府強行徵收的不公不義之舉。這些一
時的精英「淑世愛人」的精神實踐在哪裡？張作錦先生說：「受東
方儒教文化影響的國家則倡『恥感文化』，以為人性本善，羞惡之
心人皆有之，做了錯事內心會自責，也會受他人的抨議，這一套形
而上的規範，叫作『內疚神明，外慚清議』。神明不是神祇，而是
良心。孔子教人一個檢驗良心的簡易方法──『汝安，則為之。』
安不安，騙不了自己⋯⋯」，所以「心安不安」可以成為道德檢驗
的標準。如果這些讀過《四書》卻貪腐、收賄賂坐牢的、欠健保費
不還的、言行不一的「大人們」心也能安，我們如何教導孩子「內
省、誠實、知恥」的可貴呢！《四書》理念，若不被學過《四書》
且有能力擬定、執行《四書》教育決策的相關人等所實踐，這還能
成為經典嗎？既然經典的「可實踐性」被質疑，我們如何說服高中
生《四書》是向古人學習生命智慧、道德倫理的唯一，所以非讀不
可呢？

　　《四書》經典實踐性的檢驗如果成立，就可以清楚看到《四書》
教育理想與現實的衝突，而這衝突也正凸顯一個問題，**亦即道德認
知與道德實踐的背離**，這就是今日的高中生學習《四書》必須承受
的衝擊。深入來看，也是他們必須面對的生命課題──如何正視人
生現實，直面虛矯偽善的人性，進而從中學習反躬自省、安身立命。
如此看來，教育部希望透過四書教育減少校園霸凌、提升學生道德
品行，其認知與實際顯然有極大的差異。

　　儘管以上針對政策合宜性有所質疑，我認為《四書》還是有選
修的空間，但選修《四書》不必然是因應教育部所提的空泛的教學
目標。對我而言，高中是大學的預備教育，也是學術能力養成的基

礎教育。文化思想教材，可以用來訓練學生基本的學術能力。

　　如果以上我「用儒家觀點檢驗《四書》教育政策」得出的結論可以接受，那麼《四書》納入教材的合宜性就具備了。因為做為一套「經典」教材，它的合宜性就是取決於它的「可思辨性」，因為它具可思辨性，就可以拿來訓練學生的思辨能力，學生有了思辨能力，再回過頭來檢驗這套經典理論，他們會有各自的理解、判斷、評價或詮釋，就不會人云亦云，也不會盲從。在這個各是其是、各非其非的社會裡，思辨能力何其重要！學生有思辨能力，就可以培養他們對公共事務的關心和批判，甚至對人群的關懷，不論是透過網路社群或直接走入人群，這也是一個公共知識分子或者所謂的公民必備的能力跟涵養。我個人認為，這才是當代「《四書》教育」的價值所在。當然我還要強調一點，如果第一線的老師本身不具思辨能力且意識型態先行，「獨尊」一家的教育政策，對學生而言形同災難。

主席戴華教授

　　感謝卓老師。聽了前面三位的意見之後，我覺得今天的討論不止只討論四書這個議題，因為三位講者都提出了更進一步的問題，而就這些進一步的問題，大家其實還是有一些共識的。從這些有共識的地方來談起，或許最後對這個論壇的議題，大家心中就有一個清楚的答案。我們最後請中正大學謝教授，謝世民老師。

中正大學哲學系謝世民教授

　　謝謝台哲會張忠宏秘書長，為這個論壇花很多時間，湊集了我們四個。其實還有四位沒有來，就是祝平次老師跟陳瑞麟老師，但他們已經有蠻長的文章在網路上發表，至於杜保瑞老師跟蔡家和老

師也會寫文章，到時候也都會掛在台哲會的網頁上。大家有興趣的話，可以下載仔細閱讀。

　　我今天的主要論點是：教育部訂高中必選《四書》是違背了「政教分離」原則，也就是違反了國家不刻意獨尊或鼓吹任何特定宗教的這項原則，這是上綱到很高的層次。

　　就政治道德而言，「政教分離」是憲政民主國家必須謹守的基本誡命。我想大家應該都會同意，根據「政教分離」原則，教育部不可以要求高中學生或任何階段的學生必選《聖經》或是《壇經》。同理，如果《四書》作為儒教的經典，其地位就像《聖經》或《壇經》一樣，那麼，教育部也不可以要求高中生必選《四書》。當然，儒家的信仰者也許會辯解說，《四書》並不是宗教的聖典、儒教不是宗教。但是從基督徒和佛教徒的立場而言，如果政教分離是大家都必須遵守的原則，那麼，在高中課程設計的層次上，《四書》其實就像《聖經》和《壇經》。這是我的主要論點。

　　我的論點絕對不是說讀《四書》有害，絕對沒有，我自己讀過我知道。讀《四書》有害嗎？我不認同。所以我的論點絕對沒有說讀四書有害。另外我的論點也沒有說教育部這項政策「違憲」。到底這項政策是否違憲，台大法律系的顏厥安教授主張：「憲法未提獨尊中華文化，反而強調多元文化，強推該課程明顯違憲」；但是高中課綱委員謝大寧教授則認為：「憲法第158條明訂發揚民族文化與民族精神，不推動中華文化才違憲」。所以我們可以看到，對於推動這個政策違憲不違憲，有兩個不同的立場，而對於「如何論證憲法真義」，這是很複雜的問題，我沒有能力處理。所以我沒有說這個政策違背「政教分離」是等於違憲，沒有這個意思。

　　第三，我說它違背「政教分離」原則也並不是說，各級教師因此沒有在課堂上實施「品格教育」、「經典教育」的自由。教師在

課堂上有一定的程度的教學自由跟言論自由，那麼一個教師在課堂上恪盡了他的教學義務，即把學生應該學的、課程設計應該要教的東西清楚地教給學生之後，他當然可以在黑板上寫「君子知其不可為而為之」，然後講道理給同學聽，若這位教師覺得這樣子教導學生有助於學生品格的端正。老師在恪盡了他的教學職責之後，當然可以在課堂上講這類哲學觀點，這是他的學術自由跟言論自由的範圍。但是我們要注意，在課堂上正當不代表可以拿來考試，當然學生是被強迫要聽，不過那並不等於強迫學生接受或相信。

我說「必選四書」這個政策悖離「政教分離」原則，並不蘊含說國家不得推動文化建設或資助藝文活動，也沒有說國家因此就不得設立教授儒學的哲學系，而這就涉及到李明輝教授的稿子裡觸及的中立性原則。我自己接受中立性原則，也覺得國家應該在很多基本問題上保持中立，然而國家可以拿所謂的「公共資源」去推動各種文化建設，關鍵就在於怎麼推動。推動文化建設是基於什麼目標才具有正當性？這問題相當複雜，而就這方面哲學界其實也累積了相當多的文獻。這個可以讓大家來思考。如果有時間我們再來慢慢討論。

以上是我先釐清我的觀點。那麼有人也許會問說我把必選《四書》之規定，一下子上綱到「政教分離」這個層次，是否犯了了「類比謬誤」或者是有點太誇張了？儒家思想到底是不是一種宗教信仰？在我看起來是！但這並沒有負面的意思。我在電視上曾經看到，台北某一間知名大學以講授《論》、《孟》聞名的教授，和講佛經的高僧以及講《聖經》的牧師，在不同電視台的同一時段裡，一起「互尬」人生大道理，開導聽眾。更具體的論據是儒家思想的鼓吹者也這麼認為。牟宗三先生是新儒家的一個代表性人物，而他的學問、人格也受到大家的推崇。他在1954年的時候，在台灣曾經

組織過「人文友會」這樣的一個組織，這個「友會」不是政黨，而
是大家一起讀書、討論問題。他倡議使儒家成為孔教或人文教，在
各地成立實體的人文教會，甚至要大家一起奮鬥，通過憲法使祭天、
祭祖、祭聖賢成為國家節慶典禮的一部分。對牟宗三先生而言，正
如「在耶教，通上帝，須通過耶穌」一樣，要通儒家所講的「天道」，
「一定要通過孔子，故孔子為教主」。 就「教化人心、安頓生命」
這個功能而言，儒家思想可以取代各大宗教信仰、可以與各大宗教
信仰平起平坐，這如果不是每個當代重要的儒者都曾明白倡議過的
主張，應該也是大多數當代儒家會同意的。

　　當年唐君毅先生看到牟先生那個倡議後嚇了一跳，寫信給他
說：「牟先生啊，萬萬不可。」意思是說，你真的要成立一個實體
教會、規畫出一套儒家的祭典儀式，日常生活要規範不太容易，所
以唐先生對這倡議是有所保留的。不過，他認為儒教的確是具有宗
教之性質與功能，他說：「哲學非人人所能，西方哲學尤易使人往
而不返。而儒教則可直接人之日常生活。在儒為教處，確有宗教之
性質與功能，故曾安頓華族之生命。」在安頓人心的功能這部分，
唐先生是肯定的，只不過真的要搞成實體教會的話，他說萬萬不可。
他有點擔心這樣動作的話，會引起社會大眾的疑慮，大家會想說：
「這是在幹什麼？」他的信，登在《人文講習錄》（1996，臺灣學生
書局），各位也許可以去讀一下。

　　杜維明先生，所謂儒家第三期的倡導人物，他也是一個當代新
儒家，或者林安梧先生，都是例證。各位去讀新儒家，或自我定位
為儒家思想的許多傳承者，或覺得儒家是很高價、值得推動的人，
看他們的書，大概都會這樣定位儒家思想的功能和性質。雖然牟先
生那個想法沒有做出來，但是就功能和性質上，儒家跟各大宗教信
仰的地位是一樣的。

　　那麼，當安排高中課程時，在「政教分離」這大家必須遵守的原則前提下，為甚麼獨厚儒家呢？這是謝大寧教授和他在教育部的同道們必須回答的問題。

　　再來，我想要回到比較具體的所謂「把儒家思想定位成宗教信仰」上面。各位其實也可以在教育部頒布的課程綱要看到，他們列的課程目標是什麼？它實施方式是如何？從這邊可以隱約看到，教育部在寫這個課程綱要的時候，其實也有這樣的自我定位。它說必選科目目標有三個：第一點，培養道德倫理意識及淑世愛人精神；第二點，汲取古人之生命智慧，明辨是非，並落實於日常生活。這兩個目標聽起來是跟教化人心、安頓生命是蠻接近的，只要不拘泥於字面的話，這兩個目標其實很像。

　　第三個目標，我先不談，那就是，「省思文化要義，結合在地特色與當代思潮，以達繼往開來之目的」。就評量來講，其實高中老師應該會很頭痛，因為第一個：評量要符合本科課程目標。我們剛剛唸了兩個目標，你現在問自己，那兩個目標要怎麼評量？也就是，你怎麼把省察跟實踐包含在評量裡面？你怎麼透過平時測驗跟定時考試去評量、測量學生的道德倫理意識及淑世愛人精神？你怎麼評鑑成績好的學生不是「偽善」？一旦把《四書》列入必選，那麼評量問題我想是無法避免，教育部規定的評量辦法第二點還說：「評量方法宜適當而多元。」這蠻空洞的，完全沒告訴你要怎麼來做。所以在實際操作上，我覺得會有很大問題。

　　無論如何，對我來講，強迫高中生學習、接受、信仰一套類似宗教教義的學說或道理，完全背離了政教分離原則。

　　最後，謝大寧教授把四書必選定位在「經典教育」上，對此我也有一點意見。我自己對於經典教育的價值是肯定的，但我認為關鍵在於「怎麼推」，把四書必選當成經典教育去推，恐怕不是最明

智的做法，因為它涉及了強迫。我們可能要再停下來多想一下。如果是「經典教育」的話，我覺得真的要重新再開會，再來仔細詳談，因為有太多的經典可以選了，而且也要讓學生有選擇的空間。就像范雲老師說的，也許哲學系老師應該要參與，也或許還有其他學科的老師都要來一起想想看，「經典教育」要怎麼來推？我覺得這是一個有趣的走向，值得進一步討論。

主席戴華教授

邀請的幾位老師時間就到此為止，最後可以給各位老師留一些時間作總結，現在的時間，開放自由發言。

清華大學哲學系吳瑞媛教授

如果問題是說「《四書》可不可以讀？」，我覺得大家的立場一致。應該要問的是：如果《四書》可以讀，是在哪一門課裡可以讀？謝大寧老師好像給了一個無效論證。謝老師論證說「如果哥大的課程用到經典，而且是可以證成的，那我們這個中華文化的課也用了經典，跟哥大的課一樣，也可以證成。西方已經證成了，那我們這邊還在吵，真是太落伍了。」你這是個無效論證，是因單單靠使用什麼書來設計課程，不足以來個體化這個課，同樣使用經典不足以讓哥大的課與《四書》算同一種課。就像我們看電影裡面，戰犯被人家拿刀子割皮膚，你會說這種行為太糟糕了，那我們看醫生美容的時候，他也是拿刀子割皮膚，我們也要說這種行為太糟糕了嗎？所以要問一件事是什麼樣的一種事情，絕對不只是看相同的物理的動作；要看課程是什麼樣的課程，不能看教什麼書。我要論證的是：課程的同一性，在於你把書鑲在哪一個制度架構裡面去教。哥大的CC(當代文明)這個課我自己教過，我知道它絕對不是great

books program，它的證成理由不是說「我們讀的這些書都很棒，都
會對你的人生有非常好的影響。」那是灌輸，而不是CC這個課強調
的公民教育。公民教育為什麼會剛好選這些經典？是因為這些經典
影響西方文明很深，我們要了解的現代制度都有那些經典的影子。
可是，這些經典非常多元，多元到像柏拉圖、基督教、回教，包括
馬克思、達爾文、弗洛依德，甚至是西蒙波娃的東西也都放進去，
所以在制度設計上絕對不會獨尊一家。此外，CC這門課非常強調課
堂討論，以培養公民教育所重視的批判思考的能力。就這兩點來看，
經典框在這個課裡面，在批判思考及制度層面，絕對不是只欣賞經
典的idea多美、多棒，而是要正面立場、反面立場反覆檢視，所以
需要有很多哲學系的老師去教。CC根本就是一個用經典來教批判思
考的課，強調「作為一個公民，你需要知道什麼？」所以其中的反
省空間非常大。它是人們在1919年第一次世界大戰之後，看到人類
文明可能因此毀壞，了解到要建立價值就必須要真正反省過價值，
所以將經典教育定位為「公民教育」的一個課。如果你要用「哥大
那個西方的課用了經典」來證成四書必選，我覺得不能成功。

輔仁大學哲學系沈清楷教授

我想回應范雲老師。我剛好寫完一篇要交給《人籟》的文章，
是關於法國高中生的哲學教育，我把一些訊息提供給大家參考。法
國的高中教育有一個比較特別的地方：所有的類別都要念哲學。比
如說文學組要念八個小時，經濟社會組要念四個小時，科學組要念
三個小時，技術類（不管你是跳舞的，還是做任何technology）大概也
要二個小時。他們把哲學放在這裡當然不是一個意識型態的教育，
而比較像是公民教育。哲學課程不是在培養哲學家，而是培養一個
能夠自由思辨的公民。我蠻同意吳瑞媛老師，經典教育其實是思辨

的教育。因為要培養思慮清晰的公民,所以要從「概念」跟「作者」
兩個途徑著手。在「概念」部分,他們在普通會考討論的幾個主題
如:自我認識、文化、理性、現實、道德、政治;而專業會考的時
候有八個學科,它大概就是涉及到文化、真實、真理、自由等這些
概念,然後再從這個基本概念開始擴大,比如說平等、感覺、慾望、
語言、宗教或者representation(表像)、國家義務等概念。在「作者」
部分,課綱清單總共有57位作者,按時間先後可以分三個時期。從
古希臘羅馬到中世紀,從柏拉圖到奧坎總共有15個;現代時期的哲
學家,從馬基維利到康德總共18個;當代的從黑格爾到傅柯,總共
24個。當然古代到中古世紀我們很難用現代國家的概念來區分,不
過來到現代跟當代,法國很注重所謂的「多元性」,即國家的比例:
你不能在哲學教育的時候都在談法國哲學家,所以必須注意。比如
說現代跟當代有42個作者,由國家來看,有19個是法國人,10個是
英國人或是英文著作,9個德國人,還有4位歐洲其他國家的作者,
盡可能涵蓋歐洲文化。這不是一綱多本的概念,讓老師可以自由去
選擇教給學生什麼。如果我們希望下一代有自由批判的精神,不會
像以前的文化基本教材,放在語文類或者放在經典教育,結果這個
經典卻是狹隘的,就只有幾本書。我們應該把「中國文化基本教材」
換成「文化基本教材」,讓學生的啟發也可能來自於例如道家或其
他學說。

台灣大學哲學系苑舉正教授

我感覺到大家共同的顧慮,就是四書這件事會變成山寨版的三
民主義。大家對文化基本教材的印象,其實就像謝世民教授所講的,
並不算太差;但是因為三民主義的教學過程中不能進行批判思考,
就感覺到很遺憾。至於范教授所提到的「必選」的問題,「必選」

並沒有不合邏輯的問題，因為它與「知識論、形上學、倫理學，三科裡面必選兩科」的概念相同。另外，卓老師跟范老師都引了一個議題，我覺得那才是真正的核心，就是山寨版的大國崛起問題。卓老師很認真地談到「要不要讓高中學生面對中國崛起」的問題，我覺得這是一個偽議題，因為我自己系上有些同仁，他們藉著對岸的國學熱普遍得出一個心得：假如今天這個四書的議題是在EMBA班上討論的話，全場一定非常熱烈，謝大寧教授一定被舉起來往天空拋三次。但是在台哲會，謝大寧教授就顯得有點孤獨。我甚至可以說，這個問題經過台哲會討論後，答案很明確：基本上閱讀的自由應該維持，如人飲水，冷暖自知，不必透過由上而下的方式，更不用說是要強迫大家去做什麼樣的理解跟討論。至於說閱讀中國文化基本教材或是閱讀《四書》——《論語》、《孟子》、《大學》、《中庸》，對於人生的開創、道德的培育有什麼樣具體的建設等等的這些問題的話，可能要個幾十年後才能有所感知。另外，有一個問題我希望能夠把它拋出來討論，我覺得這是一個需要除掉的因素。范老師提到「要做中華文化的領航者」這個觀念是民族主義。我不曉得這民族主義的因素的嵌入，是妳自己詮釋的結果還是教育部白紙黑字寫下來的教育宗旨。如果民族主義是白紙黑字寫出來的那就太愚蠢了，因為這個名詞大家心裡都有數，是一個很敏感的名詞。事實上大家也都同意，著重於對great books進行批判性思考，根本完全不牽涉到它現實政治的運用與價值。先人的智慧本無國界，也不分時空條件，如果基於民族主義的目的將四書放進課綱，對於四書還蠻有污辱性的。大陸現在在一種極度地破壞之後又極度地偏愛的盲目熱情中，就像是用炒紅酒、炒核桃一樣的這種心情來炒國學。我自己系上也有同仁在這方面非常成功，我們大家一方面是羨慕，一方面也有點隱憂：到底要從哪一個方向來正視、閱讀傳

統的經典？我自己對於社會科學的啓蒙是來自於三民主義的課程，因爲發覺其中滿紙胡言，藉此養成了批判性思考，達成意想不到的效果。這是另外一種可能，我覺得需要釐清一下。

東吳大學社會系蔡錦昌教授

我在社會系教了二十幾年，也在高雄師範大學經學研究所開「經義解讀法」的課，教四書五經怎麼解。我一方面教過馬克思、韋伯、傅柯，另一方面我比中文系更中文系，因爲是在經學研究所，所以我有話要說。我博士論文研究知識分子，是知識社會學、知識政治學，從這個角度來看，台哲會根本就是三立台跟民視台嘛，因爲這裡的人都討厭國民黨，我當初就知道，所以特別要來參加，來做一個少數。每次在台哲會講中國哲學題目聽眾都很少，講的人有多少，聽的人就多少，可是隔壁講西洋哲學題目的都十幾二十個人。從這個比例可以知道，台哲會是很有特色的，不怎麼歡迎大中國的那種東西，雖然台哲會也不排斥中國哲學，但是自然就形成一個生態。我在社會系教「華人社會行爲」，了解這種學術活動也是華人的社會行爲，表現出華人很奇怪的一面，就是說一套、做一套。現在台哲會大部分的人的調調，是一種特種的華人，就是不要三民主義，不要國民黨，不要必修，但是如果改天《四書》背不出來，輸給一個大陸來的人，他心裡就會覺得漏氣，表面跟心裡不一致。我很有信心，華人都是西瓜偎大邊的，大國崛起絕對不是假話，改天在座的人千萬不要去讀《四書》、講《四書》，改天不要像柯林頓一樣，當年反戰後來就變美國中心。我很有信心，改天當你們投誠的時候，就記得蔡錦昌說過這樣的話，「西而優則中」，這是我的口號，「西而優則中」，謝謝。

東海大學哲學系李心文教授

我高中的時候念《四書》，自己其實覺得蠻受用的，因此同意蔡老師的看法，覺得讀《四書》蠻好的。我想針對剛剛卓老師的發言裡面提到的議題，發表自己的一些想法。一方面就是關於中國崛起這件事情。我不太明白，為什麼讀《四書》會幫助台灣的學生跟中國競爭？除非說他們會參加《四書》背誦大賽，不然的話就我所知，對岸的教育並不是特別重視這一塊，那麼強調「為了要跟他們競爭」，我不認為這是一個讀《四書》的理由。第二點是我同意卓老師的說法，高中教育很重要的是為將來學生進大學做準備，我們希望學生有思辨性，可以學到一些關於研究的方法。如果以這個為目標，用批判思考的角度來學《四書》，當然是可以的。問題只在於怎麼去教，像宗教課、歷史課，其實都可以用批判思考的方式來教，而不是把它當成是一個具體的學說來灌輸。比方說像我曾經當過一個課的助教，老師教歷史，就給學生看中國歷史上有人會說「南蠻」，你從這裡面看到了什麼？你是看到了南方人的口音就是不好聽，還是看到了北方人歧視南方人？我覺得《四書》也可以這樣子教。可是，如果最重要的教學目標是要培養學生獨立思考的能力的話，我們為什麼不直接教他們邏輯、批判思考，或倫理學？倫理學給他們更多的選擇，就不會只有中國的、儒家的教育。

中正大學哲學研究所朱家安同學

我對謝大寧老師的這份說帖有些疑惑，主要是針對整個修訂理念的第二個部分。在這部分，謝老師說到經典教育有幾種不可或缺的功能或價值。首先，謝老師說「每個文化體能提供最基本價值理念、秩序與世界觀就是『經典』。」其次，謝老師主張「經典是所

有學科的基礎」。第三，謝老師說「如果我們想要讓自己的生命獲
得意義，就必須讓我們的生命與經典取得某種聯結。」第四，「如
果中華文化想要在這時代中有所創新，也必須奠基在成功的經典教
育之上。」剛剛謝老師在發言的時候說，有很多政府官員把經典教
育的效果講得很誇張：大家讀《四書》就不會有霸凌、小朋友都孝
順父母。可是令我疑惑的是這份說帖裡面的說法，在誇張程度上面
好像不會輸給政府官員的說法。政府官員說讀《四書》會孝順父母，
不會有霸凌；謝大寧老師說，如果我們不接觸經典，我們的生活會
變得很糟糕。為什麼呢？我們會失去基本價值理念、失去秩序、失
去世界觀；我們所有學科都沒有基礎；我們生命不再有意義；我們
文化創新也毫無指望。我覺得如果我們希望自己對於教育的投資得
到預期中的效果，在畫藍圖、建立理念的時候，似乎必須負起基本
的舉證責任，說明為什麼這樣子的教育可以達到這樣子的效果，如
果沒有的話會有什麼糟糕的後果。

中正大學哲學研究所黃頌竹同學

我覺得因為今天在場的人大部分是哲學出身的，所以或多或少
在思想上都有一些反骨，總覺得批判思考是很重要的東西，這我都
認同，所以不會再在這方面繼續琢磨，大家都已經講得豐富而且完
整。但還有一個問題，到目前為止可能比較被忽視，就是：把經典
拿來當文化教材或者是文化教育的意義到底在哪裡？剛剛苑老師說
「必選」沒有矛盾是因為你可以三選二，我不知道《四書》列為「必
選」沒有矛盾是不是因為你可以四本裡面選兩本或是三本。我認同
文化教育的重要性，也就是說我認同一個文化群體確實有認同彼此
所屬的文化群體的重要性，但是在承認這件事情的重要性的同時，
我們必須要檢視：我們認同的那個文化，具體來說到底有什麼內涵？

那些文化內涵裡的東西應該要怎麼納入教育裡面？把經典教育當作文化教育的時候，這是必須要思考的一個很重要的問題。我自己對於這個問題的分析是這樣的：我們的文化從歷史上來看，從古至今，一直處在流變的狀態當中，內涵並不是固定的。大概是兩、三千年前，儒家思想從孔子開始發生之後，歷經了歷史上的傳承，事實上也發生很多內涵上的轉變。此外，除了儒家內部思想上的轉變，儒家跟其他同樣也是發源於我們民族或是我們文化的思想有衝突，包括跟道家、跟墨家的衝突、跟法家的衝突等等。這些衝突不但影響著儒家文化的內涵到底是什麼，也影響到的我們整個文化的內涵。因此，整個文化的內涵跟儒家文化的內涵是不同的，儒家文化的內涵比較特定，文化的內涵則比較一般general。如果我們強調的是，作為一個文化群體，我們處在同一個文化裡面，在這個群體裡我們想要找尋一個文化的認同的話，文化教育不應該只有儒家的內涵才對。照理講，法家、名家、道家的文化內涵也應該要被納入教育裡面，讓學生知道這些東西如何影響我們現在的文化內涵是這個樣子；我們可以很確定，當初如果沒有這些同時在互相競爭的其他思想存在的話，現在的中國文化也不是會是這個樣子。再繼續把這個論點往外擴張的話，我們似乎沒有理由否認現代的中華文化確實也深受許多西方思想的影響，包括民主、科學，這些影響通通都內化在現代中華文化的內涵當中。如果如此，義務教育中的文化教材來也不應該將之排除在外。

中正大學哲學系王一奇教授

今天的討論，大家很強調批判性思考的價值，我個人也蠻認同的，我想要就此做一點延伸。當我們要求對《四書》作批判性思考的時候，是不是這個議題可以再放大一點，是不是還有更多的課程

需要融入批判性思考？譬如說歷史課，總會挑一些東西來教，但我後來才發現我們學的歷史原來很多都是地理，或者是小說之類的。又譬如說，我們在學社會的時候學到民法、父權關係以及異性戀婚姻。異性戀婚姻是不是也應該拿出來批判性思考一下？說《四書》要批判性思考，我覺得合理；那麼現在法律不贊成同性戀婚姻，是不是應該也要批判性思考一下？譬如說各種父權思想之下的倫理學概念，譬如開車要繫安全帶、喝酒不准駕車等，是不是也是如此？如果要針對《四書》做批判性思考大家都贊成，那是不是多一點要求，不只要求《四書》，其他學科也要求一下？「四書」只是個特定議題，重點在整個教育系統要怎麼樣重新規劃，將批判性思考的精神納入所有學科。我覺得從這些角度來看，會以比較積極、正面的態度來面對事情，謝謝。

東吳大學哲學系王志輝教授

我要針對的是我們的國文教育。文化的教育其實是透過語言教育來傳承，我們今天討論一大堆一直都環繞著文化經典、文化基本教材是什麼，可是都沒有去考慮到國文教育是不是要改革。如果留意，就會發現我們的國文課本裡面，不是一些附庸風雅、就是一些強調民族主義的文章，很少有哲學經典、富有思想性的文章放在裡面。可是以前我在德國念書的時候不是這樣。德國人的古典教育非常強，我在德國學過拉丁文、希臘文，但是我們在學那些東西的時候，讀的希臘文文本是柏拉圖的文章，讀的拉丁文文本是西塞羅的文章，我們可以透過學文字的過程去學習那個文化的經典。所以我認為，如果國文教育作得好，也許經典教育不是非常大的問題。我的意見跟其他學者可能不太一樣，我認為我們可能都忽略了國文教育應該要改革。

台中技術學院應用中文系黃麗娟教授

　　各位先進大家好，我是非常拙於言辭的人，今天本來只是想來當聽眾，只是我覺得今天所有的言論幾乎是一面倒，讓我聽了真的很難過，所以我也想講講我自己的心聲。我們今天把自由跟多元視為絕對的標準，但是這可不可以作為一個絕對的標準，我認為還是可以再討論的。我也很尊重文化的多元，但是如果一個國家的管理，它只有強調多元性，但是沒有一個文化的共同認同，沒有一個共同的文化認識的話，我覺得這個國家的管理會分崩離析。在這種前提之下，問題在於我們要拿什麼來當作我們的文化認同呢？我覺得，除非對《四書》裡面的精神價值是反對的，要不然我們沒有理由去反對以《四書》來作為文化認同。比如說《四書》裡面講到「克己復禮，天下歸仁焉。」，這句話就是「一個人不應該把自己的慾望、把自己的快樂，建立在別人的痛苦上」，這個是很有道理的啊。再說「己所不欲，勿施於人」，然後再講到「君子和而不同」，我們在政治的觀念上，大家拉黨結派，站在同黨的立場，這是「同而不和」；而「和而不同」則是可以尊重對方，但是要堅持我所對的。我覺得這些價值理念都是非常好的理念，我們可以給下一代作為精神的引導，這有什麼不妥當，我真的是不大清楚。再說我自己在技術學院裡教四技國文，也教專科國文，學校給我們國文老師相當的自由，你可以選擇任何的教材，所以你喜歡台灣文學的可以教台灣文學，現代文學你都可以教，但是幾乎就是變成大家各行其道，沒有一個文化共識，我覺得這是一個隱憂。再說，為什麼今天要把《四書》列為必選，我的考量是因為時間的問題。以我自己教專科國文的經驗，每一個禮拜一個班級只有三個小時，等於我一個學期只能上六課；六課裡面有三課必須是古典文學，有三課必須納入台灣文

學、現代文學，根本沒有什麼空間可以來教《四書》。所以我覺得它只是給我們國文老師提供一個空間來教教材，而我覺得它是很好的文化教材。

主席戴華教授

謝謝。剩下來的時間，請我們四位講者來回應。我們先請謝大寧教授。

謝大寧教授

謝謝各位，我想今天正如我所預期的，很多問題有待實踐檢驗。我就順剛剛很多位朋友提到的問題，依序回答。第一個是范老師提出來的程序正義以及「必選」的問題。我應該這麼說，高中的課綱裡確實有「必選」，不是只有這一個科目，「生命教育」也是必選，它有相關的規定。當然整個過程可以在程序上作質疑，教育部也有提出一些回應了，我不在這邊多說。范老師的整個論證是說：沒有民主作為前提，其他都會出毛病。我想這個問題，應該是一個可辯論的問題。我這邊只引述一句話，美國人文基金會的主席錢尼夫人在談美國經典教育的問題時說：「目前大學已經越來越將經典視為政治性的文件，而視經典中的真理、美、卓越等等為無物。」我想這個問題值得大家好好思考。

另外是世民兄提到的，國家是不是應該遵守政教分離的原則？我想西方的許多痛苦的歷史經驗告訴我們，政教分離是現代國家一個非常重要的事。但問題在於剛剛世民兄也提到的，四書納入必選是不是可以上綱到這個地方？也就是說我們到底怎麼看儒家這個經典？它跟西方宗教的聖典一不一樣？要把它視為文化經典，還是一個宗教性的聖典，我覺得這是一個可爭論的問題。如果要從這樣一

個觀點就把四書教育一竿子打死，我覺得你的論證也不見得夠堅強。如何評量的問題，我們在課綱小組有相關討論，也許在整個課綱呈現上頭它仍然非常非常簡略，但我們當時有參考生命教育等等的評量方式，相關的做法應該在這個課程具體推動了之後，教育部會提出許多的配套措施，這是另外一個問題，我就不多說了。

剛剛清大的吳老師說我作了一個無效的論證。其實我無意從前頭引述的那段話去作延伸性的論證，我只是說今天這個辯論的許多的觀點只是在重複而已。當然我必須正面的論證：如果我支持這樣的一個課程，其中應該放進什麼東西？剛剛很多位朋友都提到「思辯性的引入」，而思辯性是從「批判思考」這一個角度理解。我想請各位了解一下：第一個，它的對象是高中生；第二個，它一周只有一堂課。你希望做到多少事情？這些事情當然是可討論的，我不反對把一些思辯性的東西引進來，各位哲學界的朋友希望爭取進入這個課程的空間，我也跟各位報告，很多作中國哲學的學者已經參與其中了。因為教育部知道這是非常重大的政策，它扛起來全部成敗的責任，所以在中央研究院前任的文哲所所長戴璉璋老師的領導之下，已經組成了一群由年輕一輩的中國哲學的學者開始教材的編纂工作。當然，因為一綱多本，它沒辦法去取代書商所編的書，但教育部確實已經在做這件事情了。就我所知，那個教材的編纂，思辨性的引入是有被納入考量的。

剛剛提到說：是不是只納入《四書》這幾部書？我還是那句話，一個禮拜只有一個小時的課，教師能教多少？今天國文課本裡頭的文化經典，把先秦諸子都放進去了，但份量非常非常的少。雖然不排除到了大學有更多的空間可以引進批判性的思考，但我們的大學要不要放入經典教育，仍然是個問題。請問各位，現在台灣有哪一所大學的通識課程裡頭還保留有經典教育？可能南華是唯一的，佛

光也有，但是做了幾年之後就不見了。

剛剛朱家安先生提到：我那份說帖的誇張程度，好像不比教育部的官員還來得差。其實，我並沒有意思說「你不讀四書，你就會失去了什麼東西」，而是說經典可以提供一個基本的世界觀，一個跟意義互動的最基本的引入的前提。那份說帖只是一份給課發會的說帖，書寫時我沒有任何展開的空間。各位如果有興趣，請回到迦達瑪，關於經典他有一個存有論上頭的優先性的討論，我想我的論證會放在那個地方。

主席戴華教授

感謝謝老師，接著請范雲老師。

范雲教授

大家提出非常多問題，很多不是我能夠回應的。關於民族主義的問題，我剛剛又翻了一次，的確是教育部很明白寫在「普通高級中學中華文化基本教材理念與特色」，這個文件是謝教授傳給我們的。結語中白紙黑字地說：「『經典教育』事實上就是最足以發揚民族精神的，因此教育主管當局自應善盡規劃之責，以期能具體落實為課程，達成憲法所交付的使命。如今，有關『中華文化基本教材』課綱的修訂草案，已經初步完成。」

說民族精神不等於民族主義，民族精神等於文化嗎？依據我對民族主義與文化的理解，無論如何，教育部這個白紙黑字的話，對我來說，背後就是一個民族主義的企圖心。當然各位可以挑戰我對民族主義的界定，但我想澄清的是，我並沒有覺得中華民族主義不好，我身旁有非常多具有中華民族精神情懷的人。我的重點是，民主應該是上位的價值，任何一個政權要推動任何一個政策，都必須

遵守民主的程序。民主的價值必需放在最高位，否則任何政治力的
介入，都讓人非常憂慮的。

從這個角度來回應蔡錦昌教授的，我想我們不是站在某個政黨
的立場來討論四書是否應必選；說大家為了反國民黨，才反對四書，
豈不是在貶抑自己的對話？我想，社會學跟哲學都是回歸基本價值
來討論問題的。以一個常參加社會學學會的我來到台灣哲學學會現
場，我覺得這裡非常有中華文化啊，我看到很多儒學，甚至與女性
主義的討論，還有禪宗等，這些在社會學會年會裡看不到的；如果
以這樣的立場去看社會學年會，你會覺得那簡直是獨派的大本營
了，然而，社會學會很多人在民進黨執政的時候，也會針對很多議
題提出批判。我覺得還是要回歸基本價值來討論。

蔡老師最後講到您讀的社會學經典是馬克思、韋伯、涂爾幹、
傅柯，我在台灣受社會學教育的時候也是這樣，古典就馬克思、韋
伯、涂爾幹，當代就傅柯加個Bourdieu。可是我到耶魯大學念社會
學時，給我最大的衝擊是，男老師講古典理論時是馬克思、韋伯、
涂爾幹還有Mary Wollstonecraft（《為女權辯護》的作者），講當代的
時候一定有非常重要的一兩堂課講女性主義思潮的衝擊。為什麼到
現在，台灣社會學家講古典與當代理論時還是這樣說呢？這顯示即
使是社會學，對多元文化的反省還是很少。

同樣講回來，如果中文系像我所看到美國英美文學系有文本的
批判以及思潮與思辨的話，我當然很樂見。剛剛卓老師講到國文的
可能教法，讓我很高興。我只是想提醒，經典教材的多元性是不可
或缺的，正如剛剛輔大的沈教授所講的一樣。

最後我也想回應面對大國的挑戰這個議題。如果今天儒學的研
究有助於台灣在學術上競爭的話，那當然可以鼓勵，美國學者做莎
士比亞研究，當然也很有可能比英國更好。面對與大國的競爭，從

一個學術戰略或策略思考，這個部分絕對是可以鼓勵的。可是如果是回到人跟人的關係的話，就未必如此了。我這幾年在北京跟雲南做中國婦女組織的研究，我感覺到我們與中國之間，無論是競爭或是共識，都不是在《四書》或是儒學這個層次。我覺得可以讓我們與對岸知識界合作的價值，反而是對於性別，以及對於人權的尊重。我的中國的朋友常跟我講的是，他們來台灣後看到台灣人對人的尊重是他們最佩服的。他們都非常熱愛中國，我也很敬佩他們在中國很多領域中的努力。如果（他們所認為的）台灣最重要價值是對人的尊重，那這個東西到底是來自於我們新興的民主制度，還是資本主義的發展，還是因為我們讀了《四書》？這是一個很值得思考的問題。

主席戴華教授

　　謝謝范老師。接著請卓老師回應。

卓翠鑾老師

　　書面與談人祝平次與陳瑞麟兩位教授，在文章中都以高中生「青春騷動」為由，認為《四書》納入「必選」教材不妥。高中生的情慾問題的確不容忽視，現今社會性經驗的年齡下降也是司空見慣。誠然，儒家這部經典，對於「上半身」的訓誨，遠重於「下半身」的安慰（幾乎從缺），但是，儒家以仁義為禮教，以淑世為旨歸，標舉道德理想，是否等同於「禁慾」之哲學？或者能否據此論斷「儒家與人性相對立」？這茲事體大的論辯，並非三言兩語可以釐得清。不過，我同意兩位教授對高中生情慾問題的正視，人生學習有其先後進境，讓一個高中生認識自己，確立自我主體性，做好自我的情慾管理，較之我與他者的倫理群性發展有其優先性。畢竟，人若無

法坦然面對內在情慾，如何去談對治情慾的道德問題？

范雲教授提到「讀《四書》不如讀女書」，強調公民教育宜重視兩性平等權與弱勢權益等民主問題，個人以為談公民問題，兩性平權、弱勢權益問題，還是得回到「人」的問題來談。《四書》獨尊的年代，女性如同隱形人一般處於弱勢，這是事實。但是今天女權意識普遍被彰揚，女人不需男人羽翼也可撐起一片天。今天的高中生讀《四書》這部女性缺席或被矮化的經典，了解古今女性權益的不同，就「知識」的學習，也無可厚非。況且「經典」作為可供思辯的教材，理當是中性的。一切回歸到「人」的基本面，不特別標舉性別，才有「平等」可言，對「彼此差異性的尊重」才有可能。

范雲教授也提到「文化傳統中缺乏正義的反省」，我個人以為這是道德教育當中極核心的問題，教導學生認識正義、實踐正義的確很重要。但是正義必須在大我之中去實踐才有意義，那麼，春秋時代，孔子為淑世而周遊列國，為蒼生而奔走，布達仁政的思想，符不符合正義？戰國時代，舉世滔滔，孟子護衛儒家學說立場，拔高音量呼喊「予豈好辯哉？」是本位主義作祟？還是正義使然？這都是可供學生思辯的好題材。

另外東海大學李心文教授提到中國崛起和學生讀《四書》的關係，我已在正文中修正，就不再重述。另外李教授提到「如果以一個批判思考的角度來學《四書》的話，要怎麼教？如果教學的目標是要培養學生獨立思考的能力的話，我們為什麼不直接教他們邏輯、批判思考，或倫理學？」我針對批判思考的教學，就以〈出師表〉為例，談儒家的「盡己之謂忠」這概念。歷史上或小說中諸葛亮的「忠心」，是後代文人津津樂道的，諸葛亮之所以鞠躬盡瘁，一是為報先帝的知遇之恩，二是劉禪無能。劉備白帝城託孤的時候說：「君才十倍於曹丕，幼子可輔則輔之，不可輔則取而代之」。

我們不知道劉備這是不是要權謀，可是諸葛亮很感念劉備賞識而痛
哭流涕，所以他要報答先帝，盡力輔佐劉禪。我因此問學生「諸葛
亮完成知己託孤的任務，當然也成就他個人的忠義。可是換一個角
度來想，如果你是諸葛亮，你現在有兩個選擇：阿斗扶不起，你要
為蜀漢國祚、人民的幸福來著想，國君換人做做看？還是要為了報
恩知己，死而後已？」當然最後諸葛亮「捨生取義」了，但從某種
角度看，他犧牲了蜀漢的老百姓追求幸福的另一種可能性，來成就
自己，這樣做到底對不對？這是一個開放性的問題，讓學生去思考。
大家仔細分析一下，這問題已經涵蓋邏輯學與倫理學的論辯雛形。
所以，李教授問為什麼不直接教邏輯、倫理學，師資允許，我個人
也贊同，但是在高中國文裡，有些文章其實可以從事批判思考教學
的。

　　接著回應東吳哲學系王志輝教授「國文教育是不是要改革」的
提問：王教授認為「國文課本很少有那種哲學經典，富有其思想性
的文章放在裡面。」其實95課綱開放版本之後，這問題比較少，我
對於王教授「思想性的文章」的認定有些疑惑，因為任何一篇文章
都有思想情感。例如〈赤壁賦〉有道家思想，〈岳陽樓記〉有儒家
思想，孫子〈謀攻〉是兵學思想；墨子的〈公輸般〉是墨家思想，
〈韓非子選〉是法家思想，〈庖丁解牛〉、〈老子選〉是道家思想……。
這都是目前本校所用版本的課本選文，純粹整本的哲學經典就是〈論
孟選讀〉是選修上的。相較於威權時代國立編譯館所編的國文教科
書，95年之後，一綱多本，選文的開放，就是一種變革。另外我同
意王教授「文化的教育其實很基本是要透過語言教育來傳承……透
過學文字的過程去學習那個文化的經典」。我也認為學習文字本身
不只是學文化而已，透過文字我們更可以學思想，例如「止戈為武」、
「二人為仁」，文字本身是思想情感、甚至是文化的載體，它本身

含藏豐富的意義。但是我們如果只是教背解釋、背翻譯、背國學常識，國文教學是死的，我們如果能夠透過文字的解析，讓學生去建構一個思想的系統，或是讓學生見識一個文化的系統，這樣高中國文教學的境界是非常高的，這也是我個人對於未來高中國文教學的期待。

台中技術學院應用中文系黃麗娟教授對於論壇的某些言論有些失望，因為她認為「把自由跟多元視為一個絕對的標準可以再討論」、她認為「可以《四書》來作為一個文化認同，除非你對《四書》裡面的精神價值是反對的，要不然我覺得沒有理由去反對它」。個人以為21世紀的今天，「自由」、「多元」是一個國家民族進步的象徵，捍衛自由、尊重多元也是民主社會的常態，更是可以拿來衡量一個國家是否徹底民主化的絕對標準。今天與會的學者專家，「反對《四書》的精神價值」似乎不多，以「《四書》作為一種文化認同」，基本上也該給予尊重，以《四書》「作為一個精神的引導、價值信仰」也是個人的自由。然而，我們的文化當中只有《四書》嗎？個人崇尚歸返自然、解放禮教、齊物逍遙、充滿浪漫神話想像的道家思想，不屬於文化的範疇嗎？我的學生，儘管在論孟課堂上詰問論難不斷，畢業之後，喜歡道家的可能勝過儒家。作為一套哲學思想，儒家理當被尊重，至於思想內容好不好，是詮釋角度的問題，需受新時代的學術來檢驗。同理，今天儒家《四書》以「經典名目」要被納入高中必選課程，其必要性、正當性、開放性、排他性也要納入這個時代來討論。

最後，光纖時代，瞬息千變，知識高度，高速膨脹，每個學生的步伐很不整齊，那是因為他們內心聽到行進的鼓聲不一樣……。當他們在談阿拉伯之春、在談茉莉花革命、在談暖化危機、在談全球經濟大崩盤、在質疑總統候選人的誠信問題……等等的時候，他

們早已在實踐儒家精神，同時也在顛覆儒家的部分價值，所以，大
人們，何其忍心要他們「以順爲正」呢！

主席戴華教授

謝謝。

謝世民教授

如果有人堅持說儒家思想不是宗教信仰，而如果這說法成立的
話，我相信從基督徒跟佛教徒的角度來看他也會說，他們的經典也
可以脫離所謂的「宗教」，那麼它們也可以成爲經典。

在經典教育的設計上，其實四書和這些聖書沒有理由一定不能
考慮。所以我還是覺得朝著大寧老師心目中其實期待著的那種經典
教育比較理想些。往那個地方走，其實是對的，但是我覺得還要更
開放一些。

我把「政教分離」這個原則拉上來，意思是說「一定要獨尊儒
術」的這個理路其實有它的盲點在。你說你自己不是宗教，但別人
認爲是宗教啊。從別人角度來看或許會覺得：「你那個跟我一樣，
所以你那個要進去的話，我也可以把我宗教的外殼拿掉，那我這個
也可以進來。」

整個高中教育到底要達到什麼樣的目標，值得我們重新來思
考。其實跟整個制度跟聯考都有關係，不只是國文教育本身的問題。

我覺得黃俊傑先生是對的，就是推四書必選真的就是再一次地
讓15歲的人開始討厭儒家思想，這可能是在害儒家思想。

我再強調，我不認爲讀《四書》有害。也就是說，認爲讀《四
書》有害而反對的可能只是少數，但是很多人反對的理由是把它當
成「必選」這件事情。這個一定要分清楚。把它當成「選修」來做，

就可行性來講其實是值得考慮的。這樣做馬上可以讓整個社會對「必選」這件事情的反彈降下來，而大寧老師在心中想像的東西，其實在選修裡面未嘗不能做到。然後關於評量的問題可能也可以因此降低，因為其實評量會是很大的問題，而且你還是要聯考，那會造成扭曲的效果，值得考慮。我覺得，「呷緊弄破碗」，真的不要硬推比較好。

主席戴華教授

我作為主席，本來也要講一些話，但是現在已經超過時間了，就非常感謝今天各位熱烈的參與，我也相信今天的安排，使得這個論壇有不同的聲音出來。儘管剛才也有提問者，覺得某種立場比較多，但是我覺得其實在各種不同的意見背後，又有一些相同的共識，那就是沒有人完全反對四書，說這是不值得去學的。選修，或者是更多元一點、變成經典閱讀的一環，配合一些適當的設計，不會有人反對。那我就宣布，我們今天的論壇，現在結束，我們感謝這四位講者，謝謝大家！

會後書面回應

東海大學哲學系蔡家和教授
「《四書》納入高中必選教材是否合宜？」
——對於反方觀點之回應

一、前言

首先感謝錢永祥教授及張忠宏秘書長的邀請，給我一個機會，為儒家的立場做些澄清。我並沒有資格代表儒家，或是代表正方。我的立場是溫和一點，一方面因為看到了反方的論辯理由之充分，

一方面也是個性中庸一點，然而再公正的人也不可能沒有立場，我還是依於當初的答應，站在正方，但是屬於中間偏於謝大寧老師這一方。我的立場之較為中立些的原因是，對方的一些觀點，有些辯得有理，我也可以接受。例如，我可以認同卓老師看法，如必選改為選修；也同意，面對多元文化都可選輯一些，如儒道釋、聖經、西方倫理經典等。理由是，這論題，本就不該只是一個是非題，而是申論題，此申論過程中，經過了辯論，應該會較有一個中道的共識。但反方的見解有些我亦不全同意。本文對於我自己的論點主張存而不論，只就對方論點做一回應。拜讀對方的論點，我覺得他們對於儒家或是四書有不熟悉或誤解之處，亟需做一澄清。

二、對於反方的意見做回應

以下吾人依於發言的順序，先談范雲教授，二是卓老師，三是謝世民老師，第四是祝平次教授，五是陳瑞麟教授，分五個小節一一論之。若有斷章取義之嫌，希望諸位不吝指教。

1. 范雲教授

范教授言：「如果要學生必讀四書是為了品格教育以及民族主義的教育，我想問的是為什麼這件事情是由中文系的教授出面決定？如果是品格教育，為什麼哲學系的老師參與這麼少？」我自己本人是哲學系的老師，面對范教授多幫哲學系講話，亦是感謝。但是范雲教授的看法，她對於中文系的見解，認為只是研究語文教育，可能中文系學者會不接受。中文系分三大部分，所謂詞章、義理、小學(聲韻、訓詁等)，中文系並非只教語言，若說以謝大寧教授代表中文系，其實也是可以的。中文系與中國哲學是有所重疊的。

又范教授言：「就民族主義的教育內涵來說，我沒有要論斷現在台灣需要哪一種民族主義教育，如果從我們自己由小到大的教育過程來理解，民族主義的現實內涵其實是與時俱進的。只是，許多

國家的經驗與政治哲學都提醒我們，如果沒有民主價值作為它的前提或上位價值，任何一種民族主義的教育，不論是中華的還是台灣的，都是非常危險的。也因此，我覺得民主教育必需是民族主義或民族教育的一個前提。非常遺憾地，『四書』成為必修這整個過程在民主程序上就沒有被得到尊重。」范雲教授認為教育要與時俱進，然而儒家也有這種精神，我們唸的四書，在先秦時，孟子乃面對楊墨的回應，而程朱編四書乃面對佛老的回應，一方面開新局，一方面也學習他家之好處，反對他家的缺點，而當代新儒學，也是面對民主科學，西方的唯物及其他哲學的挑戰等等。然范教授的與時俱進大概不是指這個，而是說儒家老朽了，不該再用過去那一套。然現在的儒家，不只是古代的那一套，如孔子未面對佛教，而就孔子精神面對佛教將如何。又，儒家的做人道理，也有恆久性，很難說以前的人要「居處恭，執事敬，與人忠」，而今人就可以不用。又范教授認為在民主程序上不受尊重，這也許的確是疏失，可以再更好一些，也許上位者只是先放出消息以試水溫，這可能要問曾去教育部開會的人當時的情況。謝大寧教授也是認為他的觀點與上位者不太相同。

又范教授言：「我們有沒有什麼經驗的證據可以知道現在的人品格淪喪是因為不讀《四書》？以及，如果我們的中學生讀了《四書》是不是有助於品格的提升？」這個見解的確甚好，讀了四書也不見得會因而更道德一點，不讀四書也不見得比較敗壞。然而吾人認為，讀了西方的經典同樣可以問這個問題，即學了西方倫理經典或是不讀，與品格的進步或淪喪的必然關係何在？吾人認為，現在人道德淪喪是一個事實，總要想辦法，雖然不一定要以四書為唯一根據，然以聖經，或是西方的倫理學，還是有同樣的問題。吾人可以贊成祝平次教授的某一些見解，他認為道德不一定要與經典閱讀

有關，身教甚至更好。如此是沒錯。吾人可以退一步，認為也許把
儒道釋，西方哲學，甚至中西歷史可歌可泣的故事編在一起，甚至
希望老師輩們都有身教的品德。然若依於范教授的見解，則甚至父
母家長、老師的人格教育、身教甚好，子弟們卻不受感動也是甚多。
縱使不要四書，還是必須想其他辦法來解決道德淪喪之問題，四書
無用，西方倫理也將無用，身教感人的故事，甚至依范教授的推理，
亦將無用。社會的道德淪喪，的確不是一兩件事情就能解決，是要
整體以解決之，然總該一件件的嘗試看看，四書也不是不可嘗試，
然不是以前的僵化教條之方式。

　　又范教授認為：「四書的理想世界是一個『君子』的世界，但
這個君子的典範，總是以男性作為想像，是一個讓女學生非常疏離
的倫理典範。」范教授認為所講的君子是男子，並非如此。又，吾
人認為縱是回教，縱是西方的古老經典，也不見得能做到完全男女
平等，男女平權也是爭來的，也是應該的。當然我的意思並非指大
家(中西方、回教等)都錯了，所以儒家有錯也是可原諒的。而范教
授的見解似乎認為四書都以男子為主，然而論語裡的君子是與小人
相對，故君子指的是上位者，不是指男子。(在論語之前所談的君子
的意思，本意是什麼，我並不清楚，但在孔子而言，只是指上位者。)
武則天來當君子，孟子也希望她能遠庖廚，又君子遠庖廚並非指男
生不進廚房，而是指要當上位者，不要常進廚房殺生，否則面對人
民亦好殺。其實我在韓國與台灣開儒學會議的經驗是，韓國的女性
參與者占少數，比例甚少，大約只有5％；而在台灣的儒學會議，女
生的參予者並不是少數，而常是半數以上。她們都不會覺得談四書
讓她有疏離感，或談君子就與她遠離。

　　范教授又言：「女書的世界是一個完全被《四書》那個『君君、
臣臣、父父、子子』的倫理規範交織出的世界所遺忘與排除的世界。

用社會學的語言來說，是一個被系統性壓迫的一種受壓迫者的空間與情感經驗。」四書的精神，其實談的君子小人，上位者，下位者，其並未說一定排斥女性。然而實行而言，的確因著政治的上位者的喜好及風俗等，對女性有所限制，這也許與風俗亦有關，在孔子未生之前，亦是如此，這風俗不能全由儒家來承擔。也不能都歸於孔子，孔子的「唯小人女子唯難養也」，就這麼一句，不用放大，因為論語的精神並非以此句為核心，論語重在講仁。也有人詮釋成孔子不喜歡奴僕與奴婢。四書的主要精神也不是用以貶低女性。的確孔子此語不好，我們也不用強辯，的確孔子也有限制，然而西方亦不少，基督教亦有，沒有文化是沒有缺點的。但因而放棄了先人智慧也不好，因為現代人的智慧亦不見得高於先人。

她又說：「為什麼我說讀《四書》不如讀女書？因為我們這個社會就是缺乏對正義的理解，我們在主流的秩序與規範中，經常聽不到對弱勢者的聲音。」孔孟之書一開始也是弱勢，孔孟周遊列國而不受重視。程朱對四書的建立有功，然一開始也是被視為偽學，他們也不是一開始就廣受喜愛。而且朝廷用四書而把其與官學結合，做為科舉依據，這與原始的本意也要分開。儒家的本意是一套，而官學者如何運用又是一套，官學的假公濟私，亦難全算到儒家頭上。然我覺得范教授講得亦有理，女書亦可選。孔子認為要因革損益，在這時代，男女平權也是該有的權利，我也贊成她的看法。

2. 卓翠鑾老師

卓老師認為：「孔子強調『有教無類』，意思是什麼樣的學生都要教，那麼不同天賦秉性、思想信仰的學生也應有平等的受教權。換句話說，要尊重學生的多元思想、性向發展並予以教導，那麼各家思想理當兼容才對。」卓老師這一點看法，我是贊成的，不該只一家，然而她認為之所以不該只一家是依於孔子「有教無類」的見

解，則孔子的講法也該講、也該成爲教材，縱不是全部，也可以是其中之一。

又言：「其實我們應該要回到一個儒家教義最原始的點，那個叫做『因材施教』。這種『因材施教』的精神，應該是它要因應不同對象學生學習的差異性，我們必須要提供多樣化的教材內容，來激發多元的創意。因此個人認爲要達到這樣的目標，可能「選修」會比較具有彈性。」四書改爲選修我也可以贊成。然基本上立於「因材施教」，也是孔子的見解，故孔子的這個精神似乎更爲根源，似乎也要教。其實吾人認爲，教學者若能理解孔子精神，而不是死背四書，能內化於生命中才是重要。

又言：「很遺憾的是，我們今天的國家領導人，包括所謂地方官員，什麼顏色都一樣，這個年代的這些官員大部分都讀過『文化基本教材』，但是我們來仔細地檢視看看，講幾個例子來代表就好：有因貪腐坐牢的、有欠健保費不還的、還有在媒體面前大聲背誦『不違農時，穀不可勝食也；數罟不入洿池，魚鱉不可勝食也；斧斤以時入山林，林木不可勝用也』的執政者，他卻全然無視於苗栗大埔農地被地方政府強行徵收的那種不公不義之舉。這些在位者，他們所謂『淑世愛人』的儒家精神在哪裡？」卓老師把社會的惡習都怪罪到儒家，似乎儒家承受了太多了。這些官員唸過文化基本教材，也唸過三民主義，也唸過公民與道德，也唸過生活與倫理，以上這些不見得都是儒家，何以不把錯歸到三民主義呢？這些官員們除了受學校教育外，也有家庭教育，也有社會教育，何不歸到社會教育，而完全歸到文化基本教材呢？或歸到四書呢？且若因有人犯法而以偏蓋全的都歸於儒家，歸於文化教材。也沒有一個教育所培養出來的人是不犯罪的，西方沒有做姦犯科者嗎？他們學了中國文化基本教材嗎？基督教好的教育下也有壞榜樣；佛教也有性侵犯。爲何只

要有壞的，都歸於四書？美國人犯罪也是因於中國文化基本教材嗎？以這種標準而言，所有設計教材（包括佛家，道家，西方道德等）都將無用，因爲總是有人犯罪。西方的犯罪比例也許比台灣還高。西方沒有欠稅不還的人嗎？有沒有因著貪腐入獄呢？西方人不唸四書也會犯罪，這也該歸於四書嗎？又儒家的經典的內容是要人貪污嗎？如果不是，爲何把這些歸過於四書教育呢？真正的問題可以是爲何唸了四書教育而效果不彰，四書教育難道不希望內化而改變一個人的行爲？故問題應該是修正學生爲什麼讀了卻無法內化的問題，從「知之」如何到「行之」的問題，而且這種內化的問題也不是四書才有，西方人唸了倫理學不能內化也是大有人在，故當檢討這個內化問題，而不是都怪罪於儒家，怪罪於四書。而且若因有人犯罪都怪罪到學校教育，則全世界的教育都有問題，什麼課程都不該設計了。

又言：「人終其一生爲維護自己的信仰或信念而活，理當獲得尊重。但將個人或名義上的多數人的信仰或信念，透過政治力納入教育體制，企圖轉化爲集體的信念、信仰，這樣的作爲，我個人認爲這是非常不好的教育示範。」卓老師這見解不錯，故吾人贊成多元一些，如儒、道、釋、基督教、希臘等文化，都可編入教材。

3. 謝世民教授

謝教授認爲：「那麼至少高中課程安排的這個程度上，就『政教分離』這原則大家必須遵守的前提下，我想儒家思想跟各大宗教信仰的地位是一樣的。」謝教授一直要證成儒家也是宗教之一。這也沒有錯。然儒家的確有其宗教性，但也不只有宗教的面向。也許可把四書以兩個方向視之，第一，若做爲一種宗教，是該政教分離，故教育者要公平對待。要麼都不要談宗教，要麼公平的講宗教，如同面對政黨，也要公平。第二，四書除了宗教性外，還是中國先人

的文化智慧，若如此時，是否也該政教分離呢？如果全球的教育都
是政教分離，教育與宗教可以分離，然教育與古人傳承文化是否也
該分離。西方高中教育，若不教育柏拉圖的思想、或是他們前人作
品，也許我們也可以不教育四書；但西方教育若有教柏拉圖的思想，
則我們也可以教四書的思想，有人要求西方要公平的也教四書嗎？
高中教育要政教分離，則大學也該是如此，然西方大學的哲學教育
常會教柏拉圖「理想國」，幾乎是必修、必選了，是否有人質疑其
教育不公正呢？同樣的全球的哲學系的設計，是否也該東西方平均
分配，否則就有教育不公平產生；甚至不只是以哲學系為單位，而
是以個別教授為單位，每一個教授都要公平，要麼都不談各國文化，
要麼公平的處理東西方文化，要平均才能公正。然我們現在視之為
公正的是，儒家老師讓他講儒學，西哲老師讓它講西哲，就公正了。
各是其所是，則會公正。我的意思是，不需要到每一位教師都公平
的談各種文化才叫公正，而是信受柏拉圖者讓他講柏拉圖，東方文
化讓他講東方文化，西方文化者讓他講西方文化，這時各取所需則
為公平公正。農民讓他種田，而不用織布；而工人做工，不用種田，
就能達到平衡，而不是讓農民什麼都會，如此才公正、平衡。那麼
目前西方人大講其自己文化，則我們講我們文化也無可厚非。

4. 祝平次教授

　　吾人對於祝教授的看法有贊同，有不贊同。他的回應相當有批
判性，是很有獨立判斷的學者。例如他所舉的教道德何必只有中國
式的，又何必只有四書呢？這一點，吾人佩服之，也贊成之。的確
道德的產生不見得要透過文本的聯結，身教對於道德的確也很重要。

　　又，祝平次教授認為，四書的教學者有詮釋上的問題，然這個
問題，若以西方的倫理學教導也會同樣面臨問題，聖經亦相同，還
是會有詮釋裡言人人殊的問題產生。祝教授自己的主張，常只是破

而不立，我也並非真能了解他的全部主張，只能得知他是反對四書做為必修教材。又，他的看法是以身教做為道德教育也可，故不一定要與文本有必然的聯結。然而將成為教材之不可能，因為文本教材，似乎都脫離不了詮釋。然而誰又能作為身教之範本，不也是哲人、賢人嗎？哲人的言行，亦是見之於文本。我們從文本亦是見此哲人之身教。

又祝教授有以下的觀點：「在儒學史裡，一直對『異端』大加撻伐（至少從孟子以後）。」這與唐君毅先生的觀點似乎不同，唐先生在中國文化宣言中認為中國面對宗教是包容的，相對於西方，包容力是高的，其認為三武之禍是政治的問題，而不是文化的問題。也許唐先生談的是中國文化，包括儒道釋時，整個精神才較有包容力。然而我們似可把儒道釋都視為教材。然而縱使是儒學，也不是對於異端全部批評。某方面而言，晚明的思潮之三教合一，又有林兆恩三一教的產生，如同現今的一貫道，儒家都能與佛老相容。王龍溪以降的學者，常在結合三教，又如宋明之初，雖說批佛老，然其實私底下也學了佛老的好處，故也難說只是大加撻伐，還是有其融合性。縱儒家會排斥異端，那麼我們可以加入莊子的齊物精神，不也很好；天台華嚴的圓融包容，郭象大鵬小鳥一樣逍遙的圓融；甚至黃宗羲的心「無本體，工夫所至，便是本體」，也是反對定體，反對獨尊於一，而開放給所有的工夫體悟，等於說天下若有萬種派別，則有萬種工夫，都能肯認。如此不是可以肯認一切嗎？雖然論辯主題談的是四書，而不是談儒道釋，然也有人認為四書之必修，改為儒道釋，甚至西方好經典之必修或選修，如此不也很好。又西方的宗教戰爭，基督教的唯一真神而排他性，不比儒家強嗎？

又謝大寧教授的發言中，引祝平次教授的話，吾人引之：「我想各位如果有看到祝平次先生那篇大作的話，就可以看得到他非常

清楚地在某種意味上象徵式地，把儒學跟真實的人性對立起來……
但是如果要說儒學違反人性，就不能光引朱熹作例子，至少跟朱熹
同時代的胡五峰，當他在講『天理人欲，同體而異用』的時候……」
謝大寧教授認為，儒家的代表人物不能只舉朱子，吾人也贊成，而
且吾人認為，要回到孟子，孟子從寡人好色好貨處，勸齊宣王之行
王政，不廢色貨而行王道，此與人性並不對立。又光是朱子也不反
人性，您能說他嚴格，但不能說他禁欲，他於〈明堂章〉的詮釋是
「蓋鐘鼓、苑囿、遊觀之樂，與夫好勇、好貨、好色之心，皆天理
之所有，而人情之所不能無者。」朱子亦不反人性，最多只能說朱
子看似有此傾向。而戴震之所以批評朱子以理殺人，乃是因為批評
朱子學被上位政治者所僵化後的結果，朱子的主張是一回事，官學
結合下的朱子學又是一回事。官學下的朱子，所以有以理殺人的講
法，乃因為與政治結合後，實施者的自做主張，這不能全怪罪於朱
子。陳榮捷教授認為戴震是暗批雍正皇帝，而不是朱子。又的確誠
如謝大寧教授所言，談儒家不能只談朱子，還可談胡五峰，甚至船
山的見解，這些人的主張都不反人性。而且有時縱使說朱子學似有
反人欲的傾向，這是受了佛老的影響，而不是正統儒家，所以有人
認為朱子學為別子為宗，這意思船山已指出。

　　又謝大寧教授所引祝平次等人的見解：「比如說祝平次教授、
陳瑞麟教授所呈現的最強的論點，主張儒學基本上有一個反民主的
本質。」唐君毅先生認為儒家並不反民主，而祝教授與陳教授認為
儒家反民主。如尚書的「天視自我民視」，天也依於民意；孟子的
「民為貴，社稷次之，君為輕」、「聞誅一夫紂矣，未聞弒君也。」
這些都以民為本。中國文化實際上並未開出民主，是一回事，而其
文化經典主要內容是否反民主，又是一回事，不可混為一談。王道
文化，是要以保民愛民為原則，豈不是要為民服務呢？

5. 陳瑞麟教授

　　陳瑞麟教授認為：「我對用經典來為四書必選的辯護高度懷疑，簡單地說，四書或許是宋元明清的經典，但不是我們今天的經典。經典是有生命的，所以，經典會死亡。這涉及對『經典』的意義和內涵的分析和理解。」誠如陳教授所言，整個重點在於對經典的定義與理解。以下，我談的是我所理解的經典的意思，若與陳教授不合，亦可以再溝通。吾人認為四書的確是因著程朱的編著而集合在一起，所以陳教授視四書為宋元明清的經典，也是可以的。然四書之成書的年代，論、孟在春秋戰國，大學、中庸，目前學界見解不同，最晚的主張大約是漢代。亦是可以視四書約為東周前後的作品。而東周前後的作品在宋元明清，還在詮釋發展，這是經典生命的發展，亦不全同於先秦，而是有其時代的使命與回應。同樣的，中文系所強調的經學，也是四書五經，乃是過去的經典在現代的生命之延續。當代新儒家的學問，也是四書學的生命的開展與延續。不好的經典也許的確會死亡，因為後繼無人，如一部分的先秦的九流十家，現在還流存者主要以儒道為主。但若學說主張有普世的觀點，就能長久，長久與否涉及到經典內容的好壞，及後繼者是善紹否。如「己所不欲，勿施於人」，如孝順的道理，於孔子是如此，現在也是如此，未來還將是如此。則其經典的生命在未來的人們有所體悟，將繼續傳承之。

　　以上是吾人對於反方的回應，一方面也部分的同意反方的一些見解，另一方面則對於反方的誤解予以澄清。因為時間與篇幅的關係，故停筆於此。也希望能於論辯中，得到一個共識。

台灣大學哲學系杜保瑞教授

　　關於四書列入高中必選問題，本人在受邀參加之初，即是以贊

成的角度同意發言，唯論壇當日早已有行程，不能參與。不過，就算那天參與了，可能當場也想不出要講些什麼。因為對我而言，四書必選是一件好事，理所當然，我又不像謝大寧教授一樣，已經為這件公共政策站在第一線，面對過眾多的反對的意見，所以有很多話可說。

陸續看過學界同道的文字稿以及論壇發言的整理稿之後，我支持四書列入高中必修的立場沒有改變，但是，我卻是像瑞麟教授所言，寧願不必來寫這個贊成意見的書面稿。如果是國家需要舉辦公投，我就是去投一票贊成票就是了，不會出面來講些什麼話，但一定會在工作崗位上把儒學研究好，也把儒學的課程教好，這樣會比在這裡討論甚至辯論來得實在得多了。若不是早已答應忠宏教授，同時也想到我所尊敬的董金裕教授及戴璉璋教授，想到他們也早已為這個政策付出了許多的心力，同樣是在學術界被儒學滋養的我，同樣是在大學教授儒學的我，既然已被邀請，就應該在台哲會這個平台出來說一些話。並且，我了解，如果不是正面面對持反對意見的諸位學者的意見提出我的支持立場的理由的話，我其實也不必在這裡寫些什麼。雖然，這極非我所願為之事。

似乎，如平次教授所言，當代新儒家沒有一個人為中國民主運動犧牲過，不過，我要說，願意為正義而犧牲的人，一定是有儒家性格的人，而有真正儒家性格的人，不一定會給自己貼上儒家的標籤，他甚至不會為自己貼上任何標籤，他就是做他知道是對的事情，然後承擔，如此而已。因此，我不同意平次教授以過去歷史中的事件，來評斷儒學以及四書教育，涉及歷史真相及其意義解讀的部分都還需要商榷，何況是儒學理論的意涵與理想！

不過，說到意涵與理想，如同卓老師所說，這次的反對意見從許多角度提出來，其中有關乎學術理論的，但也有更多其實不是學

術理論的問題，而是對於當前台灣政治社會的個人意見，也牽涉入四書教育的討論中來。筆者認爲，對於黨國體制介入四書教育這種意見，只能當作知識分子的政治意見，而不是學術界中人的專業學術意見，政治問題當然可以解決，但訴諸政治管道政治解決即可。至於學術意見，那當然是要學者來討論的，至於能否解決？其實通常也無法解決，不過，能經過更多的討論總是好事，就像台哲會邀請學者來討論就是這個目的。

就教育部的作爲而言，一則是將論孟增爲論孟學庸，這一點，竟然沒有看到任何討論意見，當然這是儒學內部的問題，不過，顯然反對四書教育的學者對這個儒學內部的問題是沒有興趣討論的，既然如此，就不談吧。第二則是將國文選修列爲每學期一學分的必選。筆者見到不少教師及家長針對此事提出增加學生壓力的反對意見，也見到教育部的說法以及協助編輯教材的教授們的意見，認爲會努力克服這個問題以解消疑慮。筆者認爲，問題若是選修必選必修以及多少學分這種事情，我們學術界的學者是可以少發言些，而讓給高中老師及教育部執事來主要把關即可。但若討論的問題是涉及是否需要儒學教育或儒學教育是否有價值，則確實是我們應該發言討論的項目。

就此而言，瑞麟教授多半從其效果面來否定這項政策教，旁及爲何不列入道佛及基督教的問題，此說則與世民教授談政教分離之呼籲一致。

效果問題有二，其一對國家民族，其二對個人修養。首先，就國家民族而言，中華民族不因爲有了儒家及四書教育就成了舉世第一的民族，而中國歷史上高倡儒家舉辦科考的王朝，也不因爲尊崇了儒學就成了萬世不朽的王朝，但中華民族從國際形象的角度以及從歷史發展的形象來說，確實因爲有了孔子與儒家而確定了它的特

色，道佛固然與焉，卻並未超越。任何政府都有責任為自己的國家的文化教育、道德教育、甚至民族教育努力耕耘，做得不好就接受批評，甚至換個領導繼續再做。因此教育部要推動文化道德民族教育的政策是沒有問題的，而且儒家作為中華文化的最主要的形象代表也是不會有問題的。更重要的是，儒家教導的就是一般最基礎的為人處世的道理，不能因為在上位者做得不好就不教，若不教，就更不知道他們做得不好了。也不能夠因為年輕一輩的人沒有因為被教導而成為完人就不教，不教，會更糟糕。如果要說儒家裡面甚至就是四書裡面就有一些不對的價值觀念，那麼也是少數，戴璉璋教授所帶領的團隊要做的事情就是要把教材裡面的內容盡量做到最好。我也同意應該重視瑞麟教授所提出的高中生關心的問題要幫助解答，但能處理的一定處理，領域不相干的問題還是應該回歸該領域來處理就好，必竟高中教學課程項目還有很多，不需要把所有的教育都堆在四書教材上。總之，推動儒學作為文化道德民族教育是沒有甚麼不對的，它的合理性就在中國歷史裡面。它的意義不是中國歷史都是完善的，而是中國歷史中優良的一面就是以它為價值中心所建立起來的。

至於，教四書對年輕人而言效果不彰，此說亦無誤，就像推動儒學不能拯救腐敗的王朝一樣，教育儒學也不能拯救不肯自立的學生，關鍵還是在於他們自己能否努力。但教育有責任，教師有責任，政府當然也有責任，現在是負責教育政策的政府官員在推動政策，而由儒學學者好好編教材，未來是儒學老師好好施行授課，希望最後會是受教育的年輕人自立起來。

其次，就為何是儒家而不是其它宗教學派而言，事實上，高中教學課程裡面還有生命教育，生命教育的課綱裡面就有儒釋道耶回等等的宗教理論，談生死的問題，靠儒家一家是不夠的，必定要有

宗教的介入才能把話講清楚。因此，台灣的中學教育並沒有獨尊儒家。

當然，四書畢竟獲得每周一小時的殊榮，要說獨厚儒家也非無理，但是，是否違背政教分離的原則？想到以政治力強迫宗教信仰，確實令人厭惡，但儒家作爲教化的倫理學之意義還是遠高於宗教的信仰對象意義，筆者不是打算說儒家沒有宗教信仰中激起激情熱情甚至爲之生死的特色，但儒家之激情熱情爲之生死的對象是國家民族社會家庭，而不是神明宗教，這也是太清楚的事實。爲了政教分離而屏除具有宗教信仰功能的儒家教化思想，筆者認爲世民教授所言確實過度上綱了。儒學就算有信仰激情的功能，但真正的角色還在教化。唐君毅先生生命存在與心靈九境一書，就是正面地針對耶教佛教與儒家在教化功能的優劣先後地位上進行的哲學創作，並主張儒學優於耶佛兩教之教化功能，理由就是反對以宗教的它在世界觀信仰作爲年輕學生人格教育的知識依據。因此，儒家是教化的倫理學，不是有它在世界及最高神信仰的宗教。但是儒家以其道德教化的知識，仍能激起激情與熱情來追求理想，爲家國天下服務，倡導知識分子服務的人生觀。這就是它在中國過去的歷代王朝及中華民國的教育政策中，之所以被挑選爲青年文化教育民族精神教育及道德教育的理由。

范雲教授反對民族精神教育，筆者同意四書教育是有民族精神教育的意義在的。四書是中華民族歷史中最有代表性的思想性作品，它的內涵是道德教育，它的價值意識中心點說穿了就是服務的人生觀，它有足夠的合理性與價值觀可以做爲民族精神的代表性思想。如果我們要討論的是哪一家的思想足以代表中國文化？筆者主張是儒家思想，但如果要討論的是哪一家的思想最深刻、世界觀最廣大、理論的嚴密度最高，那筆者的答案並不是儒家。不過，這似

乎不是四書教育被討論的問題的重點。如果，我們要討論的問題是
需不需要有民族精神教育？需不需要有民族文化教育？筆者的意見
還是贊成的。如果，我們要把民教精神及文化教育當作是政治資源
爭奪戰的工具，那麼，筆者還是那句話，政治的問題就政治解決吧。
民族精神是知識分子在捍衛的，並不是政客在支持的。水能載舟也
能覆舟，我們無須為政客的心思多批評甚麼，也就是說，不需要移
駕到學術的平台來討論。甚至筆者認為，推動四書教育是知識分子
提倡於前而由政府落實為政策的，並不是反過來政府為政治利益推
動於前而由知識分子背書於後的。

　　政府是需要有所作為的，無所作為的政府會被知識分子批評以
及選民唾棄。教育部今天推出的是一項希望被學術界支持肯定的政
策，但學術界的意見是分歧的，不過分歧的意見中還要看是學術的
意見還是個人政治立場的意見。筆者建議，個人政治立場的意見就
在政治場合中提出即可，個人學術的意見才在學術的平台中提出。
就學術的意見而言，除了當代新儒家以外，任何學者也無法說儒學
就是舉世無雙第一最好的思想，但只要是做儒家哲學研究的學者，
筆者相信，絕大多數都是肯定儒學在教化上的功能的，也都會為政
府的這項政策背書同意的。重點是在，教材編好，把課教好。至於
如平次教授的詮釋角度及立場，筆者深信，是極少數的特殊例外，
不會有多少人支持的。而瑞麟教授世民教授范雲教授的意見則是可
以討論，但也不必辯論。瑞媛教授的意見大寧教授已充分回應，筆
者就不參與。

　　筆者對此項政策的肯定意見，是站在這是一件好事的立場說話
的，是站在肯定教育單位能夠負責任地推出好政策的角度說話的，
是基於對推動這項政策的國內儒學學者的辛勞表示敬意與肯定的態
度說話的，是為了熱愛儒學願把儒學學好教好的中學老師們而說話

的，是為了台灣的下一代仍能擁有優異的民族文化教育的機會而說話的。筆者感謝幾位持反對意見的教授對儒學教育或四書教育的批評意見，相信這其中也包括若干對儒學內容及四書內容的批評意見，後者可以辯論，更可以見賢思齊。但是，前者則只能討論，而不能辯論，筆者也不是在辯論的態度上說話的。春秋經世先王之志，聖人議而不辯，辯也者有所不見也。不必辯論的要點在於，意見不同，各自表述即可，最後交給執行的人盡量追求完美，意見的細節無需深入追究，否則只會進入繁瑣的爭論，終致線索過多，無法有效進行討論。在此，筆者要承認，筆者的討論有簡化他人意見立場的缺點，這就是筆者說大家討論表述即可，辯論則進行不了。

為討論這項議題，筆者亦於所授宋明儒學通識課程中徵詢大學部同學意見。學生最不喜歡的是考試，但說到對四書的教學，仍是肯定多於否定，也就是說，它真的不是一件不好的事情，它當然也不是一項一勞永逸的政策，但畢竟，有它並不會更壞，雖然有它也不會就完全美好了。但無論如何，它是為了追求美好的一個有待努力的課題，而絕不是製造惡行的作為。它需要許多人的努力，那麼，認同它的人，我們一起來努力吧。

陳瑞麟教授

台哲會張忠宏秘書長在「四書論壇」舉辦之前，邀請我在會後就論壇的記錄寫作回應。由於我反對「四書列為高中必選教材」此一政策，對於媒體報導教育部推出此政策的動機與說帖有強烈異議，因此早在論壇舉辦之前，即完成書面文字，以供與會者討論。我的文章重點有三：批判「中華文化基本教材（四書）」教育的過去記錄、批判「閱讀四書做為道德品格教育」的目的和動機、解構「以儒家為本的中華文化連續體」的概念。

　　論壇舉辦之後，閱讀會議記錄，才知道論壇參與者謝大寧教授
同意過去的四書教育記錄不佳、也不贊同閱讀四書的目的是道德教
育——他以「經典教育」來爲四書必選的政策辯護。李明輝教授則
透過謝大寧教授發表簡短意見，認爲祝平次與我主張「儒家基本上
有一個反民主的本質」，認爲我們（可能加上謝世民和范雲）都主張
國家機器在文化議題上應該採取中立立場，他們反問：「這樣的立
論是不是一個顛撲不破的真理？」繼而把我們的主張都歸爲「純粹
自由主義」。李明輝教授舉出兩位西方學者把儒家定位成「亞洲社
群主義」的觀點；而且西方社群主義開始批判自由主義以及基於自
由主義的民主，強調社群主義民主，在社群主義民主之下，國家可
以介入信仰和文化的議題，不必採用中立原則。謝大寧教授據此再
度反問：引用中立原則的論證是必然真理嗎？

　　使用同樣的語氣，我也想反問：四書必選是顛撲不破的必然真
理嗎？儒家是亞洲社群主義是必然真理嗎？社群主義的國家介入觀
點是必然真理嗎？沒有錯，我們質疑一個論點、立場或政策時，正
是認爲它不是「必然真理」、不是「真理」、「不可證成」（沒有好
理由、正當理由）、或者沒有「論證」（理由）、甚至是「壞論點」（這
些用詞都有差別，我們的高中生和大學生比較需要知道這些，才能
學到真正的思辨能力）；反過來說，當我們強調民主原則時，我們早
已同意自己所說的並不是必然真理（甚至我們可能會懷疑是否有必
然真理，也許數學和幾何裡有，但有爭議，而且人生不是數學和幾
何），但是這並不代表我們的立論沒有比我們的對手更可證成。而
且，正是因爲「必然真理」很難出現，所以我們需要論理、開放、
民主的原則，讓不同的立論可以在一定的共同基礎上，展現比對手
更能證成的優點。「國家中立原則」也是基於這樣的觀念而建立的，
「國家中立原則」正是要防止國家把部分人自認爲必然真理推廣到

全體。追問「國家中立原則是不是必然真理」，並不能自動證成你
自己的立論，反而暗示著你想迴避中立原則，讓你自己的立論不必
接受論理、開放和民主的檢驗。

　　我並不認為中立原則可以普遍適用於國家施政的每個議題上
（例如在許多文化議題上，保護弱勢語言文化、倡議多元文化等），
國家在一些特定文化上得以介入，這有部分是社群主義的立場，不
是純粹的自由主義（如果我理解沒錯的話，謝世民教授的立場也是如
此）。謝世民教授和我反對四書必選其實訴求的是「政教分離」原則，
它是「中立原則」在「信仰議題」上的應用。即使國家中立原則不
是普遍適用，但是「政教分離」原則可以被堅實證成──謝大寧教
授自己也隱然同意的（他說：「政教分離是現代國家非常重要的
事」）。因此問題在於：儒家是不是宗教或信仰體系？事實上，可以
看到謝大寧教授在使用經典教育來為四書辯護時，一再地把讀四書
的效果和讀基督教聖經的效果相提並論──這不就是默認四書（或
儒家）是一個宗教信仰？不用說謝世民教授已經舉出實例證明儒家
支持者視儒家為宗教，蔡家和教授也隱然承認儒家在現代是少數人
的信仰。若是如此，儒家「經典」四書當然要受到「政教分離」原
則的約束。但是，謝大寧教授為了支持四書必選，又提出「四書是
文化經典」，想逃避「政教分離」原則，這裡可以看到他論證上的
不一致。就算「四書是文化經典還是宗教聖典」是一個有待討論釐
清的問題，為什麼還沒有討論釐清之前，就把一個高度爭議的事做
成政策，倉促上路？教育部和推動者在急什麼？

　　謝大寧教授使用「經典教育」來為四書必選政策辯護，他舉出
「經典的不可或缺性」、「經典是所有學科的基礎」、「經典理念
皆融入生活實踐中」、「經典是文化創新的源頭」四個理由，就經
典論經典，這些理由皆可證成：因為每個學科都有自己的經典，有

經典才有學科的成立，經典引導實踐、引導創新、產生新經典，因
此經典不可或缺。可是，它們支持的只是每個學科(例如哲學、歷史、
社會學、甚至生物學、物理、化學等等)都應該鼓勵學生接觸自己領
域的經典和其它領域的重要經典，而無法用來支持「經典教育」一
定要包括四書。想想看，以「四書」一詞替換「經典」代入四個理
由，每一個在經驗上都無法證成：四書不可或缺嗎？我的文章已談
很多了。四書是所有學科的基礎？人文社會學科都沒有了，更不用
說自然科學了。四書理念皆融入生活實踐中？范雲教授和卓翠鑾老
師舉了很多反例。四書是文化創新的源頭？當代哪些文化創新是由
四書帶來的？請支持者舉出具體的實例吧。事實是，四書對我們當
代的政治、社會、文化體制幾乎沒有扮演任何角色，我們的生活與
學科實踐受到它們的影響微乎其微，當代活生生的音樂、藝術、電
影等文化創造也很難找到四書的痕跡。如此，四書怎麼會是高中經
典啟蒙教育的必選書籍？

　　李明輝教授以社群主義的理念來為四書必選辯護，他的論證似
乎是：

　　社群主義是民主的，而且比自由主義的民主好。
　　社群主義主張國家得以介入文化議題。
　　儒家是亞洲社群主義，四書是儒家經典。
　　反對者如祝、陳、謝、范等是自由主義立場。
　　因此，國家推出高中四書必選政策是正當的。

　　由於會議記錄對李明輝教授的論點主張記載得很少，我不確定
我是否公平地重建他的論證。但是，上述論證中每一個前提都有問
題，四個前提也推不出最後的結論。第一，社群主義和自由主義是

否截然對立是一個爭議性的問題，至少兩者都共享民主原則。社群
主義更加重視「共識原則」：在沒有共識的情況下，推動四書必選
違反社群主義的民主原則；第二，祝平次、謝世民、范雲和我都不
能被簡單地歸爲「純粹自由主義」，因爲我們都沒有主張國家中立
原則必須適用於每一個議題；第三，國家得以介入並推行某些文化
政策，並不能自動地證成四書必選政策，因爲儒家近於宗教，推動
四書違反政教分離原則；第四，儒家是不是社群主義更是有爭議——
—如果如新儒家般主張儒家接近康德主義，而社群主義反對立基於
規則基礎和個人自主原則的康德主義，儒家就不會近於社群主義。
當然，李明輝教授提的是「亞洲社群主義」，不是「西方社群主義」，
但不管儒家是不是「亞洲社群主義」，都和證成四書必選政策無關。

卓翠鑾老師基本上反對四書必選，但她提出一個很有意思的問
題：台灣青年與中國青年的競爭和溝通中，是不是要在「中國（華）
文化」的共同基礎上？由謝大寧教授在〈普通高級中學中華文化基
本教材的理念與特色〉一文中不斷地強調「中華文化」和「民族精
神」，強調「台灣要做爲中華文化的領航者，需要四書的經典教育」，
他應該會同意「四書（儒家）做爲兩岸溝通交流競爭的共同基礎」吧？
或者，他的立場可能更強：台灣應該要有讀「四書經典」的優勢，
以便做爲中華文化的領航者？

對於這個議題，我在上文「解構以儒家爲本的中華文化連續體」
概念已談了不少。我再次重申，如果台灣和中國有什麼共同基礎的
話，那是五四遺產：自由、民主、科學、站在弱勢者的一邊（社會主
義、馬克思主義）。兩邊都有科學，中國在推翻地主、資本和國民黨
腐敗剝削、實現平均分配後，不能走向民主自由，更在近年的高度
經濟發展中遺忘了當年的理想——但馬克思主義的理念仍在。台灣
則實現了自由民主體制、多元文化，但過度強調經濟使文化庸俗化、

快速工業化破壞生態環境、對弱勢者照顧也有待加強。因此，追求
更自由、更民主、分配更平均、文化更精緻、更加保障人權、給國
民更多照顧、更尊重多元文化、更保護弱勢與生態環境、而且相互
尊重──這些才是台灣與中國未來競爭與溝通的共同基礎。

思想人生

南港憶高華*

陳永發

　　高華得癌症以後，數度傳來病危的消息。每次他轉危爲安，我心中都有「天道無親，常與善人」的溫暖感覺。去年秋天，趁造訪南京之便，特別偕同事楊翠華前往他的學校公寓探視病情。在他堆滿書籍和資料的大樓公寓房子裡坐了十幾分鐘，聽他談近況和病情，還站起來俯望窗外他每天散步養生的公共庭園，漫漶的記憶中是一小撮低矮樹叢圍繞一座涼亭。久未謀面，他談興特佳，坐在狹仄的客廳兼書房裡，聽他講就醫用藥情形。我還記得他提到一種癩頭蛤蟆的偏方。對中藥偏方我向來有一種本能性的排斥，但當時只是高興他的病情已在控制之中，不像前陣子病危消息在我腦中所激起的種種聯想。天予其才，必不奪其年。這次電腦上突然傳來高華消息，一開始就是「沉慟哀悼」四個字，入眼頓覺冰涼麻木。

　　高華是這二十年來中國大陸最傑出的幾位中國革命史學者之一。他研究毛澤東的崛起，在《紅太陽是怎麼升起的》這本已被許多人視爲經典的重要著作中呈現出矛盾感情：一方面高度肯定毛澤東領導的中國共產革命，也高度肯定毛澤東的領導能力，但另一方

---

*　　本文已收入熊景明、徐曉編，《歷史學家高華》，香港中文大學出版社，預計今年6月出版。

面卻因為在毛澤東改造中國與世界的使命感背後，發現列寧在史達林身上發現的同樣好鬥、倔強、專斷、凶暴和殘酷性格，故有否定中國共產革命和毛澤東領導的傾向。

毛澤東因為有不良性格，小權可分，但大權勢必獨攬。凡是認為正確的道理，絕不容許下級提出異議或挑戰，凡是向他提出異議或挑戰的下級，也必定以雷霆萬鈞之力反擊，或透過逼供信加以肉體消滅，或透過思想改造加以懾服；毛澤東的手段翻雲覆雨，且以萬物為芻狗，冷酷無情。高華不曾把毛澤東性格中這個不良傾向講得清清楚楚，但是藉著中共前總參謀長黃克誠大將的回憶，告訴讀者，早在1930年代初期，軍隊高幹何篤才就已發現毛澤東做為領袖有這種令人難以放心的一面；魚與熊掌難兼，故於毛澤東和朱德的權力鬥爭過程中，最後選擇支持性情寬容和緩的後者。不幸的是：毛澤東透過其後不斷的黨內鬥爭，終於取得了中共這個民主集中制組織中的最崇高地位，而且在這個過程中讓毛澤東擴大和壟斷思想、軍事、政治、政策和組織等五大領導，甚至以史達林的《聯共黨史教程》為典範，效法列寧和史達林把西歐的馬克思主義俄國化，也把馬克思列寧主義中國化；並把自己變成中共建黨以來一貫主張正確的領導人物，在不斷與黨內錯誤路線的鬥爭中取得思想詮釋權，也取得其它所有重大事務的最後決定權。

無庸質疑，毛澤東發揮其領導才能，終於把中共鑄成具有高度共識和有鋼鐵紀律的戰鬥性組織，表面上「下級服從上級、少數服從多數、局部服從全部」三個民主集中制原則並重，實際則是「下級服從上級」一個原則為獨大，並由他這個沒有上級的最高上級任意解釋何為多數，何為全部。高華沒有任何機會進入中共中央檔案館閱讀秘藏文獻，可是反覆咀嚼官方公布和民間出土的各種新資料之後，竟然也把紅太陽是怎麼升起的整個過程鈎畫得異常條理清

晰，尤其對思想鬥爭後面的權力運作描寫得十分生動。他清楚地告訴讀者毛澤東究竟如何攀抵中共的權力高峯，成爲中國萬民頂首膜拜的惟一紅太陽。當然，在釐清紅太陽是怎麼升起的過程中，高華也就從毛澤東的性格方面，解釋了毛澤東何以晚年難免大躍進和文化大革命兩大錯誤。

中共迄今爲止仍然視壟斷歷史詮釋權爲其重要立國原則，根本不可能容許高華這樣的一本書籍在中國大陸問世。他的幸運是中共實行一國兩制，1996年香港由英國殖民地回歸祖國之後，鄧小平保證其馬照跑、舞照跳，書籍報紙也照舊享受大英帝國給予的出版自由。所以2000年，回歸四年後的香港書店會出現高華大作的熱賣。中國大陸當局管不到香港的出版社，卻仍然視高華的書爲毒蛇猛獸，下令海關嚴堵流入中國大陸。因此聽到有他這一本新書、想要了解紅太陽是怎麼升起的中國大陸讀者，只能靠挾帶和走私帶回，否則只有另靠相當猖獗的海盜版了。有一段日子，香港的雜誌喧騰，有某一旅客故意攜帶高華的書回中國大陸，抗議海關人員沒收，找律師控告海關違背中共憲法規定。當然，此一官司的結果不問可知。可是聽說海關到底也不能百分之百禁絕高華書的流入，海關人員到底還是開了幾次後門，讓高華的書悄悄進入中國大陸。因爲許多高幹已經知道毛澤東這顆紅太陽是怎麼升起的，卻仍然好奇高華版和官方版究竟有什麼不同。

高華的大作出版在拙作《延安的陰影》成書四年之後，其實在他之前我也曾經研究毛澤東與富田事變前後肅反的關係。雖然有共同的學術興趣，但是我們彼此之間卻不認識，應該連彼此的名字都沒聽說過。1991年年初的大雪天中，我從巴黎偷偷進入中國大陸旅行，在南京大學曾蒙高華的老師太平天國史學者茅家琦先生接待，很可惜茅先生沒有爲我介紹他這位即將冒頭的學生，失之交臂。我

注意到高華這個名字，還是因為他1996年在香港《二十一世紀》對拙作《中國共產革命七十年》的第一版提出嚴正批評，為深陷史料叢林中的我指點迷津。後來怎麼彼此認識，坦白說已經忘記了。只記得成為朋友之後，曾邀請他到中央研究院近代史研究所做客，也曾聆聽他討論毛澤東時代階級論的演變，還請我的老朋友林能士教授邀他不遠千里到政治大學歷史系講學，第一手接觸台灣學生和社會。聽他聊天真是享受，只是他是老煙槍，坐不到半小時定要到室外抽口煙。相交多年後，我更曾在2009年夏為近代史研究所邀到他晚年最重要的一篇文稿——〈對拙著《紅太陽》一書批評的總回應〉。這篇文章的主要內容是與深具反省精神的「老延安」何方先生商榷，也可以說是他大作出版十週年的紀念文章，有點火氣，卻讓我更加了解他寫這本書時的最初心情和一些背後預設。

《紅太陽是怎麼升起的》大家已耳熟能詳，但是大部分人士似乎都不知道高華曾經花大功夫研究1950年以後的台灣歷史，並出版過一些著作。這是他老師茅家琦主持的一項計劃，也激起他全面了解蔣中正和蔣經國父子在毛澤東統治中國時期所作所為的熱情：到底台灣是怎麼走出一條中國現代化的路？其實，他願意應邀到台灣講課就有一個附帶的重要目的：親身體驗一下台灣的政經環境和風土人情，並為其未來寫作搜集有關史料。我不知道他究竟搜集到什麼史料，只知道他乘便閱讀了台灣早期的大量「匪」情資料。他告訴我這些資料錯得離譜，太多一廂情願成分，沒有太多史料價值。

高華所以要研究1950年代的台灣，其實跟他研究「紅太陽是怎麼升起的」之動機一樣，都是對中國近代命運的關懷。基於同樣的理由，他也研究過蔣中正為何會在1940年代的國共內戰中一敗塗地。2009年夏，他在雲南休養了幾個月後來到香港，參加一個有關1950年代研究的學術會議。老友重逢，特別高興。幾年不見，只見

他滿頭銀髮，然而臉上的皮膚白裡透紅，光澤鑑人，金邊眼鏡，穿白色格子西裝，顯得俊美年輕。當時我以爲他已完全擺脫了肝癌夢魘，暗自爲他高興。他爲我們報告國民黨爲何在大陸失敗，口若懸河，神采飛揚，詳細內容已記不得了，但是全場聽眾無不爲他的分析和討論所傾倒，我總算是真正見識到他的演說天才了。難怪他教過的政治大學歷史系學生在我面前都對他讚不絕口，既可以學到台灣學不到的中共革命史，更可以享受他講課的精彩。

高華發現肝癌前，曾經爲上海華東師範大學所羅致，在他發現有肝癌之後，因爲上海有治療肝癌的最好醫生和設備，更想換個學校任教。不能如願以償之後，他因爲病情不容許勞累，想在南京大學裡面換一個職位，從歷史系任教轉到高等研究所專做研究。很遺憾他再度因爲當局說他有政治問題而無法遂其心願。其實，高華有什麼政治問題？高華只是關懷中國歷史命運的學者，以毛澤東所倡導的實事求是精神探索中國近百年的歷史，盡歷史學者的本分而已。如果他跟一般歷史學者有所不同，只是他以探索中國近現代的命運爲志業，研究做得特別仔細，故事講得特別精彩，說理也特別清晰罷了。現在他走了，我腦裡有不同時期的高華身影，但以2009年夏這一天的高華爲特別明晰。對高華那天所表現出來的學術真誠和追逐歷史真相的執著，以及他的演講才華，始終難以忘懷。我失去了一個可以切磋學問的好朋友，金觀濤主編的十大卷《中華人民共和國史》少了一個拔尖作者，而史學界從此更失去了可以照耀中共黨史掩蓋下歷史真相的一顆明星。天意難知。

陳永發，中共黨史研究者，中央研究院近代史研究所特聘研究員，中央研究院院士。

致讀者

　　2006年《思想》復刊之初，曾在〈出刊說明〉中寫過這樣一段話：「基於全球化的現實趨勢與中文的國際性格，我們想要建立一個跨越國際的中文論壇，不願意再劃地自限。南洋、港澳、東亞、北美、乃至於歐洲、大洋洲各地使用中文的知識分子，都將是我們的作者與讀者。」

　　如今這份刊物已經出刊二十一期，積累了眾多作者數百萬字的心血文字，也探討過台灣、大陸、香港、澳門，乃至於新加坡、馬來西亞各地的多樣議題。然而回首清點，自問當初的心願實現了多少，答案卻令我們汗顏：努力或許並未唐捐，成果卻仍嫌貧瘠。究其根本，編者不夠努力固然是原因之一，不過紙本刊物的流通受到很大的限制、「尋找讀者」的成本太高，也是原因所在。

　　為了舒緩這些困難，最近我們在新浪微博建立了「思想Reflexion」官方帳號。透過微博，我們既可以將新出一期的目次儘快傳達給外地的無數讀者，也準備逐漸將以前各期的合適文章貼上微博，讓無緣見到紙本刊物的讀者也有機會讀到這些文章。藉這個途徑，這份刊物可望跟散佈廣遠的更多讀者對話；這是一件令我們興奮與告慰的事，盼各位讀者多多關注、利用這個新的交流平臺。

　　回到這一期的內容，所刊文章的來源地覆蓋甚廣，除了台灣，還包括了馬來西亞、日本、香港、歐洲以及中國大陸。這些文章或者觸及了獨特的在地歷史，或者發展了只有在特定環境中才能進入視野的問題意識，又或者提出了在其他地方尚未排上「日程表」的

議題。值得注意的是,在本期好幾篇文章中,「歷史」都是反思與推敲的焦點。

一旦涉及歷史,李公明先生在他的文章中所提出的「批判的歷史主義」,應該是一個很有分析力量的觀點。「歷史主義」本來是一種保守的卸責路徑;它將一切發生的事情「歷史化」,從而解消了個人的能動性與責任。但李先生在分析畫家李斌的文革繪畫時,卻借由「批判的歷史主義」指出,所謂「歷史化」同時也是反思者以高度的倫理自覺捲入歷史。因此我們如何面對歷史,也構成了歷史之所以如此的成素,「過去」變成了一個沈重的倫理問題,要求反思者藉著記憶,正視自身的自私與冷漠,節制道德上的優越感與不在乎。吳乃德先生談台灣的二二八受難「人數」的爭議,所突出的也是「我們如何面對歷史」的倫理思考,強調歷史倘使作為正義的法庭,它除了追尋真相、安慰亡靈之外,更應該按照「民主和正義社會應有的審判方式」面對歷史,用這種具有高度倫理涵蘊的方式不自外於歷史。

梁文道與錢永祥兩位對談關於動物的倫理思考,所關注的固然是「動物倫理」這個新生題目,但是其思考的脈絡仍然是人類的「道德進步」這個幾個世紀以來的老話題,並且試圖讓這個老話題獲得新的生命。梁文道先生借用列維納斯的「臉」,說明道德關係的基礎所在。對於一般以平等或者人道為基礎的動物倫理學論述,這是很激進的挑戰。畢竟,倫理的關係應該不祇是普遍規則的適用,或者發揮情緒愛心,而更應該涉及生命之間的「表達」與「互動」,其背後預設了有生命、有感受的主體的存在。梁文道把這個分析應用到人與動物的關係上,相信會引起許多人的共鳴,也會引起更多人的不解與質疑。

本期的專輯以將近三分之一的篇幅,發表臺灣哲學學會與本刊

合作舉辦的「《四書》必選」座談會，檢討爭辯教育部將四書列為
高中必選課程的是與非。讀者可以發現，爭論者在表面上意見強烈、
立場鮮明；不過讀下去，又會發現大家接受的論述基本理路與評價
原則是極為接近的。正反兩方的差別所在，似乎多在於「判斷」與
具體的評價，少在於「原則」與所嚮往的教育目標。對這類公共議
題的爭辯，意義或許就在此：我們爭辯，不是為了找到最好的政策
與方針，而是在社會上形成相互學習與適應的習慣。讓社會成員相
互學習與適應，才是公共說理的真正價值所在。

　　《思想》20期發表張灝先生的〈政教一元還是政教二元？：傳
統儒家思想中的政教關係〉，文中張先生用到了「世源神話」
（cosmogeny）、「神源神話」（theogeny）以及「人源神話」
（anthropogeny）三個概念（頁115）。但由於編者的疏忽，發表時這
三個英文字誤為cosmology, theology, anthropology。在此更正之
外，我們也要向張灝先生以及各位讀者致歉。

編者

2012年初夏

《思想》徵稿啓事

1. 《思想》旨在透過論述與對話，呈現、梳理與檢討這個時代的思想狀況，針對廣義的文化創造、學術生產、社會動向以及其他各類精神活動，建立自我認識，開拓前瞻的視野。

2. 《思想》的園地開放，面對各地以中文閱讀與寫作的知識分子，並盼望在各個華人社群之間建立交往，因此議題和稿源並無地區的限制。

3. 《思想》歡迎各類主題與文體，專論、評論、報導、書評、回應或者隨筆均可，但請言之有物，並於行文時盡量便利讀者的閱讀與理解。

4. 《思想》的文章以明曉精簡爲佳，以不超過1萬字爲宜，以1萬5千字爲極限。文章中請盡量減少外文、引註或其他妝點，但說明或討論性質的註釋不在此限。

5. 惠賜文章，由《思想》編委會決定是否刊登。一旦發表，敬致薄酬。

6. 來稿請寄：reflexion.linking@gmail.com，或郵遞110臺北市基隆路一段180號4樓聯經出版公司《思想》編輯部收。

《開放時代》2012年第5期目錄預告

《開放時代》訂閱資訊

地址：廣州市白雲區新市街雲安路119號

郵編：510410

電話：020-86464940

傳真：020-86464301

郵發代號：46-169

網址：www.opentimes.cn

投稿信箱：opentimes.cn@gmail.com

官方微博：www.weibo.com/opentimes

訂閱方法：

1. 本刊開辦電子版(PDF)訂閱業務，包括2004年至今各期，每期10元，全年優惠價100元，訂戶可直接匯款到編輯部。

2. 本刊在學而優網上書店(www.xooyo.com)開通覆蓋全國的線上訂閱與直遞上門業務。

3. 紙質版訂戶可從郵局訂閱，或隨時與本刊聯繫郵購。

4. 部分城市經銷點：三聯韜奮書店(北京)、萬聖書園(北京)、季風書店(上海)、學而優書店(廣州)、三聯學府書店(武漢)、湖北社科書店(武漢)。

思想21
必須讀《四書》?

2012年5月初版　　　　　　　　　　　　　　定價：新臺幣360元
有著作權・翻印必究
Printed in Taiwan.

編　　著	思想編委會
發 行 人	林　載　爵

出　版　者	聯經出版事業股份有限公司
地　　　址	台北市基隆路一段180號4樓
編 輯 部 地 址	台北市基隆路一段180號4樓
叢書主編電話	(0 2) 8 7 8 7 6 2 4 2 轉 2 1 2
台北聯經書房	台 北 市 新 生 南 路 三 段 9 4 號
電　　　話	(0 2) 2 3 6 2 0 3 0 8
台 中 分 公 司	台 中 市 健 行 路 3 2 1 號
暨 門 市 電 話	(0 4) 2 2 3 7 1 2 3 4 e x t . 5
郵 政 劃 撥 帳 戶	第 0 1 0 0 5 5 9 - 3 號
郵 撥 電 話	(0 2) 2 3 6 2 0 3 0 8
印　刷　者	世 和 印 製 企 業 有 限 公 司
總　經　銷	聯 合 發 行 股 份 有 限 公 司
發　行　所	台北縣新店市寶橋路235巷6弄6號2樓
電　　　話	(0 2) 2 9 1 7 8 0 2 2

叢書主編	沙　淑　芬
校　　對	劉　佳　奇
封面設計	蔡　婕　岑

行政院新聞局出版事業登記證局版臺業字第0130號

國家圖書館出版品預行編目資料

必須讀《四書》？/思想編委會編著．
初版．臺北市．聯經．2012年5月（民101年）．
352面．14.8×21公分（思想：21）
ISBN　978-957-08-3998-2（平裝）

1.學術思想　2.文集

110.7　　　　　　　　　　　　　　101008635